천방지축 승려의 개척 불교
좌우충돌과 솔바람 법문

보리 증악

책 머리말에 부쳐

 선비들과 스님들은 자신의 수행과 살아온 삶의 흔적을 행장行狀이라는 이름으로 기록을 남기셨다.
 소납은 승려생활에서 내세울 만한 사적 기록은 없으나, 일부 신도님들이 "공적인 딱딱한 말씀도 필요하지만 '저거는 맨날 고기 먹고', '여보게 저승갈 때 뭘 갖고 가지'를 쓰신 스님들처럼 대중적이며 흥미 있는 요소도 필요하니 스님의 비화도 좀 써주십시오"라는 권유를 받았다.
 처음에는 거절하였으나 일리가 있다는 생각이 들었다.
 디지털 시대에 불교를 알려고 하며, 이해하려고 하는 사람들에게 관심을 갖게 하는 것도 불법포교에 부합한다고 생각되었기 때문이다.
 책 제목을 '천방지축 승려의 개척 불교(좌우충돌과 솔바람 법문)'라고 붙인 것도 처음 생각했던 수행의 길을 가지 못하고, 매사에 좌충우돌하면서 수행과 포교의 현장을 드나들며 살아왔던 이미지를 형상화한 것이다.
 10년이면 강산이 변한다는데, 우리 보리사가 벌써 창건 40주년을 맞이하였다.

　대구 서쪽 와룡산 자락에 개척 불교라는 새로운 포교의 장을 열어 부처님 정법의 등불을 밝히는 작은 등대로서 주변 이웃들에게 기쁨과 신심, 희망을 심어주는 사찰로 자리매김하고 있다.

　'오는 사람 막지 않고, 가는 사람 잡지 않는다'라는 불법의 인연 속에서 30~40여 년을 한결같이 보리사에 나오신 신도님들과 기타 인연 있는 모든 신도님들에게 감사의 인사를 드립니다.

　보리사 창건 40주년 행사를 물심양면으로 준비해 주신 이희백 신도회장님, 김성화 거사, 김경일 거사, 대비회 신경리 회장님, 총무 오영미 보살, 기념 출판비를 전부 법보시한 김해동 거사, 사무장 일심화 보살, 또 보리사와 인연을 맺은 모든 분들께 두 손 모아 감사의 인사를 드립니다.

　운문 선사의 말씀처럼 개척 불교, 정법 수호의 길이 어렵고 힘들지만 매일 매일이 법의 등불을 밝히는 좋은 날이 되었으면 합니다.

　　　　　　　　불기 2569(서기 2025) 11월
　　　　　　　　보리사 창건 40주년을 기리며

　　　　　　　　　　　　　　　　보리 증악 합장

목차

책 머리말에 부쳐 / 3

제1장 _ 천방지축 승려의 개척 불교 절 만들기

출가란 쉽고도 어려운 일 …………………………………… 19
통도사 출가 본사 인연들 …………………………………… 21
경산 토굴 생활과 개척 불교 운동 분위기 ………………… 25
청소년 법회 지도와 개척 포교당 개설 준비 ……………… 28
보리원(보리사) 개원과 운영의 어려움 …………………… 31
초기 보리원 운영 에피소드 두 가지 ……………………… 33
인도여행에서 〈터〉 저자 손석우 박사와 함께 …………… 36
인도 성지순례 후 바뀐 사고방식 ………………………… 39
보리원을 대영학원과 성서로 이전 ………………………… 41
경산 일승암 토굴 에피소드 ………………………………… 46
경산 일승암 전기 불사 에피소드 ………………………… 49
칠곡 스님으로부터 양봉 구입하여 사찰 운영비 보충 …… 52
성서 보리원 이전 개원과 용산동 보리사 신축 준비 …… 54
보리불교대학 개설과 용산동 신축 절 짓는 인연 ………… 57

용산・장기지구 신도시 사찰 건립 사연 ························· 60
보리불교대학 운영과 대비주 기도 시작 ························ 62
대비주 기도성취 사례 ·· 66
관세음보살 불상을 도둑맞고 다시 찾다. ························ 69
미국 동부 여행을 통하여 승려 된 보람 찾음 ··············· 72
대만 불광사와의 인연들 ·· 76
티벳불교와의 인연 ··· 78
보리사의 걸어온 길과 나아갈 미래와 꿈 ······················· 80
백인 대중공사를 통한 종단 행정 참여 ·························· 82

제2장 _ 두 눈 어둔 이내 몸 굽어 살피사

견디고(堪: 견딜 감), 참고(忍: 참을 인), 기다리라(待: 기다릴 대) ··· 89
백양사 만암 스님의 관음기도 성취 ································ 89
삼장법사 현장 스님과 소나무 ··· 90
나옹선사와 오대산 북대 16나한 이야기 ························ 91
의각義覺 스님의 반야심경 독송 공덕 ···························· 92
이건희 전 삼성 회장의 장모 김윤남 여사의 불심 ········ 93
모욕과 분노를 뛰어넘어 깨달음으로 ······························ 94
오만가지 생각과 시내암의 과보 ····································· 95
중국 후한 시대 소박하고 덕망 높은 마왕후 ················ 96
불법의 제도 방편을 희롱하며 비웃은 복도 수승하다. ············ 98
오리 거리 걸음걸이마다 구리동 그릇이 나온 이유 ········ 99
대전 어느 노스님의 암 환자 치료법 ···························· 101

대비주 신묘장구대다라니 지송 공덕 ·················· 102
구두쇠 아들 맛다쿤달리의 부처님 친견 공덕 ·············· 103
일본 비예산 사이쵸오最澄 스님의 엔랴쿠지延曆寺 ············ 105
왕王 화상이라고 불리는 회통 스님 ···················· 106
세상을 굽어살펴 보시는 관세음보살 ··················· 107
신행 스님의 대비주기도 영험 ······················· 109
등신불의 원형 법상 스님 ·························· 110
중국 오대산 문수보살 성지 이야기 ···················· 111
중국 개봉開封의 상국사相國寺 종 ····················· 112
소동파와 불인 선사 ····························· 113
공주 갑부 김갑순의 베품과 목숨을 구함 ················· 114
군산 불지사를 중창한 스님의 기도 원력 ················· 115
현장법사와 계현(실라바드라) 스님과의 만남 ··············· 117
연명십구관음경의 발현 ··························· 118
두 동자승의 인과응보가 다름 ······················· 119
중국 영파 아육왕사 부처님 진신 정골 사리 이야기 ············ 121
아이고 부처님! 내뱉은 공덕 ························ 122
중국 오대산 문수보살 진신 상주처 설화 (1) ··············· 124
중국 오대산 문수보살 진신 상주처 설화 (2) ··············· 126
천타불 만타불 부르는 시어머니 ······················ 128
불가사리의 전설 ······························· 129
항상 관세음보살을 부르는 어느 노보살 ················· 131
두 스님의 염불 수행 기원 ························· 133
지옥을 부셔 버리는 게송(파지옥송) ··················· 133
찻잔에 정안수(감로수) 올리고 대비심주 염송 ·············· 135

관세음보살님이 간절히 바라는 것 ·· 136
보타산 왕서방 관음기도 3년 공덕 ·· 137
청산(본래 자리)으로 돌아오라. ·· 137
전진산문 복귀시주 ·· 139
인도의 비둘기 사원 부근 영험 많은 관세음보살상 앞에서
　현장법사의 간절한 기도 ··· 140
중생 구제 자비심이 경전 출판 공덕을 앞지른다. ······················· 142
500 나한들의 전생 시절 도적들 이야기 ······································· 143
나무 대자대비구고구난 관세음보살 ··· 145
대식(밥을 엄청나게 먹는) 나한 일화 ·· 147
중국 염관 재안 스님 ··· 149
관음재일 (음력 24일)만이라도 잘 지킨 공덕 ······························· 150
보리·밀 두되 다섯 홉으로 병을 치료 ·· 152
선행과 공덕을 쌓는 집안의 번영 ··· 153
빗물에 젖은 관세음보살상을 보수하고 공덕을 누리다. ············· 155
70대 노스님의 대비주 기도 위신력 ··· 156

제3장 _ 위 없는 가르침 설하옵소서

조삼모삼朝三暮三의 숨은 뜻은 ·· 161
플러스 효과의 실천으로서의 웃음(Smils) ····································· 162
결혼 성공을 위해서는 ··· 163
나는 마음의 눈으로 봅니다. ··· 165
기대가 적을수록 관계가 좋아진다. ··· 166

테레사 효과 ·· 168
병을 낫게 하는 여러 가지 치료법 ································· 168
아내를 먼저 저 세상으로 보낸 이들의 넋두리 ············ 170
고려도경에 나타난 고려시대 무료 급식 ······················· 172
어느 뉴욕에 사는 불자의 바람 ······································ 172
호스피스동 사진 작가의 고백 ·· 173
콕 스님의 말기 에이즈 호스피스 ·································· 174
편작이 열 명이 와도 못 고치는 병 ······························ 176
불교에서 바라본 탁태 인연 ·· 177
어른(조상)들이 내리는 가훈家訓 ····································· 178
바둑과 인생 ·· 180
대승의 사섭법四攝法 실천 ··· 181
당 태종의 유언 ·· 183
대비주(신묘장구대다라니)를 지송한 수행자들 ············ 184
달마가 갈대잎을 타고 강과 바다를 넘는 까닭은 ······ 185
조선 숙종 때 과거시험 제목 ··· 188
왕일휴王日休 거사의 정토 왕생 ····································· 189
김홍신 작가가 바라본 떠날 때 후회하는 것 ·············· 190
청교도 신앙 공동체 절도 사건과 명판결 ···················· 191
부처님 만나기 어려움과 인연 없는 중생은 제도를 못함. ·········· 192
마음 다스리는 글 ·· 194
친절한 배우자를 선택하려는 젊은이들. ······················· 195
행복한 삶을 꿈꾸는 건강수칙 ·· 196
세종대왕의 백성과 생명 사랑, 아들의 관상 운명 ····· 198
존 F. 케네디 미국 대통령 할아버지 이야기 ·············· 199

탤런트 김미숙을 사로잡은 진실의 입 ·················· 200
종교의 미래상을 꿈꾸며 ································ 201
현대의학이 밝힌 마음가짐, 사회관계가 건강에 미치는 영향 ····· 202
의인義人과 청교도 정신 ································ 203
징비록의 일본 반출 ···································· 204
목씨木氏와 일본의 소가蘇我 성 ······················· 205
40대의 행복한 중년을 맞이하는 길 ···················· 206
가지는 것과 누리는 것 ································ 207
성자聖者의 길 ··· 209
시골 어느 동서간의 우애 ······························ 209
365일 잠언 ·· 211
중생을 복되게 베푸는 생활 우화 ······················ 211
상호 인사가 넘치는 사회를 만듦 ······················ 212
서구에 불교가 자연스럽게 전파되는 이유 ·············· 214
최상의 바보 ··· 215
관응 스님이 본, 개를 좋아하는 미국 사회 ············· 216
여생 후반기를 행복하게 사는 길 ······················ 217
가장 한국적인 것 ······································ 218
여자의 생명은 아름다움이다. ·························· 219
10년의 수행, 내공 ····································· 220
운을 받는 방법 ·· 221
인생 3기 ·· 223
백불관 노인의 기도 염불 수행 ························· 224
모든 이를 받들고 높이는 상불경보살과 유대인 랍비의 격언 ····· 226
친구 ·· 228

험한 세상 다리가 되었던 선심승, 자비승 ·················229
이 새로운 계절을 맞으면서 ·····························231
범음 해조음이 승피 세간음 (관음경) ·····················232
세상이 살 만하다고 느끼는 이유 ························234
비녀에 얽힌 기도 ······································236
이조 말 금강산 장안사의 사회복지제도 ···················238
살아서 지옥의 고통을 받는 일 ··························240
조선 초기 상진 대감의 처세 이야기 ·····················241
영혼의 실제 (미국 뉴욕 하인즈 빌 사건) ·················242
기어 (비단결같이 꾸미는 말)중죄 금일 참회 일화 ··········243
민자건 일화 ···244
반짝이는 다아이몬드 북두칠성 ··························245
스트레스와 질병의 상관관계 ····························246
불교도 행복의 비밀 ···································248
한번은 웃는 염소, 한번은 우는 염소 ····················249
죽으면 돈을 저승까지 싸갈 것도 아닌데 ·················250
선(명상, 참선)으로 21세기를 건느다. ····················251
벼슬이 오를 때마다 재산을 줄인 정승 ···················252
부처님의 하루 일과 ···································253
숙종과 이관명 일화 ···································255
붓다 경영의 길을 걸어간 이들 ··························257
6조 혜능 대사의 선문화가 가져온 변화 ··················258
조르비즘(조르바 주의) ································260
사주 팔자란? 운명이란? ·······························262
인생은 아름다워 ······································263

여행 전문가(마니어)의 여행이란? ·· 264
인기 가수 이선희의 고백 - 고성 염불 ·· 266
우리의 장한 한국 어머니 ·· 267
세상을 떠나며 ·· 269
인생을 바꾸는 삶의 예의, 태도, 품격 - 매너 ································ 270
눈물을 흘렸던 감동적인 순간들 ·· 272
No Problem(문제 없어!) 명상법 ·· 273
영화배우 리처드 기어의 불교사랑 ·· 274
세종대왕이 맏딸 정소공주의 죽음을 맞아 제문 지음 ················· 275
행복이란 바로 그런 것이 아닐까? ·· 277
웃고, 울고, 체념하고, 방치하며, 달관해서 넘어가는 결혼 고개 ··· 278
마카리에 할머니처럼 저 하늘 별이 되어서. ································ 280
관상, 골상, 심상(마음의 상) ··· 281
관상, 골상, 심상(마음의 상) (2) ·· 283
나폴레옹 일화 ·· 285
정승 상진대감 음덕(몰래 짓는)의 공덕 ·· 286
암행어사 박문수 과거 시험 일화 ·· 288
새롭게 시작하기 명상법 ·· 290
절에서 놀고 지킨 공덕, 노니 염불 공덕과 더불어서 수승하다. ··· 292
참된 사업가(CEO)의 길 ··· 293
화엄경의 동종선근설同種善根說 ·· 295
우연과 필연 ·· 296
폴란드 아우슈비츠를 방문한 달라이라마의 소감 ······················· 297
팔푼이 철학 ·· 299

제4장 _ 중생구제 보살서원 끝 없으리

인도의 저녁 무렵 승가 의식 ·············· 303
원효대사가 〈나무아미타불〉을 읊조리며 저잣거리로
　뛰쳐나간 까닭은? ·············· 304
법조法照 스님의 5회五會 염불 ·············· 305
맥직거驀直去~쏜살같이 가라. ·············· 307
나(에고)를 버리는 수행 – 나무 명상 ·············· 307
대비주(신묘장구대다라니) 수행의 실천 방법 ·············· 309
한석봉 일화 ·············· 311
어느 두 스님의 기원 ·············· 312
과도한 욕심은 재앙을 스스로 불러들인다. ·············· 313
용문 석굴 봉선사 비로자나불 얼굴 ·············· 315
아소카 대왕이 가장 존경한 부처님 제자 ·············· 317
죽음 명상 ·············· 318
신심信心 ·············· 319
어느 비구니 스님의 출가 인연 ·············· 320
생활 속에서 불법 실천 ·············· 320
만주 수월 스님의 하심下心 겸손의 가르침 ·············· 321
어느 불교 거사님의 불심 ·············· 322
결혼·인생 지참금 ·············· 323
대비주천수다라니 수행만 하신 수월 음관 스님 법문 ·············· 325
명나라 고승 지욱智旭 선사 대비주 10만 독 다짐 ·············· 325
경봉 스님의 생활 법문 ·············· 326

청나라 황제 옹정제의 불심 ·················327
사물의 본질을 비어 있음, 공으로 보라. ·················329
공해(구카이) 대사와 알렉산드 대왕의 아랫 사람 배려 ············330
한 생각 일어나면 꿈 (2) ·················331
고려시대 신앙 결사結社의 이유와 다짐 ·················332
통도사 벽안碧眼 큰 스님 ·················334
왕유의 불심 ·················334
백락천白樂千(772~846)의 불심 ·················335
법인法印 스님의 발원 ·················336
청담, 효봉, 영운스님 일화 ·················337
인간불교를 창도한 대만의 인순印順 큰 스님 ·················338
김호철 경위(경찰관)의 갓바위 참배 구도 여정 ·················339
원효 스님의 무애행과 인간 이해 ·················340
하품·중품을 뛰어넘는 어느 노스님 일화 ·················341
염라대왕의 훈계 ·················342
명나라 연지 주굉 스님의 공과표 ·················343
측천무후의 충국사, 신수 대사 시험 ·················346
법화경 비유품 게송을 독송하다 깨우침 얻음 ·················348
스님들의 출가 동기 ·················349
염불의 유래와 기러기 이야기 ·················350
원숭이들이 못에 비친 달을 건지려 한 것도
　연극 배우가 가짜 비구니 역할을 한 것도 공덕 ·················352
가사 흑풍 취기 선방 ·················353
낙산사 관음굴(홍련암) 푸른 새 (청조) 이야기 ·················355
달라이라마 하루 일과표 ·················356

황금을 보고 독사다! 라고 외침 ·· 358
나한님 이야기 ·· 359
그대들의 나이와 얼굴이 어떠하든가? ·· 361
조주 스님과 보덕 화상의 일화 ··· 362
진짜 알맹이가 든 염불 한마디 ··· 364
은애 ·· 365
부처님 제자들은 왜 출가했을까? ··· 366
백년 동안의 악행, 한순간의 염불 공덕 ······································ 368
"주나 봐라, 주나 봐라. 절대 안 준다." ····································· 369
소나 비구니 일화 ·· 370
선체로 염불하며 극락왕생한 노보살님 ·· 371
나무아미타불 열 번 부른 공덕 ··· 372
대자연의 풍광을 보면서 ··· 373
중국 천태산의 숨은 도인 3인三隱 ··· 374
무착 보살의 자비수행관 ··· 375
자신의 운세가 열리는 법 ·· 377
반기문 전 유엔사무총장의 멘토 - 어머니 신현숙 여사 ·················· 378
곤란한 질문에 솔직함과 용기 감출 것 없는 진실로서
　대답하시는 달라이라마 ··· 379
부처님의 공양법 속에 숨어 있는 베품·기부문화 ······················ 380
바라지(뒷바라지)하는 이들 ·· 381
세상에서 가장 힘들고 어려운 길을 가야 하는 종교 ················ 382
어떠한 인연으로도 불법을 스쳐간 그 인연은 소중하다. ············ 384
부처님 10대 제자 중 밀행 제일 라훌라 존자 일화 ·················· 385
포악하고 거친 중생도 반드시 구제하리라. ································ 387

목차 _ 15

상인의 길, 구법 인의 길 ……………………………………… 389
불교의 궁극적 대의는 조씨 가문의 여인이니라 ………………… 391
복을 불러오는 배불뚝이 포대 화상 …………………………… 393
딸랑딸랑 ~노니 염불 ……………………………………………… 396

제1장

천방지축 승려의 개혁 불교 절 만들기

출가란 쉽고도 어려운 일

한국불교에서 출가의 길은 긍정적이기보다는 부정적 관념이 강하였다.

키도 크고 인물도 남에게 뒤지지 않을 만큼 생긴 소납은 1982년 삼보사찰인 통도사로 출가하여 행자 생활을 하였다.

초하루 등 큰 법회가 있는 날 노보살님들이 소납을 지나치면서 '멀쩡한데!'라며 한마디씩 던졌다.

그 뜻은 '키도 크고 인물도 준수하고, 외모로 별로 빠지는 것이 없는데, 저 좋은 청춘 시절을 내던지고 왜 깎았는고? 아깝다 아까워!'라는 의미이다.

그 당시 일반인들의 출가자에 대한 인식은 연애에 실패하고, 인생에 실패하고, 죽음에 직면하여 병을 치료하기 위해 막다른 골목에 이른 사람들이 머리를 깎고 산속으로 도피 출가한다는 것이 일반적이었다.

부처님 계율에는 신체 건강하고 정상적인 사람만이 출가자가 될 수 있다고 정해져 있다. 그래서 시각장애인, 언어장애인, 기타 신체에 이상이 있는 장애인은 출가자의 길을 걸을 수가 없었다. 정상적인 사람만이 출가할 수 있는 것이다.

노보살님들이 던지는 '멀쩡한데?'라는 의문표는 부처님 법을 근본적으로 부정하고 있다.

기원전 1세기 무렵 북인도를 점령한 그리이스 메난드로스 대왕과 고승인 나가세나 스님의 대화인 밀린다경에는 입산 출가의 의미를 나눈 대화가 있다.

"스님들은 어떤 동기로 출가를 합니까? 또 나가세나 스님은 어떻게 해서 출가하셨습니까?"

"스님들의 동기는 제각각입니다."

어떤 이는 인생 혹은 사랑에 실패해서, 혹은 도적질하다가 도망치기도 하고, 어떤 이들은 부모, 형제들 중 한 사람이 머리를 깎고 출가한 영향을 받아서, 또 어떤 이는 몸이 아파 속세에선 오래 살지 못하니 출가하면 수명이 연장될 수 있어서, 어떤 이는 절에 들렸다가 부처님이 좋고 스님들의 생활이 좋은 것 같아서 등등 동기가 제각각입니다.

소승은 어릴 때 부모님을 따라 절에 들렀다가 훌륭한 인격과 덕망을 갖추신 큰 스님들을 뵈올 때 부모님께서

"너도 나중에 어른이 되면 방황하는 많은 중생들을 제도해 주시는 큰 스님이 되길 바란다!"라고 격려하며 저를 사찰에 입문시켰습니다.

그리고 그동안 사찰에서 공부하며 수행해 보니 부모님 말씀과 같이 훌륭한 덕망을 갖춘 스님들의 가르침과 수행을 배워 청정한 생활로 인격과 덕망 수행을 갖출 수 있게 되어 잘 깎았다고 스스로 생각하고 있습니다." (1과)

통도사 출가 본사 인연들

　소납이 출가 사찰을 통도사로 정했던 이유는 대구에서 통도사로 가는 교통편은 오직 고속버스 뿐 불편한 교통에 있었다. 대구를 출발하여 경주를 경유하고 고속도로 중간 기착지나 휴게소에 수시로 정차하여 승객들을 승하차 시켜주어 통도사까지는 3시간 이상 걸리고 불편하였다. 따라서 출가 후 속가에서 찾아올 수 없는 먼 곳을 생각한 것이 양산 통도사였다.
　행자 시절 초기에 속가에서 소납을 찾아왔을 때 소납은 단호하게
　"다시 집으로 돌아갈 수는 있으나 다음에는 아무도 찾을 수 없는 깊은 심신 산골 사찰로 다시 떠날 것이니 그리 아시고 돌아가시기 바랍니다"며 애닯고 안타깝지만 속가 가족을 설득하여 돌려보냈다.
　불법승 삼보사찰 통도사에는 스님과 대중들이 많아서 사찰 후원의 공양 준비가 만만치 않았다. 평상시에도 100~150명의 공양을 준비해야 하고, 초하루나 기도, 제사 등 행사 때는 400~500명의 공양 준비가 기본이었다.
　소납이 출가 입문한 1982년 7월 17일에 통도사 극락암 경봉 큰스님께서 입적하셨다.
　시봉하는 제자 스님이 큰 스님께 열반송을 부탁드리니 "야반 삼경에 대문 빗장을 만져보거라"라는 게송을 남겼다.
　소납이 행자로 입문한 지 며칠 되지 않아 경봉 큰 스님 49재 막

재를 치루었다. 막재날에는 전국 각지에서 10만여 명의 불자들이 모여 들었다.

그날 방문하신 스님들과 불자들 중 9만 명은 도시락으로 대접하고, 1만 명은 큰 절 통도사 후원에서 공양으로 대접하였다.

소납은 새벽부터 공양간 후원에서 2~3명의 초심 행자와 함께 공양 식판과 그릇을 씻는 소임을 담당하였다.

새벽 4시부터 밤 10시가 넘도록 후원에서 쏟아져 나오는 공양 그릇을 씻고 행자실에 돌아오니 기진맥진하였다.

속으로는 "아! 행자 생활 힘들다고 하더니 머리 깍은 지 얼마 되지 않았는데 정말로 힘든 고생문이 열렸구나!"라고 탄식을 하였다.

큰절 통도사로 출가한 사람은 1년에 200여명 이상이 되지만 예비 스님인 사미계를 받는 사람은 10분의 1인 15~20명 밖에 안 된다. 그 이유는 승려 생활에 대한 동경과 현실에서 맞부딪친 생활의 괴리되기 때문이다.

인간의 삶은 어디를 가나 인간관계로 서로 부대끼고 갈등이 있고 힘들다. 행자 생활은 오직 참고, 견디고, 이겨내야 정식 예비 승려인 사미 스님이 될 수가 있다.

신흥사 칼부림 사건으로 종단이 해체되어 무려 1년 4개월 동안 행자 생활을 하였고, 본사별 가수계를 1983년 12월에 받았으며, 1984년 1월에 1년에 한 번씩 계를 설하는 단일계단을 부산 범어사에서 자운 스님을 증명 법사로 사미계 정식 수계를 받았다.

그 당시에는 사미계를 받은 승려가 100~120여 명 정도면 사미니계를 받은 승려는 200여 명으로 남녀의 비율이 두 배 가까이 차이가 났다.

그러나 오늘날은 여자 승려들이 남자 승려의 반 정도로 수계를 받고 있다.

불교 통계 자료에는 2023년 9월에 수계 받은 인원이 사미 29명, 사미니 16명으로 나와 있다. 5~10년 정도 승려 생활을 하면 그 중에서 4, 5분의 1은 환속할 수 있다고 감안하면 우리 승려들도 씨가 말라가고 있다. 어떻게 되었던 오늘날은 비구가 비구니보다 출가 인원이 두 배 이상 많다.

그 이유는 여자들이 비구니나 수녀가 되지 않아도 취직을 해서 먹고 살 일자리가 많아졌기 때문일 것이다.

행자 시절부터 통도사 방장스님이신 월月자 하下자 월하 큰 스님을 은사로 마음속에 정해 놓았다. 수계 받기 한 달 전에 방장실로 찾아가 인사를 올리고 승낙을 받았다.

출가할 때는 큰 용심을 내어 청빈하고 검소하고 소박하게 수행자로서의 삶을 살겠다는 결심을 하였다. 그런데 통도사에서 행자 생활을 하다 보니 겨울철에도 행자실에 종종 소쿠리 가득 딸기가 들어오고 맛있는 간식들이 쌓여 속세보다 먹는 수준이 나았다.

"이럴려고 출가한 것이 아닌데 큰 절이 부자 절이라서 이렇게 잘 먹는 것인가? 무소유, 청빈, 고행하고는 거리가 좀 먼데!"라며 생각하였다.

어느 날 행자 반장인 소납에게 원주실 담당 시자 행자가 뛰어와서 소식을 전했다.

"행자 반장님 가수인 장미화씨가 며칠 기도한다고 통도사에 들렀습니다."

통도사에 들렀는 사유를 수소문 하니 얼마 전 이혼을 하여 마음을 달래며 극복하려고 기도차 들렀다고 하였다.

〈헬로와 헬로와〉 노래를 정열적 고성으로 부르는 장미화 가수는 그 시대 최고의 인기가수였다.

가수 장미화는 남편 때문에 진 빚을 갚는다고 고생을 많이 하였다. 그 후 부처님과 맺은 선연 덕분인지, 50대 이후부터는 소년, 소녀 가장 돕기 등 불우이웃을 돕는 일에 혼신을 다 했다.

남을 돕는 선행으로 자신의 불우함을 잘 극복한 사례라고 하겠다.

대부분의 스님들은 수계를 받고 난 뒤 경전을 배우는 강원으로 가는데, 소납은 통도사 보광전 선방으로 입문하여 은사 스님이신 방장 스님을 모시고 몇 철 참선 수행에 몰입하였다.

통도사가 총림이 되기 전에는 보살님들과 스님들이 같은 선방에서 수행하였는데 종합 수행도량인 총림이 되면서 오직 스님들만 수행하는 선방으로 거듭났다.

영축총림으로 출발한 하안거 석 달 수행 선방 생활에서 소납은 다각(차와 음료, 과일, 간식을 담당하는 직책) 소임을 보았는데 위장에 탈이 나 한 달 반인 반결재만을 하였다. 그리고 방장스님을 찾아뵙고

"몸을 치료하고 다시 돌아오겠습니다"라는 말을 남기고 통도사를 떠났다. 그리고 다시는 통도사 선방으로 돌아가지 못하고 말았다. **(2회)**

경산 토굴 생활과 개척 불교 운동 분위기

　통도사 선방을 나와 병을 고치려고 온 곳이 출가 전부터 인연이 있던 경북 경산 남천면 토굴터 구 안흥사 일승암이었다. 폐사지 분위기인 그곳은 선방 수좌들이 떠돌며 한철 홀로 머물다 가기 좋은 조용한 사찰이었다.
　토굴에 머무는 동안 양식이 없어 한 달에 한 번씩 토굴을 관리하는 큰절 안흥사에서 쌀, 간장, 된장을 얻어 가곤했다. 어느 날 양식을 얻으러 안흥사에 들렀더니 주지 스님께서 할 말이 있다고 하셨다.
　"다름이 아니라 몇 달 전에 경산 오거리에 포교당이 하나 생겼는데 그곳 신설 포교당 주지가 법상에서 설법을 하면 "경산 시내에 있는 절의 모든 승려는 포교, 봉사활동, 학생, 청년 포교도 하지 않고 시줏돈만 챙기는 불한당"이라고 비방한다고 하였다.
　그 대응책으로 종파를 떠나 경산 시내의 사찰들이 연합하여 학생회, 청년회를 창립하려고 하는데 학생회를 지도한 경력이 있는 스님께서 좀 지도해 주시기를 부탁드립니다며 부탁하였다.
　나는 단도직입적으로 불가능하다며 거절하였다. "나는 출가할 때 반드시 10년은 참선 공부하고 다시 참선을 하든지, 경을 공부하든지, 포교를 하든지 할 작정이었습니다. 아직 참선 공부한 지 3년밖에 되지 않아서 불가능합니다"라고 거절하였다.
　다음 달에도 큰 절에 들렀더니 주지 스님께서 간곡히 부탁하였지만 또 거절하고 산으로 올라왔다. 그 다음 달에도 주지 스님께서 또 부탁하였다.

　삼고초려라. 3번째는 거절할 수가 없어 "스님 그러면 소납이 6개월~1년 정도 지도를 하고 다시 선방으로 돌아갈 예정이니 그리 아시고 경산불교 학생회, 청년회를 지도해 보겠습니다"라고 대답하였다.

　섭리라고나 할까? 전혀 생각지도 않았던 학생, 청년회를 지도하는 포교 생활을 하게 되었다.

　그 당시인 80년대 초(82~85년)에 우리 불교계의 상황은 몹시 어려웠다.

　절의 신도들은 부녀자 – 특히 할머니 – 들이 대부분이었고, 남자, 어린이, 학생, 청년은 찾아보기가 힘들었다.

　1982년 무렵 일본에 유학을 다녀오신 현진 스님께서 일본의 동네 곳곳에는 불교 포교당이 있어 남녀노소를 가리지 않고 절에 자주 가 부처님을 참배하는 생활불교, 실천불교를 하는데 한국의 절에는 여자들만 많고 남자, 어린이, 청년 학생들은 찾아보기가 어렵다고 한탄하시었다.

　스님은 서울에 개척불교 포교당을 여시어 가족불교, 생활불교의 새장을 여시었다. 처음에는 정재인 돈이 부족하여 부처님을 모시지 못하여 액자에 한문으로 부처 불佛자를 써서 법회를 진행하였다.

　개원 안내문을 10만 장 돌렸는데 개원 법회에 참석한 사람은 정작 노보살님 7~8명 뿐이었다고 고백하고 있다.

　돈이 없어 불상을 모시지 못한 것을 알지 못한 할머니 한 분이

'이 절에 부처님은 어디 가시고 부처 불자 하나만 법당에 걸려 있는가'라고 했다고 한다.

새 불교운동, 개척불교 운동은 결코 쉬운 일이 아니었다. 그렇지만 좌절하지 않고 노력하여 여의도에 포교원을 개설하고 여법하게 생활불교, 실천불교, 가족불교를 이끌어 우리나라에 최초로 개척불교의 새장을 여시었다.

그 후 강남포교원(성열 스님), 삼보포교원(지원 스님), 삼선포교원(비구니 스님), 불광사(광덕 스님), 능인선원(지광 스님), 통도사 강남포교당 구룡사, 기타 등등 개척포교당들이 설립되어 80년도 초·중반 개척불교의 큰 횃불을 수 놓았다.

경산에서 시작한 석용산 스님의 공덕원이 대구로 뻗어 나와 서부 공덕원, 남부 공덕원, 북부 공덕원, 동부 공덕원을 설립하고 개척불교의 깃발을 높이 쳐들었으나 안타깝게도 (여보 저승갈 때 뭘 갖고 가지)라는 베스트 셀러 책 출판으로 유명세를 치르다가 어처구니 없는 일로 사찰문을 닫게 되었다.

그런 불교 포교 기운이 몇 년 있다가 우학 스님의 한국(영남)불교 대학으로 이어져 대구 불교계에 개척 불교 포교당의 새로운 역사의 장을 열게 되었다.

1980년대 초·중반에 시작된 개척불교 운동을 이어 받아 1990년대와 2000년대 초에는 전국 사찰마다 설립한 불교교양대학에서 올바로 믿고 실천하고 포교하여 불교계에 새로운 바람을 일으키는 계기가 되었다. (3과)

청소년 법회 지도와 개척 포교당 개설 준비

종파를 초월한 경산사원연합회 주최로 경산시 중심에 있는 법화종 사찰 혜광사에서 고등부 학생회와 청년회가 설립되어 매주 주말 정기 법회를 봉행하게 되었다.

소납은 주말마다 산중 암자에서 내려와 학생회와 청년회를 지도하였다.

학생회의 남학생은 경신고, 여학생은 경산여고 출신이었고, 청년회는 경산 공덕원 출신과 새로 입문한 회원들로 구성되었으며 여름, 겨울 방학에는 수련대회도 다녀왔다.

세상 일은 묘하여 진창에 빠진 발을 빼내려면 더 깊이 진창 속으로 빠져드는 것과 같이 6개월~1년 정도만 학생회 및 청년회 지도를 하고 다시 선방으로 돌아가겠다는 신념이 점차 퇴색되어 돌아가지 못하고 말았다.

소납은 1980년대 초, 중반 한국 불교계 곳곳에서 거세게 불어온 개척불교 운동 물결에 동참하기로 하였다.

경산사원연합회 학생회와 청년회를 지도하는 틈틈이 대구에 개설할 포교당 건물들을 물색해 보기로 했다. 매일 경산 일승암에서 내려와 대구 시내 동서남북을 두 달 이상을 걷고 또 걸으면서 훑고 다녔다.

두 달을 넘겼을 때 대구시 달서구 두류공원 부근 7호 광장 인근에 건물은 좀 낡았으나 2층에 25평 정도 되는 공간을 물색하게 되었다.

주위 사람들에게 문의해 보니 교회가 들어왔다가 얼마 전에 망하여 나갔다고 하였다.

소납은 '교회가 망해서 나갔다면 절이 들어와서 성공한 모델을 선보이면 되겠네?'라는 용심이 샘솟았다.

다음 날 대명동에 있는 건물 주인집을 찾아가 사정하여 3월 말에 포교당을 개원하기로 약정하였다.

그런데 정재淨財인 돈이 문제였다. 건물세가 보증금 100만 원에 월 15만 원이었고, 포교당 간판비, 실내 인테리어비, 개원 날 큰 스님 거마비, 음식 준비 등 최소한 300만 원이 필요하였다. 백방으로 탁발 시주하니 겨우 200만 원 정도가 모였지만 예상 창건 기금에서 백만 원 정도 모자랐다.

사찰 창건 불사금 정재를 모금하는데 한해 후배인 영남대 전기과 B교수가 많은 도움을 주었다.

B교수는 대명동에 계시는 보살님은 신심이 깊어 이기영 박사님의 대구구도회 창립 때와 불광사 광덕 스님 상좌인 지오스님이 반월당에 불광회 대구포교당을 창건할 때도 기꺼이 정재를 희사하신 분인데 아마 재정에 도움이 될 것 같으니 한번 만나보자고 제안하였다.

어느 날 보살님 집을 방문하니 우아한 한복 차림에 가야금 연주와 다도를 즐기시다가 B교수와 소납을 편하게 맞아주셨다.

여러 이야기를 나누다가 포교당 건립 기금 이야기를 하였다.

소납이 "보살님은 다른 큰 법당 건립에도 많은 정재를 희사해 주셨는데, 무명의 승려가 찾아와 도와 주십사하고 손을 벌리니 염치없고 면목 없습니다"라고 말하니 "전혀 부담을 갖지 마십시요. 형편이 되면 부처님의 좋은 일에 기꺼이 동참할 수 있습니다"라고 보살님이 말씀하셨다.

요사이 다만 제가 형편이 좋지 않아서 스님께 시주를 많이 하지 못하고 백만원 밖에 하지 못하니 적지만 편하게 받아주시면 고맙겠습니다."

보살님 덕분에 어려운 사찰 창건 마련 재정 모금에 약간의 여유가 있었다.

그래도 포교당 창건 기금이 모자라 용기를 내어 건물 주인집을 찾아가 사정하였다. 보증금 100만 원 중 50만 원을 먼저 드리고 못드린 보증금은 두 달 후 초파일 부처님오신날 행사 후 20만 원 더 얹어서 70만 원을 드리겠다고 간청하여 겨우 허락을 받았다.

사찰을 꾸미는데 돈이 없어 출가 전 인연을 맺은 대구상고 불교학생회 출신 K군에게 법회 순서, 찬불가 괘도를 만들어 달라고 부탁하였고, 인테리어는 최저 비용으로 구색을 맞추었다.

1985년 3월 31일 일요일에 개원식을 목표로 정신없이 이리 뛰고 저리 뛰며 준비하였다.

대학교 때 지도 법사이신 정도원 큰 스님을 개원식 증명법사로 모시기로 하였고, 개원 법회에 동참할 신도들은 출가 전 인연있는 분들에게 미리 부탁하여 동참 허락을 받아 놓았다. **(4과)**

보리원(보리사) 개원과 운영의 어려움

사찰 재정이 빈약하여 석고로 만든 부처님 상을 모셨고(싯가로 10만 원 정도) 갈색 가사천으로 부처님 후불 광배를 장식하였다.

1985년 3월 31일 (일요일) 개척 포교당 보리원이라는 이름으로 개원식을 봉행하였다. 파동 삼보사 도원 큰 스님을 증명 법사로 일반 신도와 소납의 출가 전 동문들과 대구상고, 상서여상 불교학생회 회원 등 25~30여 명을 겨우 채워 그럭저럭 개원식을 잘 봉행하였다.

〈생활불교, 실천불교〉의 슬로건을 내걸면서 기도 법회는 오직 음력 24일 관음재일 법회만 봉행하고, 매주 일요일 10시 30분 가족법회(남녀노소 온 가족이 참여하는)와 어린이 천자문 교실, 학생회 및 청년회 법회, 전화 파출부 무료 소개 등을 시작으로 사찰을 운영하였다. 다행히 관심 있는 불자들이 동참해 주어 일요 가족 법회는 동참 인원 숫자는 적었으나 그 후 5년간 지속되었다.

초기에 절을 운영하는데 매달 월세 15만원 등 일부 관리비 지출이 가장 어려웠다.

신도 후원 없이 학생, 청년회, 어린이 천자문 교실, 파출부 소개 등을 운영하니 수입은 별로 없고 기본적인 지출을 하여야 하니 적자 운영이 불가피하였다. 나중에는 절에 봉사하는 K군과 절에 들리는 학생에게 끓여줄 라면 살 돈조차 없어 고민거리가 아주 컸었다.

그때 대학 후배인 G불자가

스님! 저희 모친이 다니시는 앞산 청소년 수련장 골짜기에 있는 정토종 절에는 목탁치는 부전 스님이 없으니, 사찰 운영이 어려우시면 스님께서 그곳에서 6개월 정도 아르바이트하면 어떻겠습니까? 라고 제안을 하였다.

소납은 찬물, 더운물 가릴 형편이 아니어서 "좋지. 좀 소개해 주게" 승낙을 하고 몇일 있다가 면접을 보고 목탁 치는 일을 5, 6개월 정도 하게 되었다.

그러던 중 개척불교 포교당인 보리원 운영이 어렵다는 소문을 듣고 꽃꽂이를 가르치시는 K선생님과 보살님 3~4명이 방문하였다. 그리고 "스님 많은 도움은 되지 않지만 저희 5명이 매달 1만원씩 총 5만원을 보리원 운영에 보탬이 되도록 회비를 내겠으니 받아주시기 바랍니다."

초기 보리원의 재정이 어려운 3~4년 동안 매달 운영비를 시주하시어 가뭄에 단비 내리듯 절 운영에 많은 도움을 주셨다.

또한 보살님들은 무주상보시 정신으로 시주한 내용을 알리지 말라고 요청하셨다.

바쁘게 살다보니 그 보살님들이 살았는지 돌아가셨는지? 생사 여부도 확인하지 못하고 그저 만수무강 복덕구족 세세생생 발보리심을 빌 뿐이다. (5화)

초기 보리원 운영 에피소드 두 가지

1. 낙동강은 끊임없이 흘러가는데

두류동 보리원(보리사) 2층 건물의 1층에는 〈낙동강〉이라는 술집이 있었다. 새벽 3시 예불을 올릴 때까지도 음악을 크게 틀고 영업을 하였다.

그래서 소납은 새벽 예불을 올릴 때 '우리 부처님은 복도 많으십니다. 목탁 소리와 최첨단 현대 음향기기 소리 공양을 함께 받으시니 얼마나 복이 넘치십니까?'라고 반문하였다.

이 술집에는 너댓 명의 여자 종업원이 있는 것 같았다. 낮에는 빨래를 말리려고 2층 건물 옥상에 자주 오르내렸다.

그런데 문제는 자주 오르내리면서 소납의 신발을 1층 술집에 숨겨 놓는 것이다. 소납은 1층 술집으로 내려가 혹시 신발 못 봤습니까? 라고 묻고 신발을 찾아 법당으로 돌아오곤 했다.

열 번 가까이 신발을 숨겼으나 소납은 그때마다 신발 못 봤어요? 라는 말만하고 신발을 찾아 올라왔다.

술집 여자들이 '저 중은 맹꽁이 땡초네. 1층 술집에 와서 한 번도 술을 먹지 않고, 우리하고 농담도 안 하고 신발만 찾으니'라고 했을 것이다.

'달마가 동쪽으로 온 까닭'이란 화두마냥 신발을 숨겨놓은 까닭은 무엇이었을까?

아가씨들과 농담 따먹기도 하고, 시간 나면 술도 한잔하고 이야기 나누자는 의미였을 것이었는데, 9~10번이나 신발을 숨겨도 오직 찾기만 하였으니!

2. 저 세상 빨리 가시옵소서

자비 봉사활동의 일환으로 전화를 통한 파출부 무료 소개를 해 주었다.

소개를 받은 다른 사찰에 다니시는 보살님 한 분이 소납에게 꼭 할 말이 있으니 시간이 나시면 중리동 소재 자신의 아파트에 한 번 방문해 줄 수 있는지 전화를 하였다. 며칠 후 시간을 내어 보살님 집을 방문하였다.

24평 아파트 방 한칸에는 중풍 드신 친정 모친을 3년째 모시고 있었다. 그리고 소납에게 "스님! 죄송하지만 저희 친정 모친께서 3년째 저렇게 이불에 누워 계시는데 제발 좀 일찍 저 세상으로 가시게 하는 방법이 없습니까?"라고 물었다. 승려생활을 하면서 오래 살고, 건강하시고 편안하시고, 무병장수하시기를 기도해 봤지만 '저 세상 빨리 가시옵소서!'라는 기도는 해본 적이 없었다. 그렇지만 사위 집에서 3년째 중풍으로 고생을 하고 계시니 빨리 가시는 일도 타당할 수 있다고 생각하였다.

그래서 일주일에 두 번 정도 보살님 댁에 가서 '할머니 저 세상 빨리 가시옵소서!'라고 기도를 해 주기로 하였다.

다만 어머니한테는 병고 속 고통 없이 편안히 잘 계시라는 기도를 해 준다고 말하면서 매주 2번씩 아파트를 방문 기도하였다.

기도의 감응이 있었는지 한 달이 채 넘기기도 전에 할머니는 편안히 저 세상으로 떠나셨다. 몇 달 후에 중리동 보살이 소납에게 전화하였다.

"스님! 어머니 세상 잘 떠나신 감사 인사로 인도 불교여행사에 스님 인도 여행 경비 2백만 원을 부쳤습니다. 감사의 시줏돈을 그냥 드리면 스님은 자신을 위해서는 안 쓰시고 사찰 불사에 보탤 것 같아 바로 여행사에 순례 동참금을 부쳤으니 양해 바랍니다."

그 덕분에 소납은 1992년 겨울에 12박 13일간 처음으로 부처님 8대 성지 순례 해외여행을 다녀왔다.

인도 순례 중 일주일 버스를 타고 가도 끝없이 펼쳐지는 벌판을 보고 참으로 국토가 넓음에 감탄했고, 네팔 부처님 탄생지 룸비니를 찾아가는 인도 국경에서 잠시 쉬는 동안 시골 마을의 작은 초막집 방 한 칸에서 어린아이 11~12명이 쏟아져 나오는 것을 보고 아직도 인도에는 흥부집이 살아있네!라며 탄성을 지르기도 했다.

태국 방콕에 도착하여 현대식 리무진 버스를 타니 에어컨이 잘 나와 이곳이 바로 극락천국이구나!하는 감탄사가 저절로 나왔다.

(6과)

인도여행에서 〈터〉 저자 손석우 박사와 함께

　1992년 동국대 정병조 교수님 인솔로 40여 명의 불자들이 12박 13일의 인도 부처님 성지로 순례를 떠났다. 9박 10일은 인도 성지 순례이고, 2박 3일은 태국 순례 일정이었다.
　소납은 해외 순례가 처음이어서 여행준비를 잘 하지 못하였다. 두루막 1벌, 승복 2벌, 속내의 두서너 벌만 준비하여 가는 바람에 하루 순례 일과가 끝나고 호텔에 도착하면 빨래하기 바빴다.
　1992년 당시 인도 불교 성지순례는 힘들고 고단하였다. 버스 등 교통 사정도 열악하였고 호텔 시설도 열악하였다. 새벽 3시에 일어나 별을 보며 아침 식사를 하였고, 새벽 4시쯤 출발하여 순례를 마치고 다음 부처님 성지에 도착하면 밤 10시가 되어 파김치가 되었다.
　그런 고된 일정 속에서도 우리 성지순례객들의 힘든 여정을 잊게 해 주신 분이 풍수 이야기 〈터〉의 저자 손석우 박사님이다.
　박사님은 구수하게 재미있는 이야기들을 많이 들려주었다.
　소납은 손석우 박사의 바로 옆자리에 앉아 인도 성지를 순례했다. 그 당시 소납은 풍수에 대해서 문외한인 사람이라 손석우 박사가 어떤 분인지도 잘 몰랐다.
　풍수 책 〈터〉는 인도 순례 후 많은 시간이 지나 발간되었기 때문이다.

하룻 강아지 범 무서운 줄 모른다고 하였던가?

손석우 박사가 수시로 풍수 이야기를 하기에 참지 못하고 "여보소, 나도 경북 경산에 금란포계형 큰 명당 터에서 공부하는 승려요. 언제 우리 절에도 한번 와 보시오, 풍수 대가라고 당신이 자처하시니"라고 대꾸한 적이 있었다.

손석우 박사는 오대산 적멸보궁 중대에서 백일기도를 하여 산안山眼이 열렸다. 중대 기도를 마치고 법당을 나오니 땅속에 6·25 때 묻힌 권총도 보이고, 기타 이적도 생겨 풍수 대가의 길을 걸어갔다고 한다.

손석우 박사가 김대중 대통령 아버지 묘소를 옮겨주고 난 뒤 대통령이 되어 손 박사가 풍수 대가임을 과시하였다.

조선 고종 후비인 엄비 이야기는 여행의 즐거움을 더 하였다.

몇 세대를 내려가도 조상의 음덕 과보가 후손에게 영향을 미치는 사례를 이야기해 주었다.

영월에 유배되어 죽음을 맞이한 단종의 시신을 건드리는 자는 누구든지 3족을 멸하라는 세조의 엄명이 내려졌다. 어린 임금의 시신을 아무도 수습치 않고 방치하자 호장 엄홍도는 이럴 수는 없다고 마음을 먹고 단종의 시신을 거두어 묘를 써주고 몰래 다른 곳으로 도망갔다. 그 엄홍도의 음덕이 엄비에게까지 미쳤다는 것이다.

강원도 영월에 살던 엄비는 취직을 하기 위해 한양으로 상경하여 남대문 부근 친척 집 식당에서 일하고 있었다.

부지런하며 성실하게 식당 일을 잘하여 궁중에 드나드는 궁인들이 "저 아이는 일을 잘하므로 궁중에 들어왔으면 좋겠다"는 말을 들을 정도였다.

　그 식당에 드나들던 관상 대가가 어느날 엄비에게 시간 날 때 꼭 자기 집에 들러 달라고 부탁하였다. 엄비가 그 관상쟁이 집에 들렀더니 안방으로 정중히 모시고 엄비에게 큰절을 올렸다.

　그리고는 "오해는 마시옵고 관상을 보니 큰 어른이 되실 상이니, 다음에 혹시 궁중에 들어가시면 근신하여 행동하시면 반드시 좋은 일이 생길 것입니다.

　그때 소인을 잊지 말아 주시옵소서!"라고 부탁을 하고는 정중히 배웅하였다. 그 후 엄비는 식당을 드나들던 궁중 사람들에게 발탁되어 궁녀가 되었고, 궁녀가 되어서도 후덕하게 상궁을 잘 받들어 모범적인 궁녀가 되었다.

　어느 날 고종이 궁녀인 엄비 옆을 지나치다가 엄비의 자태에서 예사롭지 않은 서기가 넘치는 것을 보고 간택하여 후비로 삼았다.

　영월 호장인 엄홍도의 음덕 공덕이 후손 엄비에게까지 미치는 사례를 보면 조상님을 잘 모시고 받드는 일들이 헛된 일이 아님을 알 수 있다. **(7과)**

인도 성지순례 후 바뀐 사고방식

1992년 인도 여행을 다녀온 소납에게 두 가지 사고방식이 변화되었다.

첫째는 개척 포교당을 운영하면서 어려운 재정문제나 기타 중대한 문제에 직면했을 때 무심, 본래무일물(아무것도 본래부터 없었다.)의 마음으로 접근하기로 하였다.

버스가 1주일 내내 100~150km의 속도로 넓은 인도 땅을 달리든, 20~30km의 속도로 달리던 목적지에 도달하면 단지 반나절이나 하루 늦게 도착하므로 목적지에 도착하는 것은 같으니 급히 서두르는 마음을 갖지 않기로 하였다.

인도 여행을 다녀오고 꽤 오랜 시간이 지난 어느 날 사찰 운영 재정에 어려움이 생겼다. 고심을 하면서 새벽예불 중 문득 부처님 상호를 쳐다보니 빙그레 웃으시면서 여유 있는 모습으로 좌부동하시고 계셨다. 문득 "교주이신 부처님은 저렇게 여유 있고 평화롭게 웃으시며 걱정을 안 하시는데 제자로서 작은 사찰을 운영하는 승려가 별별 걱정과 근심을 다 하는구나. 교주이신 부처님께 모든 것을 맡기고 절이 어렵거나 말거나 흔들리지 말고 마음을 편하게 지니고 사찰을 운영해야 되겠다"라는 상념이 문득 머리를 스치고 지나갔다.

사찰 운영에 대한 마음을 비우고 살다 보니 차츰차츰 신도들도 불어나고, 사찰 운영도 예전보다는 나아지는 것 같아 '마음 비움'의

원리가 사람을 편안하게 하고 현실의 어려움을 극복하는 양약임을 일깨워 주었다.

두 번째는 개인 형편으로는 외국 여행을 다녀올 입장이 아니었으나 미묘한 인연으로 처음 인도를 순례한 입장에서 그동안 접하지 못했던 낯선 풍물과 문화를 견문하는 큰 경험을 하게 되었다. '한 번의 여행은 만권의 책을 읽는 것과 같다'는 말이 가슴 속 깊이 다가왔다.

옛날에는 많은 스님들이 구법을 위하여 인도로 떠났지만 살아 돌아오신 분은 100명 중 10여 명도 채 되지 않았다.

복이 많은 우리들은 단 10일 만에 부처님 탄생지, 성도지, 초전법륜지, 열반지를 참배하고 돌아왔으니 그 기쁨은 이루 말할 수가 없었다.

또한 외국의 기후, 풍토, 문화, 습속을 체험해 보니 덥고 무더운 나라 사람들은 더위를 피하여 연못과 그늘진 숲속을 찾게 되고 그러한 분위기에서 자연스럽게 삼매와 명상에 젖어 드는 분위기를 느낄 수 있었다.

그리하여 소납은 1992년 인도여행 이후로는 형편이 어렵더라도 수시로 원을 세워 일 이년에 한번은 외국여행을 하여 우리나라와 서로 다른 사회, 종교, 생활관습, 문화 풍토를 체험하고 아집과 편견에서 벗어난 풍부한 식견을 넓히기로 결심하였다.

외국 여행을 통하여 타인과 다른 나라 사람들을 이해할 수 있는 계기가 되었고 아집과 독단을 없애고 다양성과 조화, 상생, 서로 화합하며 공존하는 방식을 체득하여 크게 마음의 문을 넓혔다. (8과)

보리원을 대영학원과 성서로 이전

포교당 보리원 창건 1년 후인 1986년도에 대구 서문 시장에서 장사를 하는 보살님이 자기 집인 대구시 서구 내당동 대영학원 건물 위 3층에 부처님 법당을 짓는 게 꿈인데 보리원을 그쪽으로 옮기는 게 어떠냐는 제안을 하였다.

소납은 '당연히 좋습니다'라고 승낙하였다.

3층 건립비용은 보리원이 보증금으로 1,000만 원 내고, 나머지 건축 비용은 건물주인 보살님이 부담하기로 합의하였다.

공사를 착수한 3개월 만인 1986년 초파일 한 달 직전인 4월에 이곳으로 보리원을 옮겼다.

건물 평수도 두류동보다는 10여 평 큰 35평 정도가 되었는데 방이 2개, 작은 입구 현관 쪽 거실도 있어 여유가 조금 있었다. 또 바닥은 대청 목재를 깔았고 인테리어도 깔끔하게 하여 여법한 법당의 기운을 느낄 수 있었다.

무엇보다도 포교당이 유명 재수학원인 대영학원 바로 옆이라 재수생들을 포교하기가 좋았다. 그 당시 보리원에 나온 재수생들이 40년 세월이 흘렀는데도 지금까지 보리사와 인연을 맺고 있으니 학생 포교의 성과가 크다고 하겠다.

재수생들 중에는 동국대 불교학과를 나와 불교학 교수를 하는 사람도 있고, 비구, 비구니로 출가한 사람도 3~4명이 되어 예기치 않은 기쁨이 되었다.

대영학원 쪽 보리원에서 시작한 수행은 음력 초하루와 보름 전날에는 밤 10시부터 새벽 3시까지 철야 참선 법회를 봉행하였다.

초기엔 15~20여 명의 보살님들과 불자들이 동참하였으며 포교당을 성서로 옮기기 전까지 한 달에 두 번씩 철야 참선 법회를 봉행하였다.

또 경산 부시장과 포항 부시장을 역임한 윤용섭 원장님이 경북대 의대생들과 한문을 공부할 장소가 없다고 하여 매주 한 번 포교당 법당을 제공하였다. 그 인연으로 소납과 윤용섭 원장은 지금까지도 1년에 한두 번 공양을 함께 하며 지음知音관계를 유지할 수 있었다.

대영학원 쪽 보리원(보리사) 시절엔 포교의 활성화를 위해 이름난 스님들의 초청 법회도 한 달에 한번 봉행하였다. 고운사 근일 스님, 해인사 강주 무관 스님, 마산 다도 대가인 권거사님 등 덕분에 새로운 신도들을 포교하는데 큰 도움이 되었다.

3년 정도 시간이 흘렀을 무렵 대영학원 쪽 보리원(보리사)에 문제가 생겼다. 사찰 분위기를 위해 법당 바닥에 깔았던 대청이 어린이 법회 때 아이들이 쿵쿵 뛰어 2층 아랫집 주인집에 엄청난 소음 공해를 일으켰다.

어느 날 주인집에서 "스님, 법당 문 잠그고 다니시면 좋겠습니다. 시도 때도 없이 쿵쿵거리는 소음에 우리들이 견디기가 힘드네요"라고 말하였다.

소납은 "절은 24시간 개방하여 누구나 마음 편하게 참배하는 것이 저의 소신인데 그렇다면 할 수 없네요. 한 달 안에 절을 비워드리겠습니다"며 아무런 대책과 준비 없이 말을 내뱉어 버렸다.

큰일이었다. 이사를 가려는 두류공원 7호 광장 아파트 부근의 임대료는 최소한 보증금 5천만~1억원, 월세 300~500만 원이 기본이었다. 할 수 없어 보증금과 월세가 싼 곳을 한 달 이상 찾아다녔다.

달서구 신축 아파트 부근 임대료는 보리원의 재정 형편인 보증금 1천~2천만 원, 월세 30~50만으로는 어느 곳에도 갈 수 없었다. 할 수 없이 외곽 지역을 알아보았다. 그 당시 대구 성서 지역은 신도시 아파트가 아직 들어오지 않았고 (4~5년 후에 신도시 들어온다는 소문) 훈련사단인 50사단이 있어 사격장, 예비군 훈련장들만 즐비한 도심 외곽의 한산한 지역이었다.

성서지역을 알아보는데 성서초등학교, 성서파출소 도로 건너편 소방도로에 3층 건물인 성서 목욕탕이 있었다.

1층 목욕탕 접수부에 계시는 할머니에게 목욕탕 3층이 비었는데 좀 빌릴 수 없습니까?고 물어 보았다.

할머니는 학원, 어린이집 등과 같은 시끄러운 시설은 싫고, 절처럼 조용한 시설이 들어온다면 임대할 수 있다고 말씀하였다.

소납은 속으로 아이고 부처님이 도와주시는구나. 한 달간 이사할 곳을 찾지 못했는데 이런 곳이 있구나! 비록 외곽지라 한산한 곳이지만 보증금 1천만 원, 월세 15만 원에 갈 수 있는 곳을 겨우 찾았으니.

몇 일 후 목욕탕 주인과 임대계약을 하고 1989년 4월 29일 파동 삼보사 도원 큰 스님을 모시고 이전 개원 법회를 봉행하였다.

　이때 대영학원 포교당의 주인집 사찰 운영 간섭 때문에 집 없는 사람의 서러움과 천대를 실감하였다. 그래서 반드시 절을 옮길 땅 하나를 구해야겠다는 결심을 하였고, 1~2년 후 달서구 용산동 경원고등학교 부지 옆 밭 200평을 매입하였다. 그 덕분에 현재 보리사인 달서구 용산동 큰 못 길 법당 신축에 큰 힘이 되었다.

　이전한 달서구 성서 보리원(보리사)은 평수가 70평이나 되어, 30평 정도를 법당으로 사용하고 15평 정도는 어린이, 학생 도서관으로 운영할 수 있었으며, 또한 방 4개를 넣을 수 있어 대영학원 쪽 포교당보다 두 배나 커 참으로 흡족하였다.

　2층이 목욕탕이라 겨울에도 따뜻한 온기가 3층까지 올라와 실내가 따뜻하였다.

　그러나 아쉬운 점은 6, 7월달 모내기 철이 지나면 벼에 농약을 뿌려 냄새가 3층 법당까지 날아왔다. 소납은 "어이고 도시 포교당은 사람들이 많이 사는 아파트 지역에 있어야 하는데 이곳 도심 외곽인 성서지역은 아직도 벼농사만 짓는구나! 도시 포교당인 보리원이 견디기 어려운 골짜기 동네로 쫓겨왔네"라고 한탄하였다.

　성서 보리원은 실종 성서 개구리 소년들이 살았던 마을에서 300~400m 밖에 떨어져 있지 않았다. 성서 보리원(보리사) 어린이부원들은 실종된 7명의 성서 어린이들과 친구들이라 소납은 그 사정을 잘 알고 있었다.

　집세가 싼 시 외곽이라 생활이 어려운 맞벌이 부부들이 많이 살

앉다. 학교를 마친 아이들을 맡겨 놓을 곳이 없었는데 우리 보리원에서 어린이 천자문 교실, 어린이 학생 도서관을 운영하니 생활이 어려운 주변의 어린 학생들이 하루 종일 절에 와 놀면서 라면을 끓여 먹거나 군것질하는 등 재미있는 놀이터가 되었다.

또한 부모님의 불화로 오갈 데 없는 어린 남자 학생 두 명을 6개월~1년간 보리원에서 같이 살기도 하였다. **(9과)**

경산 일승암 토굴 에피소드

　　남천면 대명리에 소재한 구 안흥사인 경산 일승암은 경흥사와 더불어 신라 진평왕 때 창건된 절이다.
　　경흥사는 임진왜란 때 영규 대사가 거주하며 왜군을 물리친 승병 집합소 역할을 한 곳이다.
　　경산 안부자가 (옛날엔 경산 땅 대부분은 안부자 땅을 밟지 않고는 지나다니지 못했다는 말까지 나올 정도의 대부자였다.) 아들을 낳지 못하여 곳곳에 치성을 드리던 어느 날 밤, 꿈속에 안흥사 부처님이 나타나 "어느 곳을 쓸데없이 다니느냐? 이곳에 와서 기도를 하지 않고"라는 몽중 가피를 받아 아들을 낳고 허물어져 가는 절을 중창해 주었다고 한다.
　　6·25 때 운문사에는 공비들이 드나들었다. 국군들은 마을의 공비들을 소탕한다고 안흥사에 대포를 쏘아 3칸짜리 요사채만 남겨두고 모두 다 파괴시켜 버렸다. 또한 1980년 초 고시 공부하던 학생의 실수로 불이 나 요사채마저도 소실되고 말았다.
　　그 후 불자들이 십시일반 시줏돈을 모아 스레트 지붕으로 신축한 3칸짜리 작은 본당과 산신각(관음전)을 지어서 근근이 이어왔다. 특히 생활이 어려운 5~6명의 고시생들이 모여 함께 숙식하며 살았다.

첫 번째 에피소드 이야기

대구에서 후배 불자들이 참배할 겸 놀기 삼아 경산 토굴 일승암을 방문하였다.

점심 때가 되어 갑자기 오니 밥이 부족하여 라면을 대접하기로 했다. 7~8명이 함께 먹을 수 있도록 큰 양은솥에 라면 10개 정도를 끓여 바케스에 담아 국자로 떠서 모두들 맛있게 먹었다.

시장하다 보니 모두들 한두 그릇 뚝딱 비웠다. 마지막으로 국자로 바케스 밑을 훑으니 시커먼 뭉치가 하나가 떠올랐다.

일할 때 신었던 양말이었다. 소납은 모른채 할 수가 없어 '우리 경산은 원효대사 고향인데 원효대사는 해골 물을 마셔도 아무 일이 없었건만 라면을 담은 바케스에서 더러운 양말이 나왔다고 그렇게 놀랄 일은 아니지'라고 했더니 모두 인상들이 붉으락푸르락하였다.

두 번째 에피소드 이야기

어느 날 늦게 대구 보리원(보리사)일을 마치고 일승암 부대 후문에 도착하니 대학 후배가 헐레벌떡 내려오고 있었다.

"웬일로 급하게 내려오는가?"고 물으니 낮에 일승암에 올라왔다가 계곡에 있는 원두막 정자에서 후배 C가 말벌에 쏘여 이불에 변까지 싸고 인사불명이 되어 약을 구하려고 내려오는 중이라고 대답하였다. 해독제를 구하여 올라갔더니 다행히 후배 C는 정신이 돌아와 찬물을 마시며 기력을 되찾고 있었다.

잠시 있다가 소납이 물었다. "혹시 너희들 좀 이상하거나 엉뚱한 소리를 하지 않았는가"라고 물었다.

"예, 그렇지 않아도 C가 산신각을 보더니 무슨 산신각이야? 빌어먹을 저런 것들은 부숴버려야 한다"고 하였다.

"그러면 그렇지! 험한 구업을 지어 화가 나신 산신령님이 너희에게 벌을 주신거구나. 자비심 깊은 관세음보살님이 소납의 체면을 보아 그래도 너를 다시 살려주셨구나. 다행인 줄 알아라."

그 이후로 경산 일승암 토굴을 방문하는 사람들 중 절에 대하여 험담을 하는 사람들이 있으면 이번 사례를 들어 경각심을 일깨워 주었다. **(10화)**

경산 일승암 전기 불사 에피소드

90년대 초반에 토굴 아래에 있는 제2 수송부대 단장 김대령님이 올라오시어

"스님 이곳 부처님 도량에 전기를 넣으면 어떻겠습니까?"며 전기 설치를 제안하였다.

소납은 "좋기는 합니다만, 우리 절이 가난하여 전기를 넣을 만한 여유가 없습니다"라고 하니

김대령님은 "스님 절에서는 자재비만 준비해 주면 부대에서 인력동원을 하면 됩니다. 그리고 그 인력 동원도 문제가 생기지 않도록 불교 신자 사병들의 자원봉사를 받으면 됩니다."

소납이 곰곰이 생각해 보았다. 전기 시설 자재비는 한 이삼백만 원 정도면 될 것 같아 초파일 불사 때 전기 불사 자금을 보충할 계획으로 승낙하였다.

그런데 암자까지 전기를 시설하는 일은 제2 수송부대 관할이 아니라 상급 부대인 2군사령부 군수감(원스타 장군)의 결재 사항이었다.

결제가 너댓 달 늦어지더니 김대령이 다른 부대로 이동하기 20여 일 전에 전기 불사 허락 결재가 내려왔다. 결재되자 부대에서는 바로 전기 불사 공사 착공하였다. 절에서는 사전에 철봉 전봇대를 제작하였고 기타 전기공사 재료들을 마련해 놓았다.

공사가 시작되었지만 여름 장마철이 되어 문제가 발생하였다. 장병들은 비옷을 입은 채 산비탈 전기공사 작업을 하였다.

소납은 부대를 찾아가 "소납은 절의 전기 불사를 위하여 장마 빗속에서 장병들을 동원하는 것을 원하지 않습니다. 고생하는 장병들을 차마 볼 수가 없습니다. 공사를 중단해 주십시오"라고 간청하였다.

그러나 부대에선

"걱정 마십시오. 사병들을 무리하지 않게 시간 단위로 교대하여 공사합니다. 무엇보다도 부대 단장님이 6월 30일부로 전근을 가시기 때문에 6월 29일까지는 공사를 마쳐야 합니다. 양해해 주시기 바랍니다."

수송부대 단장님이 전근 가시기 전날인 6월 29일 정오 무렵 전기공사가 완료되어 드디어 절에 전기가 들어왔다.

감사의 인사로 법당 옆 방에 접대상을 마련하고 솔잎으로 발효시킨 솔차와 기타 음식 및 다과로 단장님, 부단장님, 주임 원사를 대접하였다.

부단장님은 기독교 신자라 "술은 못합니다"라 하길래 "이건 술이라기보다는 곡차입니다. 우리 스님들이 참선 수행 중 혈액 순환이 잘 되지 않을 때 한잔하여 그 고통을 푸는 약입니다"라고 하자 한잔을 마셨다. 마시고 나더니 "생각보다 순하고 부드럽고 향기가 좋습니다. 한잔 만 더 맛보겠습니다"며 또 한잔을 비웠다.

내일 다른 부대로 전근을 가시는 단장님이 "스님 제가 산중 절에 전기 불사를 좀 했다고 무슨 공덕이라도 생기겠습니까?"며 물었다.

소납은 서슴치 않고 대답하였다.

"신라 진평왕 때에 창건되어 지금까지 1,500여 년 동안 캄캄하던 절을 휘황찬란하게 밝혀 놓았으니 그 공덕으로 군인의 꿈인 별을 달지 않겠습니까?"라며 소납은 쉽게 말을 던졌다.

김대령이 떠나고 2~3년이 되어도 장군이 되었다는 소식이 없었다. 그래서 생각하기를 "아! 이것 잘못하였다간 사기꾼이라는 말을 들을지도 모르겠네?"라며 걱정을 하였다.

그런데 3년이 지날 무렵 2군사령부 군종 법사님편으로 김대령 사모님의 전언이 왔다.

경산 일승암 주지 스님께 감사의 인사 말씀 전해주십시오. 저는 장군이 될 가능성이 전혀 없다고 생각했는데 경산 일승암 부처님 가피로 장군인 스타가 되었습니다. 다시 한번 감사하다고 말씀드려 주십시오.

그 말을 듣고는 마음속에 지녔던 사기꾼이라는 큰 짐을 내려놓았다.

그 후 20~30여 년이 지나도록 제2 수송부대 단장들의 진급 사례를 살펴보았지만 육군사관학교 출신 단장도 별을 단 사례가 없었다. 김대령은 육사 출신도 아닌 갑종 출신인데도 별을 달았다.

그래서 소납은 당당하게 외쳐본다.

"장군 별은 아무나 다는 것이 아니다. 운과 복덕, 공덕을 많이 지어야 하는 것이지!"

그 후 김장군은 남한산성 국군 골프장 사장직을 마치고 퇴임했다는 소식을 들었다. **(11과)**

칠곡 스님으로부터 양봉 구입하여 사찰 운영비 보충

성서 보리원의 사찰 운영은 예전보다는 나아졌으나 사찰 살림은 현상유지할 정도로 녹록지 않았다.

어느 날 K거사가 "스님! 칠곡에 계시는 스님은 신도들에게 의지하지 않고 꿀벌을 키워 자기 사찰을 장만했답니다. 스님! 경산 토굴 일승암은 깊은 산중에 있어 벌 키우기에 적당하니 용돈을 번다는 마음으로 한번 해 보시지요"라고 제안하였다.

소납은 "맞다! 새불교 운동은 백장 선사의 〈하루 일하지 않으면 하루 먹지 않는다〉라는 생산불교, 자립불교 정신이 필요하다. 신도들이 시주하는 정재는 사찰 운영비와 포교, 봉사, 사찰 미래를 위한 준비로 사용하고, 자립 생산한 수익금은 개인적인 용돈, 휴대폰, 차 운행 비용 등으로 사용하면 사찰도 발전하고 자립생산, 실천 불교의 길을 걸어갈 수 있는 토대가 될 수 있겠다"라는 생각이 떠올랐다.

K거사님에게 부탁드려 양봉을 하시는 스님을 찾아갔다. 스님은 그 당시 중년의 나이였는데도 대학을 나오신 분이었다. 소납을 친절히 맞아주시면서 양봉에 대한 안내와 키우는 방법, 드는 비용, 관리 등을 자세히 가르쳐 주셨다. 또 편리를 봐주어 시중의 반가격으로 4~5개의 양봉통을 소납에게 양도하여 주셨다.

세속에 있을 때에 농사의 농자도 모르던 도시 출신 승려가 생전에 경험하지 못했던 양봉 농사를 경산 토굴에서 시작하였다.

양봉 덕분에 어려운 절 재정이 약간 여유가 있었다.

설탕은 거의 사용하지 않고 순 꿀 위주로 생산하니 다른 양봉인들보다 4분의 1도 생산되지 않았으나 품질이 워낙 좋아 음용해 본 사람들은 꿀 한통을 더 달라고 간청하였다.

그렇지만 양봉을 습격하는 말벌을 파리채로 잡아주거나 교미만 하고 꿀을 축내는 수컷 벌들을 잡아주어야 함으로 살생에 대한 마음의 부담으로 5, 6년 정도 양봉을 하다가 그만두었다.

생산불교, 자립불교에 대한 소납의 소신은 지금도 한결같다.

해인사 출신 스님들이 경북 성주에서 향 공장을 만들어 전국 사찰 법당에 판매하고 있다. 우리 절도 1년에 두서너 번씩 10년 이상 주문하여 사용하였다.

향뿐만 아니라 양초, 불구 목각을 만드는 공장, 무공해 식품제조 공장 등 환경 친화적이고 공익적인 사업이라면 사찰과 불교 단체들의 발전 및 생산 불교, 자립 불교를 이루는 사업에 참여하는 것도 의미있는 일일 것이다.

앞으로 종교를 믿는 사람들의 급속한 감소가 예상되고 있다. 이러한 난관을 극복하기 위해 생산불교와 자립불교를 위한 미래를 준비해야 할 것이다. **(12차)**

성서 보리원 이전 개원과 용산동 보리사 신축 준비

    1989년 4월 29일. 삼보사 도원 큰 스님 증명하에 성서 보리원 이전 법회를 봉행하였다.

    1989년 4월~2001년 1월 3일까지 성서 보리원 포교당은 편안하고 안락하며 근심 걱정이 별로 없었다. 불자이면서 의사인 목욕탕 주인은 포교당에 재정적으로 우호적이었고 또한 편의를 많이 봐 주셨다.

    소납이 중형 SUV를 사려면 500만 원이 부족하다고 하니 보증금에서 500만 원을 빼주었다.

    사람은 안락하고 편해지면 나태해지고, 만족하며 현실에 안주해 버린다.

    보리원을 성서 쪽으로 옮긴 지 4~5년 만에 신도시 성서지구가 개발되기 시작하였다. 성서 보리원도 신설 택지를 분양받아 절을 건축했더라면 지금의 보리사보다 훨씬 규모가 크고 멋진 사찰을 건립할 수 있었을 텐데, 그런 곳으로 눈을 돌리지 못하였다.

    1997년에 IMF 외환으로 온 나라가 재정적 어려움을 겪게 되었다. 성서 신도시 용산장기택지지역도 미분양되었고, 또한 건축 공사가 중단되었다.

    이때 소납이 신도님들에게

    "우리 보리원(보리사)은 옛날부터 지금까지 어려운 IMF 분위기로 살았습니다. 이때가 우리에게는 오히려 기회입니다. 절 지을 땅을 구합시다. 그런 인연 있는 땅이 분명히 나올 것입니다"라고 외쳤다.

대구도시개발공사에서 달서구 50사단 이전 부지인 신도시 개발지구인 용산, 장기지구를 1차 분양하던 중 IMF를 만나 분양이 중지되었다가 2년 후 택지를 재분양하였지만 분양이 잘 되질 않아 분양받는 사람들의 입맛대로 필지를 선택해 구입할 수 있었다.

소납과 신도들은 분양 재공고 일에 참가하여 지금의 대구시 달서구 큰못길 54-13 부지를 구입하여 절을 신축할 수 있었다.

소납은 지금의 사찰 옆 부지가 좀 더 커서 그것을 선택하려고 하였으나 신도님들이 "스님 지금 부지가 옆집 부지보다 조금 작으나 사람이 다니는 인도 쪽 앞마당이 30평이나 있고, 언덕의 둔덕에는 숲도 있으니 훨씬 활용 가치가 높습니다"라고 제안하였다.

상당히 일리가 있었고 또한 합리적이라고 생각되어 지금의 사찰 부지를 분양받아 절을 신축하였다.

1997년 봄부터 통불교신협에 근무하는 백원기 전무가 3번이나 소납을 찾아와 "곧 구조조정이 되면 저희 신협도 살아남기 힘드니 스님과 같이 불교대를 운영하여 새롭게 시작해 봅시다"며 불교대학 운영을 제안하였다.

우린 몇 년 후면 용산동 땅에 절을 지어 이사 가기 때문에 어렵다며 거절하였다.

그러나 두 번이나 더 찾아와 간절히 부탁하기에 나의 세납도 45세인데 혈기 왕성할 때 뭘 이루어 놓지 않으면 정말 어려울 수도 있다고 생각되어 불교대를 함께 운영해 보자고 승낙하였다.

그 후 통불교신협은 삼원신협으로 이름이 바꾸었다. 불교대에 입학한 많은 사람들이 신협 투자 업무에 동참하여 IMF의 거센 파도를 극복하였고, 모범 우량 신협으로 성장하였다.

그것은 단체의 최고 경영자가 미래를 내다보는 안목이 있을 때만이 어려운 경영 환경을 극복할 수 있다는 사례를 보여준 것이다.

우리 보리원(보리사)도 불교대학 활동을 통하여 새로운 신도 계층을 흡수하였고, 2001년 용산동에 사찰을 신축하는 계기가 되었다. **(13과)**

보리불교대학 개설과 용산동 신축 절 짓는 인연

통불교신협과 보리원(보리사)이 협력하여 1997년 10월 9일 보리불교대학 1기 주, 야간부 학생을 모집하였다.

불교대를 성공시키기 위해 초급반 주·야간 1기에는 보리원 신도 불자 30~40여 명이 동참하였고, 신협 쪽에서 협조 및 모집 광고, 홍보를 통하여 주야간 70~80여 명을 모집하여 불교대학을 출범하였다.

화요일엔 주·야간 초급반, 목요일엔 주·야간 경전반 강의가 개설되었으며, 문화강좌는 사찰 요리, 선체조, 다도를 개설하여 불교 포교를 하였다.

사찰을 불교대학 체제로 변모하다 보니 사무를 관장할 사무장이 필요하여 보리원 신도회 총무 소임을 보는 일심화 보살을 사무장으로 임명하였다.

일주일 중 화요일과 목요일은 불교대 강의, 남은 요일은 문화강좌를 운영하였다. 그리고 보리원은 초하루, 재일 법회를 운영하였고, 매일 경산 일승암을 다녀오니 눈코 뜰새 없는 바쁜 생활이었다.

4~6개월마다 초급반 신입생을 모집하여 2001년 용산동 큰못길로 이사할 때까지 1~8기의 불교대를 운영하였다.

불교교양대학을 운영하며 생긴 에피소드가 있다.

보리불교대학 주간부 2기생 젊은 보살님 한 분이 다음과 같이 질문하였다.

"스님, 불교대학 과정을 마치면 학사증이나 석사증을 주시나요?"

"아니요, 교양과정 대학이라서 그런 것은 안 주는데요!"

"그런데 스님께선 뭘 그렇게 자세하고, 세밀히, 어렵게 강의를 하십니까? 강의가 너무 어려워 이해가 안 되네요"라고 하였다.

소납은 혼자 곰곰이 생각해 보았다.

"맞다. 학사 자격증을 주지 않는 불교교양대학 과정이 아닌가?" 어려운 교리를 열심히 가르쳐도 보살님들의 수준에서는 잘 받아들여지기가 어렵다. 차라리 강의의 90%는 생활 속 잡담, 이야기, 설화 등으로 진행하고, 불교 기초교리는 10% 정도로 강의해야겠다고 자각하였다.

그 후 불교대 경전반에서 생활 실화, 이야기, 설화 등을 섞어서 강의를 하니 수강 호응도가 아주 높아졌다.

불교대 개설 직전인 1997년 2월, 성서 목욕탕 3층 보리원에 전기 누전으로 화재가 발생하였다.

황망하였지만 주인집 보살님의 배려로 복구 작업을 하고 재건립하였다.

도반 스님들이나 기타 인연 있는 분들에게 화재 사고를 이야기했더니 도리어 '축하드립니다. 곧 부자가 되겠습니다'라고 격려와 축하를 해주었다.

처음에는 화재로 인한 불행한 마음을 위로해 주는 것과는 정반대의 이야기를 하여 반신반의하였는데 3년을 지나고 보니 정말 부자가 되어 있었다.

　성서 보리원에 불이 났을 때 소납의 수중에는 불사 준비금 오천만 원 정도가 전부였다. 대구도시개발공사에서 용산, 장기지구 택지를 1억 2천만 원에 분양받아 2년 만에 은행 빚을 포함하여 2억 7천만 원 정도 예산으로 3층 건물을 신축하였다. 2~3년 만에 5천만 원에서 3억 9천만 원을 마련했으니 정말 부자가 되었다. 그러나 신축 건물을 잘 지으려고 과욕을 부리다가 은행 빚 5천만 원과 사채 4천만 원을 안고 말았다.

　빚을 갚기 위해서 일장 스님, 수안 스님 선서화전을 개최하였고, 많은 노력을 기울여서 5~6년 만에 빚 9천만 원을 다 갚았다.

　관음인등불사는 사찰 신축 기금 마련에 큰 보탬이 되었다. **(14과)**

용산 · 장기지구 신도시 사찰 건립 사연

몇 년 지나지 않아서 달서구 용산동에 소재한 분양 택지에 신축 불사를 시작하였다.

건축계에는 '집이나 건물을 한번 건축하고 나면 또다시 건립할 마음을 전혀 내지 않는다'는 소문이 내려오고 있는데 소납도 그 말에 동의한다.

잘 알고 지내는 건축가 K씨는 3층 구조의 건립 비용이 1억 8천~2억이면 충분하다고 하여 사찰 건립에 대한 구두 약정을 하였다.

K씨가 총감독을 하고 1, 2, 3층을 건립할 때마다 소납이 직접 건축 비용을 주기로 하였다.

순조롭게 진행되던 건립 불사가 2층 뼈대를 완성할 때 쯤 자금이 부족하여 2~3개월 공사를 중단하였다.

인등불사를 모연하여 추가 건립비의 반을 보충하였고 나머지 비용은 은행 대출을 받아 공사를 마칠 수 있었다.

목수와 기타 공사 인부들이 사찰 건물이라고 만만하게 보고 박스체로 맥주를 시키고 고급 안주를 시켜 먹어 찬값이 무려 2백만 원이나 되는 황당한 일이 발생하였다.

소납은 인부들에게 추후 찬값이 이렇게 많이 나오면 절대로 계산할 수 없다며 경감심을 울려 더 이상 난감한 일이 발생하지 않아 어려움을 극복하였다.

그 당시 달서구 용산동 신축 사찰 건립 공사에 가면 맥주와 기타 찬을 배부르게 먹을 수 있다는 소문이 건축 공사장 인부들 사이에 쫙 퍼졌다고 한다.

우여곡절을 겪으면서 2000년 가을 무렵 건물이 완성되어 입주를 하려고 하는데 아는 노스님이 "올해 입주를 하면 여러 가지 상황 괘가 좋지 않으니 12월 22일 동지를 지나고 입주해야 한다"고 충고하시어 다음 해인 2001년 1월 4일 이사를 하였다. **(15차)**

보리불교대학 운영과 대비주 기도 시작

　달서구 성서지역 3층 임대 법당에서 신축된 달서구 용산동으로 법당으로 옮기고 난 뒤 사찰 명칭을 불교회관 보리원에서 보리사로 개명하였다. 또한 보리불교대학 9기생~25기생을 모집하였으며, 문화강좌로 어린이 천자문 교실, 다도, 선체조를 개설하였다.
　세속에서는 부모가 시집, 장가 간 자식을 위해 전셋집이라도 마련해 주면 그 자식들은 결혼 후 7~8년 안에 집을 마련할 수 있으나, 월세로 시작한 신혼부부들은 집을 마련하는데 14~15년 정도 걸린다고 한다.
　보리사도 1985년에 월세 임대로 시작하여 2001년 신축 이전까지 거의 15년의 세월이 흘렀으니 세속 사람들과 비슷한 과정을 거쳐 집을 마련하였다.
　신도시 아파트 속에 자리 잡은 보리사는 새로운 불자들을 포교하기도 쉬울 뿐 아니라 성서쪽 법당보다는 모든 조건에서도 훨씬 좋았다.
　보리사는 상리공원지역에서 1년에 한번 불우이웃돕기 바자회를 개최했고, 초파일에는 이웃 포교를 위해 차량에 큰 연등과 플래카드를 설치하여 주변 아파트 지역을 한바퀴 도는 연등 순례 행사도 가졌다.
　또한 매달 한번씩 3개 사찰을 3년간 순례하고, 108 사찰 순례 회향 기념으로 1박 2일 제주도를 다녀왔다.

연속적으로 9년 즉 3번의 108사찰을 순례하고 더 이상 순례를 하지 않았다.

2004년도 1차 108사찰 순례 회향기념으로 서귀포에 있는 약천사에서 하룻밤을 잤다. 아침 공양 후 다른 곳으로 출발하려는데 신도님 몇 분이 "스님 이곳 약천사에서 기도하는 부전스님이 아마 주지 스님과 도반일 거라"는 말을 하였다.

소납이 그 스님과 통성명을 나누고 인사해 보니 1983년에 수계를 같이 받은 도반 스님이었다.

"어째서 이곳 육지에서 먼 외진 제주도 약천사에서 지내시지요?"하고 물으니 도반 스님은 기도 부전을 하게 된 사연을 이야기해 주었다.

"중앙승가대를 졸업하고, 부산 해운대의 진제 종정스님 절인 해운정사에서 7년간 선방 입승생활을 하고 만행하며 지냈다.

만행 중에 객실에서 병든 노스님 한 분 만났는데 모은 돈도 별로 없고, 간병도 제대로 받지 못하고 뒷방에서 쓸쓸히 죽어가는 모습을 보고 나도 승려 생활을 잘못하였다가는 노후에 추하게 보낼지도 모른다는 마음이 갑자기 생기더군요. 승려 생활을 25여 년이나 하였지만 모아 놓은 정재도 별로 없으니 기도하는 부전이라도 하여 노후에 마음 편히 살 수 있는 절이라도 마련해야겠다고 3년째 약천사에서 기도 부전 생활을 하고 있다"고 이야기하였다.

소납은 "우리와 같이 수계 받은 도반들이 경상북도에 터를 잡고 살고 있습니다. 그쪽으로 오시면 외롭지 않으며, 또한 괄시받지 않고, 더불어 잘 살 수 있으니 고려해 보십시오"라는 말을 하고 헤어졌다.

몇 달 후 부전으로 있던 도반 스님은 사제가 주지인 은해사 말사인 팔공산 불굴사에 와 있다가 비구니가 살다 떠난 영천 신령에 있는 넓은 규모의 절을 구입하여 노후 거주 사찰을 마련하였다.

우리나라 승려들의 노후 문제는 매우 시급하다.

10여 년 전 불교 언론에서 70세 넘은 노스님들에게 앙케이트 조사를 한 적이 있었다.

"노후에 스님이 의탁하고 머물 절이 있습니까?"고 물으니 90% 이상이 의탁하고 머무를 사찰이 없다고 대답하였다.

10명 중 한, 두 명만 의탁할 절이 있다는 건 기가 막힐 일이다. 젊었을 때는 성철, 청담, 경봉 스님 같은 큰 스님이 되겠다는 일념으로 수행과 만행을 하며 수행하다가 중년과 노년에 접어들면서 건강을 잃고, 의탁할 신도나 절마저 없을 때 부딪치는 절망감을 충분히 헤아릴 수 있다.

늦게나마 일부 본사와 종단에서 승려 복지에 신경을 쓰기 시작했으니 다행스럽다.

108 사찰 순례를 설악산 봉정암, 금강산 외금강도 다녀와 기쁨이 배가 되었다.

설악산 봉정암 순례는 당일 새벽에 대구에서 출발하여 인제 백담사 근처에는 오전 11시 30분쯤 도착하였고, 점심을 먹은 후 봉정암까지 걸어가는 코스는 난관의 순례 과정 자체였다. 봉정암 바로 밑 수직 200m가 넘는 활딱 고개를 올라가는 스릴은 참배를 해본 사람만이 헤아릴 수 있다.

좁은 요사채에 1,000~2,000여 명이 하룻밤 칼잠을 자거나, 법당에서 철야기도를 하는 고행을 감내해야 한다. 아침을 미역국으로 먹고 점심으로 주먹밥 하나 배급받아 백담사나 오색 약수터, 신흥사 쪽으로 내려오는데 고생이 아주 많았다.

고생을 많이 하였지만 신앙심이 돈독했는지 1년에 한번 가는 설악산 봉정암 순례에 신도들이 적극적으로 참여하였다.

보리불교대학 초급반 24~25기 강좌가 개설될 무렵 소납의 건강 문제로 불교대학 강좌를 중지하였다.

1년 정도 마냥 쉬기가 쉽지 않았다. 그래서 절에서는 목탁소리가 항상 울려야 한다는 신념으로 2009년 2월 18일(음력 1월 24일) 관음재일부터 대비주(신묘장구대다라니) 일일 108 독송 기도를 봉행하였다.

매주 목요일 오후 2시 법당에서 1회 기도하고 각자 집이나 법당에서 개별적으로 나머지 기도를 하였다. 그렇게 시작한 기도가 2022년 10월 28일에 오천일 기도 회향하였고, 회향 기념으로 제주도 2박 3일 순례 행사를 다녀왔다.

소납은 대비주 기도를 시작할 때 5천일은 채울 수 있을 것 같았다. 그 이유는 남자들 평균 수명이 74~75세이기 때문이었다.

그리고 7~8천일은 채울 수 있으나, 1만 일은 채우기가 힘들다고 생각하였는데 남녀 평균 수명이 많이 늘어남으로 84세 때에는 만일 기도 회향도 가능하겠다는 일말의 기대감도 가져본다. **(16과)**

대비주 기도성취 사례

　신라 지혜 비구니 스님은 소납이 머물렀던 안흥사에서 우리나라 최초로 대비주 기도를 시도하였다.
　가난하고 어렵게 살던 지혜 비구니는 어느날 관세음보살님께 가난의 굴레를 벗어나고 새롭게 지을 절터를 점지해 달라고 대비주(신묘장구대다라니)를 매일 108독하며 백일 관음기도를 올렸다.
　지극정성으로 올린 기도 덕분에 백일기도 회향 하루 전날 기도 중 잠시 졸았는데 기도 올리는 탁상 위로 금붙이가 쏟아졌고 또 그 와중에 안흥사 터를 점지해 주셨다.
　그리하여 지혜 비구니는 감읍하고 금붙이로 안흥사 터에 절을 창건하게 되었다.
　많은 사람들이 아들을 낳게 해 달라, 병을 낫게 해 달라고 기도하였다. 스님은 불단에 물을 올려놓고 대비주(신묘장구대다라니) 108독 백일기도를 올렸다. 불단의 물을 마신 사람 중에는 아들을 낳거나, 병이 나은 사람들이 많았다.
　영험하다는 소문이 퍼져 수백 명의 기도 참배자들이 늘어나자 큰 옹기 독에 물을 가득 채워 대비주 108독 기도 후 나누어 주어 많은 사람들에게 기도성취의 기쁨을 이루게 하였다고 한다.
　보리사 대비주 기도는 5,000일 기도를 넘어 6,000일로 향하고 있다.

그동안 대통령상을 받은 사람이 3~4명, SKY대학을 비롯하여 KAIST, 육사, 공사, 의대, 한의대 등의 유수한 명문대학에 합격하였고 삼성, 현대, LG, SK 등의 우수기업에 취업하였으며 사법고시, 행정고시, 공무원, 경찰관, 소방 간부 시험에 합격하는 등등 기도 성취한 사례가 무수히 많다.

기도 성취 사례가 너무 기복에 치우치지 않은가라고 반문할 지 모르나 세속에 사는 재가인들에게는 자신이 원하는 소원이 이루어지며 또한 재산을 많이 모으는 것이 으뜸이고, 세속의 모든 것들을 버리고 입산한 출가인은 진리를 깨닫는 것이 으뜸이라고 부처님께서 말씀하셨다.

세속에 사는 재가인은 열심히 벌고, 잘살기 위하여 현실에 부딪치는 난관과 고난을 불보살님의 가피로 극복하고 성취하는 기도가 필요한 것이다.

보리사 대비주 기도 성취 사례를 한두 가지 이야기해 본다.

경원고 출신 배지환 군은 재학중 대학입시에 실패하였다. 그리고 군에 입대하여 열심히 공부한 결과 제대를 얼마 남기지 않고 서울대학교 경영학과에 합격하였다.

일상 수험생활을 하여도 서울대에 합격하기가 어려운데 힘들고 바쁜 군 생활 속에서도 열심히 공부하여 서울대에 합격하였다고 신문과 방송에 대서 특필되어 주변 사람들을 놀라게 하였다. 그만큼 기도의 가피가 큰 것을 느끼게 한다.

또한 고등학교 때부터 10년 이상 대비주 기도를 하여 회계사 시험에 합격하였으며, 이름난 회계법인에 취직하였으니 기도의 가피를 성취한 사례가 되겠다.

　어느 보살님은 자제가 임신이 되지 않아 득남득녀 성취 백일기도 올린 지 8년 째에 임신이 되어 기도 접수 27~28번 만에 기도 성취되었다.

　이는 부처님과 관세음보살님께 한결같은 마음으로 의지하고 기도하여 성취한 사례이다. **(17과)**

관세음보살 불상을 도둑맞고 다시 찾다.

용산동 보리사에서 황당한 사건이 발생하였다.

사찰은 언제, 누구에게나 24시간 참배할 수 있어야 한다는 것이 소납의 소신이다. 따라서 사찰의 1층 현관문과 3층 법당문을 24시간 개방하였다.

그러던 어느 날 새벽 2시경에 도둑이 들어 중국 지장도량 구화산에서 구입하여 3층 법당에 모신 목조 관세음보살 입상을 훔쳐갔다.

불상을 잃은 소납은 공론화가 필요하여 경찰에 신고하였다. 경찰들이 와서 CCTV에 잡힌 범인 인상을 채록하고 말하기를 "스님! 불상을 분실하면 99% 이상 다시 회수되기 어려우니 찾으려는 희망을 포기하는 것이 바람직합니다"라고 하였다.

소납은 '관세음보살님이 영험이 있으시면 다시 절에 돌아오실 것이고, 영험이 없으시다면 돌아오지 않을 것이다'라고 혼자 중얼거렸다.

1주일 지났을 무렵 우리 절 보살님 친구분이 사찰 옆 둔덕 숲속에서 보자기에 쌓인 관음 입상을 발견하고 신고하여 다시 모시게 되었다.

관음상을 발견한 보살은 친구인 우리 절 보살님께서 보리사에 함께 다니자고 권선하면 "콘크리트로 현대식으로 지어 절 분위기가 나지 않고, 사이비 절 같다"며 우리 절에 대하여 편견을 가지셨던 분이셨다.

그런데 관세음보살님을 다시 법당에 모시는 인연을 맺음으로써 우리 절에 대한 편견을 불식하게 되었고 또한 우리 절이 기도 영험이 대단함을 간접적으로 일깨워 주시는 것 같았다.

불단의 높이 70~80cm 되는 관세음보살 목조입상을 보리사 법당에 모시게 된 법연은 다음과 같다.

2천년대 초에 중국 지장도량 구화산, 관음도량 보타산을 5박6일 순례하였다. 일정은 신라 출신 김교각 스님의 등신불이 있는 지장도량 구화산서 보타낙가산으로 가는 것이었다. 그 이유는 보타섬이 관세음보살 성지가 된 유래가 생각났기 때문이다.

8~9세기에 중국 오대산을 참배한 일본 스님이 관세음보살상을 증정받아 항구 도시 영파에서 배를 타고 일본으로 가는 도중 큰 풍파를 만나 섬에 머물게 되었다.

며칠 후 풍파가 잠잠하여 관음상을 모시고 다시 바다로 나가려는데 또 다시 풍파가 몰아쳐 섬으로 돌아와 숙소에서 머물렀다.

그날 밤 스님의 꿈에 관세음보살이 나타나 "내가 이곳에 머물려고 하는데 왜 자꾸만 다른 곳으로 데려가려고 하느냐!"라고 하였다.

결국 일본 스님은 관세음보살상을 신심 깊은 신도 집에 맡기고 홀로 일본으로 떠났다.

그 이후 신도의 집을 절로 만들어 관세음상을 봉안하고 기도를 올리니 많은 이들의 기원이 성취되어 관음성지인 보타섬이 된 것이다.

그곳에 모신 관세음보살상 명호가 불긍거관음不肯去觀音인데 '나는 다른 곳에 가는 것을 허락하지 않는다'는 의미이다.

소납도 중국 안휘성 구화산에서 관음상을 구하여 관세음보살의 친정인 보타섬까지 모셔 왔는데 혹시나 한국으로 가기 싫다고 보타섬을 떠날 때 큰 풍랑이라도 쳐 배가 뜨지 못하면 어쩌나 하는 걱정이 생겼다. 다행히 풍랑이나 재앙이 발생하지 않았다.

"어휴, 다행이네! 관세음보살님 감사합니다. 한국의 대구 용산동 보리사에 가서 불공을 올리며 잘 받들겠습니다"라며 마음 속으로 기원하였다.

보리사에서 불공을 잘 받고 계셨는데 도둑 때문에 불공도 받지 못하게 되었으니 억울하시어 도둑을 벌하고 다시 보리사로 돌아오셨다고 소납은 생각하고 있다.

6개월 후 우리 절 및 대구·경북의 20~30개 절에서 불상을 훔친 도적이 경찰 수사로 체포되었다.

도둑에게 왜 사찰의 불상만을 훔쳤느냐고 물으니 "교도소에 수감 되었을 때 스님과 법사님의 법문 중에 불상의 복장에는 귀중한 보물들이 많이 봉안되었다고 하여 훔쳤다"라고 자백하였다.

구화산에서 모셔 온 관세음보살 입상은 많은 불자들의 간절한 기도, 기원에 유구필응有求必應 - 구함이 있으면 반드시 응한다. - 하는 구제원력으로 많은 불자들의 기도성취를 이루어 주고 계신다. (18과)

미국 동부 여행을 통하여 승려 된 보람 찾음

　한국 불교는 태국, 미얀마 스리랑카 등 남방불교와는 달리 승려로 출가 입문하는 것을 자랑스럽게 여기거나 삶의 큰 기쁨으로 칭찬하는 풍토가 아니다.
　그 이유는 조선 오백 년 동안 승려는 백정, 기생, 공인 등과 함께 8대 천민이었기 때문이다. 특히 1894년 갑오개혁 전까지는 스님들이 서울의 4대문 안으로 들어오는 것마저 출입 금지를 당하였다.
　미얀마 스리랑카 등 남방 불교권 국가에서는 집안에 한 명의 출가자가 나오면 결혼식보다 더 성대하게 축하하고 온 마을에서 잔치를 벌인다.
　한국에서 스님들이 수행자로서 본분의 대접을 받기는 쉽지 않다. 수행과 불사 전법을 잘하면 당연한 것이고, 승려의 길에서 벗어나면 언론과 세상의 인심이 혹독하게 비방, 비판하고 현실의 삶 속에서 매장시켜 버린다.
　또한 우리 종교인이나 연예인들은 많은 사람들의 관심 대상이기 때문에 매스컴에 자주 오르내린다.
　2013년도 무렵 신도님들과 미국 동부 지역인 뉴욕, 워싱턴과 캐나다 토론토 및 나이아가라 폭포를 여행하였다. 특히 미국 뉴욕을 탐방할 때의 일이 뚜렷이 기억난다.
　현지 가이드와 우리 순례객들은 맨해튼 공원을 구경하고 뉴욕

맨해턴 3가 록펠러 센타에서 만나기로 하였다.

록펠러 센터까지 오는 도중에 4, 5, 6, 7, 8, 9번가에는 명품 가게들이 많으니 천천히 쇼핑하면서 오면 그곳에서 만나 다음 목적지로 간다고 하였다.

소납도 신도들과 함께 걸어가면서 샤넬, 구찌, 에르메스, 루비이통 등 명품가게 상점에 들어가 구경하였다.

한국에서는 승복을 입고 명품 가게를 들리면 "저 양반 여긴 웬일이야? 돌중 아니야?"며 빈둥거림으로 맞이했을 터인데, 이곳 뉴욕의 명품가 상점 주인들은 한국 승려의 방문에 '아니! 동양의 명상 마이스터가 우리 상점을 방문하다니, 무한한 영광과 기쁨이네. 오늘 장사 더욱 잘 되겠네!'라는 반가운 모습으로 대해 주었다.

명품 상점 한두 곳에서만 그런 것이 아니라 방문하는 상점들마다 주인들이 한결같이 밝은 환대를 해주었다.

소납은 '살다 보니 이런 날도 있구나, 회색 승복을 입은 보람이 저절로 샘솟네. 인연이 생기면 미국 뉴욕 맨해턴에 불교 포교당 하나 지어서 살아야겠네!'라는 생각이 솟구쳐 올랐다.

미국의 상류층과 엘리트 지식인들은 '명상·요가, 채식, 스시' 3가지를 기본적인 생활문화로 여기고 있다.

미국에서는 고기값이 싸므로 하류층들이 고기를 많이 먹어 뚱뚱한 사람들이 많다고 한다.

유럽에서도 기독교, 가톨릭을 믿는 사람들이 점점 줄어들고 동양의 요가, 명상을 하거나 불교를 믿는 신도들이 점점 많아지고 있어 다가오는 세기에는 미국과 유럽의 종교 분포도가 다르게 펼쳐

질 것이다.

☆ **빽 중에는 부처님 빽이 최고이다.**

소납이 경산 일승암 토굴에 머물고 있는 어느 날 점심시간 무렵 보리사 학생부 출신 남학생이 올라왔다.
그래서 소납이
"오늘 평일 학교 가는 날인데 어째서 절에 올라왔느냐?"라고 물었더니
"며칠 있으면 제일모직 최종 합격자 발표날인데 희망이 없고 답답하여 부처님께 하소연하고 빌어 보려고 올라왔습니다"라고 하였다.
"왜 희망이 없다는 말인고?"
"최종 합격자를 한 명 뽑는데 저도 예비 합격자 4명 중에 뽑혔습니다. 다른 세 명의 예비 후보자 출신 성분을 살펴보니 한 명은 연세대 출신이고, 한 명은 아버지가 삼성 임원이시고, 또 한 명은 경북대 경영학과 출신입니다. 영진전문대 출신인 저는 명함도 내밀지 못하며 또한 희망이 없어 답답한 마음에 절에 왔습니다"라고 대답하였다.
그래서 소납은
"야! 빽 중에 최고의 빽이 뭔지 아는가? 뭐니 뭐니해도 부처님 빽이 최고란 말이다. 기죽지 말고 저기 관음전에 올라가서 108배라도 하면서 합격성취 기도를 하고 내려가거라"며 힘을 북돋워주

었다.

    1주일 후 그 학생은 합격자가 되어 최종 면접을 통하여 대형 백화점에 발령날 것 같다는 소식을 알려왔다.

    그래서 소납은 속으로 외쳐보았다.

    "그러면 그렇지 빽 중에 최고의 빽은 오직 부처님 빽일세!"

(19과)

대만 불광사와의 인연들

소납이 통도사 행자 반장 소임을 보던 1982년 가을, 양산 통도사와 자매결연을 맺은 대만 불광사 주지 스님이신 성운 큰 스님을 비롯한 약 100여 명 정도의 비구, 비구니가 통도사를 방문하였다.

단정하며, 검고 우아한 스커트 외출복에 깔끔한 모자를 쓴 비구니들의 모습은 스마트하고 멋지고 기품이 흘러 넘쳤다. 비구니들도 신식 외출복을 입고 다니니 우아하고 아름다운 자태가 우리들을 놀라게 만드네!

100여 명의 외국 스님들의 공양과 잠자리를 위해 객실마다 새 이불과 새 침구를 준비하며 공양을 준비하는 후원의 행자스님들은 비상이 걸렸다.

통도사 강원에 중강 소임을 맡고 계시는 화교 스님이 한 분 계셨는데 후원에서 중국식 요리를 만드신다고 정신이 없었다.

소납은 "중국 음식은 대만 스님들이 매일 공양하고 계시니 한국에 왔으면 한국요리를 맛보고 가야 더 감동적일 터인데?"라며 아쉬움을 속으로 읊조려 보았다.

성운 큰 스님은 멀리서 뵈었지만 키가 크고 체구가 듬직하셨다.

그 후 통도사와 대만 불광사는 1년에 한 번씩 상호 교대로 방문하고 공동 법회와 연수회도 개최하였다.

통도사는 대만 불광사의 진취적인 포교 정신을 본받아 도시 포교에 앞장서 서울 강남 구룡사, 일산 여래사, 서울 경기지역 신도시 아파트촌에 15~20여 개의 통도사 말사 포교당을 개설하게 되었다.

소납의 인연도 대만 불광사를 흠모하고 추종하는 마음이 개척 포교당을 개설하는 데에 큰 영향을 주었다. 소납은 보리사 창건 이후 지금까지 30~40년 동안 10여 차례 이상 대만 불광사를 방문하였다.

현대적 대승불교 운동과 '인간불교'를 펼치시는 성운 스님의 가르침과 활동을 배우려고 다가갔으나 스님의 천분의 일, 만분의 일에도 미치지 못하여 부끄럽고 아쉬움만 더할 뿐이다.

성운 스님은 "누구나 이곳 불광사를 방문하면, 이곳이 바로 현실 속에 살아있는 극락세계이다"를 강조하셨다. 따라서 절문을 개방하여 사찰을 방문하는 모든 스님과 신도들에게 호텔급 숙박시설과 정성을 다해 만든 공양을 제공하고 있다.

사찰 내에서는 비구, 비구니, 우바이, 우바새 모두 평등하게 대접받고, 천도제사보다 산자를 먼저 제도하는 '인간불교'를 강조하신다.

대만 불광사 사찰 내에는 유치원부터 초·중·고·대학까지 다 있으며, 극락세계를 모방한 지하 정토 동굴, 대형 사후 납골 공원, 의사 비구, 간호사 비구니가 활동하고 있다.

대만 각지에 불광사 분원을 설립하였으며, 미국 로스엔젤레스에 서래사 및 유럽에 많은 분원들을 설립하여 대승불교의 자비 구제 정신을 세계 각국에 전파하고 있다.

불광사는 대승불교의 근본이며 모범으로서 한국 불교가 배우고 본받아야 할 사찰이다. **(20과)**

티벳불교와의 인연

　소납은 대중 설법을 할 때 '한번 한 설법은 다시 반복하는 일이 없도록 하자'라는 소신이 있었다.
　설법이 반복되면 신도들은 지루하게 느껴지며 또한 권태감으로 효능이 떨어지기 때문이다.
　재미있고 효용성 있는 설법을 하기 위해서는 많은 불교 설화, 옛이야기, 사회, 문화, 시사에 관련된 책과 신문 잡지, 설법 자료 등을 수시로 참고하며 끊임없는 화법과 교수법 등 많은 노력을 기울여야 한다.
　설법 자료를 준비하면서 10~11C 티벳에서 활동한 〈보리도등론〉을 저작한 아티샤 스님과 13C에 〈보리도차제론〉을 저작한 티벳 총카파 스님을 알게 되었다.
　그리고 이 인연으로 지관 큰 스님 -총무원장을 역임- 이 설립하신 서울 동숭동 가산문화원에서 산스크리트어와 티벳어 강좌를 개설하였기에 티벳어를 배우려고 매주 한번씩 두서너 달을 서울에 올라가 강의를 듣다가 너무 바빠 강좌를 포기하였다.
　티벳어는 배우지 못했지만 산티베다 스님의 〈보리행경〉, 밀라레빠 스님의 〈10만게송〉 등을 통하여 티벳 불교를 가까이 접하였다.
　테벳 불교의 장점은 우리나라의 주지급인 스님 〈게쉬〉가 되기 위해서는 20년 이상 교학을 공부하고 수행하여야 한다. 그리고 스님이 되면 서구인들에게 티벳의 대승불교를 쉽게 포교할 수 있는 역량을 길러주기 위해 무조건 영어 회화를 습득하도록 한다. 그리고 무엇보다도 소승, 대승, 밀교를 꿰뚫는 대승불교의 통합적 가르침으로 관세음보살의 '자비 구제' 사상을 고취시키고 있다.

티벳 수도 라사의 〈포탈라궁〉은 관세음보살이 상주하는 〈보타낙가산〉의 티벳트어 표현이다.

개인주의와 인간성 상실에 빠져 있는 서구인들에게 티벳 대승불교의 관세음보살 자비구제사상은 그들의 잃어버린 원초적 인간애와 사랑, 자비에 대한 목마른 갈증을 채워주며, 또한 미국이나 유럽에 대규모 티벳 사찰과 명상센터가 설립되는 계기가 되었다.

선불교에 매진하는 우리 한국불교는 티벳의 대승불교 근간이 되는 자비사상, 보살구제사상을 배우고 받아들여 대승사상의 본질에 새롭게 접근하는 안목이 열렸으면 한다. (20과 우만부)

보리사의 걸어온 길과 나아갈 미래와 꿈

극락세계 아미타불 부처님은 법장 비구 시절 광대무변한 원을 세우고 서방극락 세계를 이루기 위해 3겁을 사유했다고 한다.

'내가 세운 서원은 끝이 없는 길, 기필코 중생을 구제할 극락세계를 이루고야 말리라'는 아미타 부처님의 찬불 가사 시구가 생각난다.

훌륭한 사찰을 이루려면 설립자의 큰 원과 치밀한 계획, 그를 돕는 시주자들의 호응이 일치되어야 한다. 즉 시時, 처處, 기機가 맞아야 성공할 수 있는 조건이 된다. 보리사 개척 불교 운동의 성과는 위에 지적한 요건들이 많이 부족했다고 여겨진다.

소납은 보리사 창건부터 40주년이 되는 지금까지 사찰 운영의 몇 가지 원칙을 확립하였다.

첫째, 보리사를 찾는 모든 이들에게 빈부귀천을 따지지 않고 평등하게 대하며 서로를 공경하도록 하는 것이다.

옛날에 사찰의 일주문 앞에는 하마비(말에서 내려 걸어 들어오는 곳)라는 것이 있었다. 요사이 말로는 벤츠를 타고 왔던, 마티즈를 타고 왔던, 자전거를 타고 왔던 절 일주문에 들어서면 모두 평등하다는 것이다. 대승불교의 근본정신에 의거하여 비구, 비구니, 청신도, 청신녀, 사부대중들도 서로 평등하게 대해야 한다.

둘째, 신도들에게 경제적 부담을 주지 않아야 한다. 보리사는 가능하면 저렴한 범위에서 기도, 회비, 제사 비용을 책정하여 경제적인 이유로 절에 오지 못하는 사례를 막고 있으며, 앞으로도 이 원칙을 계속 유지하려고 한다.

소납의 꿈은 미래에 '거저사'를 설립하는 것이다. 누구나 빈손으로 오면 되는 오직 '자발적 시주'만을 받는 '거저사' 설립이 꿈이다.

셋째, 생활불교, 실천불교의 실천으로 온 가족이 절에 다니는 불교운동을 계속 지속해야 한다. 나 혼자만 믿고 나 혼자만 복을 받는 불교가 아니라, 온 가족이 다 같이 부처님을 믿고 의지하여 가정에서 신심이 충만되고 양보, 겸손, 화합, 화목이 넘치는 모범 된 가정을 이루어낼 수 있는 생활불교 실천불교 운동을 지속할 것이다.

넷째, 정법을 믿고 의지하는 정법불교여야 한다.

부처님 정법에 의지하여 혹세무민하는 사이비 신앙적 형태에서 벗어나야 할 것이다. **(21짜)**

백인 대중공사를 통한 종단 행정 참여

매일 대구 보리사와 경산 토굴 일승암을 오가는 일상에 묻힌 소납에게 어느 날 대외적 활동인 종단 행정 활동에 참여할 기회가 문득 찾아왔다.

2005년부터 1983년도 단일 수계 도반 모임인 가칭 83선정회의 회장을 수행하면서 비구, 비구니 20여 명과 일본 대마도, 중국 성도 대족석굴 등을 여행하며 우의를 다져왔다.

83선정회 도반들 중 선방에서만 25~30년을 수행해 온 도반들이 종단개혁 운동에 앞장서 나갔다. 소납도 도반들 일을 모른체 할 수 없어 대외적 종단 행정 활동으로 2015~2016년도에 시작한 종단개혁을 위한 백인 대중공사 활동에 제8 분과위원으로 참여하게 되었다. 8분과에는 그 당시 통도사 주지이신 원산 스님, 통도사 율원장 덕문 스님, 현 해인사 주지이신 그 당시 총무원 문화부장 혜일 스님, 청암사 비구니 강원 대표 스님, 은평 포교원 지원 스님 등 이름있는 종단 대표님들이 참여하고 있었다.

백인 대중공사 장소는 총무원, 석촌 호수쪽 불광사, 공주쪽 조계종 연수원 등에서 한, 두 달에 한 번씩 개최하여 총무원장 자승 스님, 포교원장, 교육원장과 조계사, 강남 봉원사를 비롯한 24개 본사 주지들, 기타 원로, 중진 스님들 그리고 명망 높은 재가 신도 100여 명 이상이 대거 참여하였다.

백인 대중공사의 주제는 종단개혁 방향, 총무원장 직선제, 승려 복지, 사찰 재정 공개 등 종단 현안 문제들이었다.

대중공사 진행은 주제를 몇 개 분과로 나누어 토론을 거친 후 각 분과장들이 분과의 주제 토론 결과를 요약 발표하였다.

백일 대중공사에서 참신한 결론이 많이 나오지 않았으나, 토론 결과를 사찰 재정 공개, 승려 복지 등에 적용하여 종단개혁의 방향으로 나아가는 성과를 거두었다.

소납은 '역대 어느 총무원장이 종단개혁을 위해서 사부대중의 목소리를 직접 듣겠다는 장을 마련한 적은 없지 않았는가? 그 점 하나는 인정한다'고 피력하였다.

특히 소납은 백인 대중공사에서 승려들의 노후 복지 문제에 지대한 관심을 가졌다. 승려들간 빈부격차가 심화되는 것은 종단의 백년대계를 위해서도 불행하고 특히 타종교에 비하여 승려들의 노후 복지가 빈약하여 수행에 몰두하는 많은 승려들의 암울한 노후가 문제 되었기 때문이었다.

다행히 백인 대중공사 이후 승려들의 전액 무료 치료 방안, 승려 개인연금 확보 방안, 노후에 머물 수 있는 숙소 확보 방안, 법랍 20년 이상 된 승려들에 대한 월 보시금 지급 등이 일부 본사 및 문중에서 실천되고 있다. 백인 대중공사 이후 승려들의 복지가 확대되고, 종단 재정이 일부 투명화되는 등 성과가 나타나고 있어 종단개혁 활동에 참여한 보람을 조금이나마 찾을 수 있었다. **(22쪽)**

대구시 달서구 두류네거리 보리원

두류네거리
보리원 법당

① 대구시 서구 내당동 보리원
② 대구시 달서구 성서 보리원
③ 경북 경산 남천 일승암
④ 대구 달서구 용산동 보리사
⑤ 경산 남천 일승암 법당내부 광경

제2장

두 눈 어둔 이내 몸 굽어 살피사

기도 영험, 우화, 기도 성취 등

견디고(堪: 견딜 감), 참고(忍: 참을 인), 기다리라(待: 기다릴 대)

어느 날 거사님 한 분이 스님에게 가르침을 청하였다.

"스님, 저에게 평생 지침이 될 글 하나 써 주십시오. 우리 집 기둥에 붙여놓고 지침으로 삼겠습니다."

스님에게 얻은 글귀가 바로 견디고(堪: 견딜 감), 참고(忍: 참을 인), 기다리라(待: 기다릴 대)는 세 글자였다. 집의 기둥에 이 세 글자를 부쳐놓고 감, 인, 대를 외우며 생활의 지침으로 삼았다.

어느 날 거사는 장사를 떠나게 되었다. 길 가던 중 두고 온 물건이 있어서 급히 집에 돌아와 보니 안방 댓돌 위에 부인 신발과 낯선 흰 남자 고무신이 가지런히 정렬되어 있었다.

거사는 부인이 외간 남자와 함께 있다는 생각에 부엌에서 식칼을 들고 나오다가 갑자기 감, 인, 대 글귀가 생각났다.

방문 앞으로 살그머니 다가가 귀를 기울이니 여자 두 사람 목소리가 도란도란 흘러나왔다. 출가하여 비구니가 된 먼 친척 되시는 분이 찾아왔다가 남편이 없으니 자고 가기를 청하고 있었다.

이 양반은 "어휴! 감, 인, 대가 아니었으면 큰일 날 뻔했네!"하며 한숨을 돌렸다고 한다.

백양사 만암 스님의 관음기도 성취

만암 스님(1876~1956)은 4세에 아버지를 여의고 11살에 어머니마저 세상을 떠나자, 백양사 취운 도진 선사의 문하로 출가하였다.

일제강점기에는 대부분의 승려가 결혼하는 상황이었지만 만암 스님은 백양사의 가풍에 따라 결혼하지 않고 비구로서 청정한 모습을 지녔다.

스님은 항상 선禪과 교敎를 겸비하여 수행하였다.

"승려는 행이 기본이 된다. 자기 공부가 먼저 이루어진 뒤에야 다른 이를 위해 헌신할 수 있다"고 강조했다.

11세에 출가하여 구암사의 영화 선사, 한영 선사로부터 3년간 경을 배우고도 출가하여 처음 배우는 〈초발심자경문〉을 떼지 못하였다.

답답한 마음에 관음기도를 열심히 하는 어느 날 밤 꿈에 도량을 거닐다가 문득 땅바닥에서 칼 한 자루를 발견하고 그 칼을 주어 가슴 속에 품는 꿈을 꾸다가 깨었다.

꿈을 꾸고 난 후에 경전을 보면 경전의 내용이 쉽게 이해되고 알게 되어 박학다식하게 되었다고 한다.

만암 스님의 해박한 경전 지식은 관음기도 덕분이라 할 수 있겠다.

삼장법사 현장 스님과 소나무

서유기에서 삼장법사 현장 스님 이야기를 뺄 수 없다.

서유기에 나오는 주인공 손오공(悟空), 저팔계(八戒), 사오정(悟淨) 이 세 주인공 이름은 불교적 의미를 지닌다.

오공은 공空의 도리 즉 반야를 깨닫는다는 뜻이며, 팔계八戒는 8관 재계를 잘 지킨다는 뜻이고, 오정悟淨은 청정한 불성 본래 자신을 깨우친다는 뜻이다.

　이름에 숨은 이치를 헤아리면 불교가 쉽게 이해될 수 있을 것이다.

　특히 원숭이인 손오공에 대하여 부처님께서 말씀하시기를 우리들 마음은 마치 저 원숭이와 같아서 잠시도 한자리에 있거나 중심을 잡지 못하고, 부딪치는 경계 따라 이리 기웃 저리 기웃하는 등 수많은 번뇌 망상 욕망을 일으킨다고 한다.

　인도로 구법의 길을 떠나시는 삼장법사 현장 스님은 머물고 있었던 절 마당의 소나무를 쓰다듬으면서 다음과 같이 읊조렸다.

　"내가 서쪽으로 떠나거든 너도 서쪽을 향해 자라고, 내가 동쪽으로 돌아오거든 너도 가지를 동쪽으로 향해 자라나게 해 다오."

　삼장법사 현장 스님이 떠나시고 오랜 시간이 흐른 후 제자들은 소나무 가지가 동쪽으로 자라나는 것을 발견하고 삼장법사가 돌아오고 계심을 짐작했다고 한다.

　말 못 하는 생물들도 진리의 광채 앞에서는 서기를 발하여 미래를 예언해 주니 범상한 일이 아님을 알 수 있다.

나옹선사와 오대산 북대 16나한 이야기

　고려 말, 오대산 북대에 모시던 16나한상을 아래 절 상원사로 이운하려고 하였을 때 대중 스님들은 이 일을 부담스러워했다.

　나옹선사께서는 혼자서 옮기는 일을 하겠으니, 며칠만 말미를 달라고 요청하였다.

옮길 기한인 당일 점심때까지도 나옹선사는 상관치 않고 빈둥빈둥 놀았다. 주변 스님들이 답답하여 재촉하니 해 질 무렵 나옹선사는 나한전에 들어가 일갈하였다.

"이미 옮긴다는 사실을 알았으면 제 발로 옮겨 갈 일이지, 이 화상이 업어서 옮겨주기를 기다리는가!"

고함을 지르며 나한들의 머리를 주장자로 내리쳤다.

그 순간 나한상들이 벌떡 일어나 법당 밖으로 차례로 나갔다. 상원사에서 나한들을 점검하니 1명이 오지 않았다. 산에서 내려오다가 칡넝쿨에 걸려 도착하지 못한 것이다. 이에 나옹선사는 오대산 산신령을 불러 이운을 방해한 칡넝쿨을 없애도록 명령하였다.

이후로 오대산 상원사와 북대 주변에는 칡넝쿨이 사라졌다고 한다.

의각義覺 스님의 반야심경 독송 공덕

백제의 의각 스님 수행 이야기가 일본 역사서 〈원형석서〉에 나온다.

의각 스님은 백제 의자왕 때 일본으로 건너가 백제사를 창건하였다.

스님은 키가 크고 용모가 훤칠하였으며, 조석으로 반야심경을 열심히 외웠다. 함께 수행하는 대중 스님 중에 혜의慧義라는 스님이 의각 스님의 이적을 보았다.

밤중에 요사채 앞을 지나가는데 의각 스님의 방에서 훤한 빛이 나오고 있었다. 놀란 혜의 스님이 창틈으로 방안을 보니, 방안에서 의각 스님이 단정히 앉아 반야심경을 외우고 있었는데 스님의 입에서 빛이 훤히 비쳐 나오고 있었다.

다음날 혜의 스님은 대중들에게 이 사실을 널리 고하였다. 혜의 스님이 빛을 목격한 그날 밤 의각 스님은 반야심경을 1백 번 외우고 있었다.

의각 스님은 눈을 감고 있는데도 방안과 밖이 훤히 보이더라는 것이었다. 의아해서 손으로 벽을 두드려 보았으나, 벽은 여전히 굳게 막혀 있었다고 한다. 그래서 이에 상관치 않고 오직 일념으로 반야심경을 일백 번 독송했는데 그 수행 공덕으로 온 방 안이 훤히 밝게 비치며 방광을 했던 것이었다.

이건희 전 삼성 회장의 장모 김윤남 여사의 불심

고 이건희 삼성그룹 회장은 말년에 150억 원을 원불교에 시주하였다. 이 시주로 뉴욕에 동양명상센타를 건립하여 서구인들에게 동양의 불교와 명상을 전하는 데 이바지하였다. 그것은 이 회장의 장모 김윤남 여사님의 생전 가르침 덕분이었다.

14~15년 전에 김윤남 여사가 돌아가셨다. 김윤남 여사는 전남 목포 출신으로 친척의 권유로 원불교에 입문하였다.

52세 때 만성간염이 발병하여 7년간 투병을 하면서도 원불교 일원상 서원문을 매일 50여 차례 독송하여 병마를 극복하였다고 한다.

세상사가 자기 뜻에 맞을 때나 어긋날 때나 늘 변함없는 기도 일념으로 사셨다고 한다. 사사로움이 없는 마음, 다툰 적이 없는 후덕함, 자기를 낮추고 마음을 내려놓는 겸양을 모두 갖춘 보살로 주위의 칭송을 받았던 분이다.

"불생불멸과 인과응보의 진리를 알게 된 만큼 큰 여한이 없다"라며 불교의 핵심 진리를 꿰뚫어 보는 안목도 가졌다. 남편과 자식들에게는 늘 다음과 같이 당부했다고 한다.

"이 사람들아 공부해! 죽을 때 가져갈 것은 공덕을 쌓는 적공積功 즉 공덕의 보따리밖에 없다."

모욕과 분노를 뛰어넘어 깨달음으로

법구경 상유품의 가르침이다.

〈전쟁터에 나가 싸우는 코끼리가 화살을 맞아도 참는 것처럼, 나도 세상의 헐뜯음과 모욕을 참고 항상 정성으로 남을 구하리. 잘 다루어 훈련된 코끼리를 임금님이 타는 것처럼, 욕을 참아 스스로 다듬어진 사람은 사람 가운데 훌륭한 사람이다.〉

다음은 수치심과 모욕을 반면교사 삼아 깨우침의 계기로 만든 어느 스님의 수행 일화이다.

옛날에 중국의 어느 절에 오십 살 조금 넘은 스님이 있었다. 삼십 년간 이 절 저 절 다니면서 참선하였지만, 도를 이루지 못했다.

"아! 나는 이 세상에는 공부와 인연이 없는가 보다. 죽어 버리자! 그리고 다시 좋은 몸을 받아 공부하자."

주변을 정리하고 길을 떠나 위수강에 이르렀다. 스님은 배를 타고 가다가 강 중간에 이르렀을 때 죽으려고 뛰어내리려고 하니 뱃사공이 고함을 쳤다.

"스님이 죽으려면 산속에서나 죽지! 이 돌중아 삼십여 년간 공부는 안 하고 밥만 축내면서 뭐했나?"

스님은 수치심과 분한 마음에 배 밑자리에 앉아서

"깨칠 때까지 죽으면 죽었지 절대로 안 일어나겠다"라는 결심을 하였는데 10여 분이 채 지나지 않아서 깨우침을 얻었다. 그리고 배에 일어나 둥실둥실 기쁨의 춤을 추었다.

그러자 뱃사공이 한마디 내뱉었다.

"그동안 미지근하게 공부하더니, 이젠 밥값 하는구먼!"

오만가지 생각과 시내암의 과보

생각과 번거로움이 많을 때 우리는 오만가지 생각이 난다고 말한다. 그 오만가지 생각을 번뇌라고 하며 보통 108 번뇌를 상징적으로 번뇌라고 한다.

사람들은 1.5초(찰라)에 생각이 변한다고 한다. 즉 1분에는 40가지, 1시간에는 2,400가지, 하루에는 57,600가지 생각이 난다. 이 하루 동안에 일어나는 57,600가지의 생각을 줄여 오만가지 생각이라고 표현한 것이다.

번뇌 망상은 끊임없이 생기지만 팔정도 가르침에 따라 바르게 말하고, 바른 업을 짓고, 항상 바른 생각을 해야만 밝고 행복한 인과응보를 누릴 수 있다.

〈수호지〉는 〈삼국지〉, 〈서유기〉, 〈금병매〉와 더불어 중국 4대 기서이다.

이 〈수호지〉의 저자 시내암은 도적을 미화하고, 음란행위를 지나치게 노골적으로 묘사한 업보로 자손들이 3대에 걸쳐 눈이 멀고, 농아 자손이 나왔다고 한다. 업의 인과응보가 심히 깊음을 알 수 있다.

중국 후한 시대 소박하고 덕망 높은 마왕후

우리 주변에는 계모의 박해로 고충을 겪는 애들을 많이 볼 수 있다.

후한의 명덕 마왕후는 그런 것들을 초월한 덕을 갖춘 왕후이다. 중국 전한 시대 황후들은 미모만 있고 교양은 별로 없었으나 후한 시대 황후들은 유교 교육이 정착되면서 미모, 교양을 두루 갖춘 분들이 많았는데 마황후가 그 대표적 인물이다.

명덕 마왕후는 후한 창업 공신인 복파 장군 마원의 막내딸이다. 총명한 오빠가 요절하자 모친이 정신이 이상하여 그녀는 열 살의 어린 나이에도 집안 일을 잘 처리했다.

마황후께서 오래도록 병을 앓았다. 그녀의 할머니께서 걱정스러운 마음에 젓가락 점을 보자 다음의 점괘가 나왔다.

관상쟁이는

"이 여인은 좀 오래 아프겠습니다. 그러나 뒤에 대단히 귀한 신분이 되겠습니다."

"반드시 이 따님을 위해 저 자신을 소신이라고 부르겠습니다."

현종이 즉위하자 마씨는 후궁 지위인 〈귀인〉으로 간택되었는데 그 당시 가씨가 숙종을 낳았다.

현종은 "여자가 꼭 자기 스스로 아이를 낳는다고 할 수 없다. 자신이 낳은 자식이 아니라고 아기를 사랑함이 지극하지 못할 것을 걱정할 뿐이다."

마씨는 성심을 다하여 배 아파 낳은 자식 이상으로 숙종을 애지중지 길렀다.

효심이 지극하고 순수, 돈독한 숙종은 마씨의 은혜에 보답하고 사랑하는 정이 하늘에 닿을 정도였다.

담당 관리가 마씨를 황후로 세우자고 건의하자 현종은 말이 없었다. 황태후가 "마귀인은 덕이 후궁 중에서 첫째이니 그녀야말로 적임자이다."

마씨는 후궁에서 황후의 자리에 오른 뒤 더욱더 겸허한 태도로 몸을 조심하였다.

〈주역〉을 잘 외웠고, 〈춘추〉와 〈초사〉를 즐겨 읽었으며, 〈주례〉와 〈동중서〉에도 해박했다. 두꺼운 면직 옷을 항상 입었고, 치마는 푸른 장식도 하지 않은 채 검소하게 살았다.

높은 황후의 자리에서도 남의 자식을 자기 자식보다 더 소중하게 키우며 검소하고 소박한 생활을 항상 영위했다는 것은 겸손과 미덕을 잘 갖추었기 때문이라고 할 수 있다.

불법의 제도 방편을 희롱하며 비웃는 복도 수승하다.

종경록의 〈잡보장경〉에 이르기를
"불법佛法의 바다는 넓고 넓어서 중생을 제도하는 것이 끝이 없으며 지극한 마음으로 도를 구하면 과위를 얻지 아니함이 없다. 내지 희롱하며 비웃는 인과응보도 헛되이 버려지지 아니한다."

옛날에 정신이 혼몽한 늙은 비구가 있었다. 그는 젊은 비구들의 설법 중 네 가지 과위에 대한 설명을 듣고 부러운 생각이 들어 젊은 비구들에게 말하기를

"그대들은 총명하고 슬기롭구려. 그 네 가지 과위를 나에게 주시오."

젊은 비구들은 비웃으면서 말하였다.

"우리에게 네 가지 과위가 있습니다. 좋은 음식을 대접받은 연후에야 드리겠습니다."

늙은 비구는 갖가지 맛있는 음식을 대접하였다. 그러자 젊은 비구들이 "당신은 이 집 모퉁이 끝에 가서 앉으십시오. 당신에게 과위를 드리겠습니다."

늙은 비구는 모퉁이에 가서 앉았다. 젊은 비구들은 막대기에 달린 가죽 공을 때리며 "이것이 수다원의 과위요!"라고 했다.

늙은 비구는 생각을 집중하더니 이내 첫 번째 과위를 얻었다.

여러 비구들은 다시 희롱하며 "비록 당신에게 수다원 과위를 주었으나 그렇게 하면 일곱 번 났다가 일곱 번 죽게 됩니다. 다시 모퉁이에 가서 앉으시오. 사다함의 과위를 드리겠소.!"

젊은 비구들은 다시 막대기에 매달린 가죽 공으로 머리를 때리면서 "당신에게 두 번째 과위를 드립니다.""당신은 지금 사다함의 과위를 얻었으나 오히려 오가면서 생사하는 어려움이 있으니, 아나함의 과위를 드리겠소."

"당신은 지금 벌써 불환위의 과위를 얻었으나 그렇게 되면 유형 세계와 무형 세계의 힘이 있는 몸, 즉 유루신을 받게 되어 덧없이 무너지면서 생각생각마다 고통뿐입니다. 아라한의 과위를 주겠소!"

"우리는 이제 당신에게 네 번째의 과위를 드립니다!"라고 말하고는 막대기에 매달린 가죽 공으로 머리를 때렸다.

늙은 비구는 네 가지 과위까지 얻게 되자 기뻐하면서 여러 가지 음식과 꽃과 향으로 젊은 비구들을 대접하며 도의 차제에 관한 이야기를 나누었다. 젊은 비구들이 도의 이야기에 말문이 막히자, 이때 늙은 비구는 "나 이미 아라한과를 증득하였느니라"고 말하였다. 그러자 젊은 비구들은 늙은 비구를 희롱한 것에 대하여 사죄하였다.

그러므로 수행하는 사람들은 착하게 행하여야 한다. 희롱한 것까지 진실한 인과응보를 얻게 되거든, 하물며 마음이 지극하다면 못 이룰 것이 없느니라.

오리 거리 걸음걸이마다 구리동 그릇이 나온 이유

재물을 많이 모으더라도 결국엔 국왕(세금), 도적, 자식, 물, 불 다섯 가지 사유로 말미암아 잃고 만다고 한다. 그러하니 재물을 영원히 모아두는 곳간인 삼보와 불사에 보태는 것이 지혜로운 삶임을 〈오리동분〉 설화에서 일깨워 준다.

구류사국의 악생왕이 공원 마루 위에 앉아 있다가 금빛 나는 작은 고양이 한 마리가 공원 서북쪽 구석에서 나와 동남쪽 구석으로 들어가는 것을 보고 사람을 시켜 그곳을 파보니 30말이나 들어갈 만한 곳에 금전이 가득한 구리동이가 있었다.

점점 더 파보니 그와 같은 동이가 또 하나 더 있고, 계속 파보니 오리나 되는 거리에 걸음걸음마다 30말이나 되는 금전이 그득한 동이가 있었다. 많은 금전을 얻기는 하였으나 겁이 나 가전연 존자 - 부처님 십대제자의 한 사람 - 를 찾아가 무슨 인연인지를 물었다.

"이것은 대왕의 전생 인연으로 얻은 복이니 쓰더라도 탈이 없습니다. 지금부터 91겁 전에 비바시불이 계셨는데 그 부처님이 열반하신 후 말법 중에 모든 비구가 큰길 네거리에 자리를 차리고 바루를 바쳐놓고 교화하며 선전하되〈누구든 재물을 갖다가 이 든든한 창고 속에만 넣어두면 국왕이나 도적이나, 아들·딸, 자식, 물, 불 다섯 가지에도 빼앗길 염려가 없습니다.〉

그때 가난한 나무장수가 비구 스님들의 말을 듣고 나무를 판 돈 3전을 스님들의 발우에 넣고 즐거운 마음으로 오릿길이나 되는 집까지 걸어갔다.

집 앞까지 가서 즐거운 마음으로 다시 보시한 쪽을 향하여 지극한 마음으로 경례를 올리고 발원하였는데 그때 그 가난하던 나무장수가 지금의 대왕입니다.

그 인과응보로 91겁을 내려오면서 세세생생 항상 부귀하고 금전이 넉넉하였으니, 오리나 되는 거리의 걸음걸음마다 구리동이가 있는 것은, 5리를 걸어가며 즐거운 마음을 내었기 때문입니다."

　물질의 많고 적음에 공덕이 있지 않고, 성심과 정성을 바쳐 보시하는 마음에 따라 인과응보가 있다고 하겠다.

대전 어느 노스님의 암 환자 치료법

　암울한 마음을 가지면 암에 잘 걸린다고 한다. 밝고 환한 마음을 가지는 사람의 몸에는 세라토닌, 엔도르핀 등 면역력을 강화하는 호르몬이 넘쳐나지만, 어둡고 우울한 마음을 가진 사람들의 몸에는 면역을 파괴하는 호르몬이 생긴다고 한다.

　대전의 어느 포교당 노스님은 병고를 겪는 사람들에게 다음과 같이 깨우쳐 주어 불치의 암 환자도 낫게 하였다고 한다.

　"항상 몸에 위중한 병이 생기면 살아야겠다고만 버둥대지 말고 과거·현재·미래까지 일체를 버리고 생사까지도 초월하면 체내에서 밝은 기운이 활발해져 병균이 죽고, 백혈이 살아나는 기적 현상이 일어난다.

　그 반대로 분한 마음, 억울한 마음으로 남을 미워하고 질시하며 화를 잘 내는 사람은 쉽게 병에 걸리고 심성이 불길 같아 치료를 해도 완쾌하기가 어렵다."

　전남 순천에서 십이지장 말기 암 진단을 받고 3~4개월밖에 살지 못한다고 진단받은 사람이 - 48세 홍씨 - 노스님을 찾아왔다.

　스님은 "현대의학도 포기하였는데 그대는 내가 시키는 대로 하겠는가?"라며 환자로부터 다짐을 받았다.

"친구의 빚보증을 잘못 서 집도 퇴직금도 모두 날려 억울한 마음이 가득 찼는데 이런 억울한 마음을 버려야 한다."

"당신은 지금부터 나와 똑같은 생활을 하면서 채식을 주로 하고 항상 감사한 마음으로 살고, 어두운 마음이 일면 바로바로 떨쳐버리는 생활을 해야 한다. 지금 이전의 생각을 모두 버리고 오늘부터 새로 태어난 아기의 마음이 되어 열심히 기도하고 수행하면 살 수 있지? 그렇지 않으면 자신 없다."

그날부터 홍씨는 유근피(느릅나무 뿌리)를 달여 늘 복용하였고, 또한 분말로 토종꿀에 비벼 한 스푼씩 하루 3~4회 복용하였으며, 쑥으로 된장국을 끓여 먹으면서 기도한 결과 다 나아서 하산하였다고 한다.

어디서 무엇을 하든지 내 마음의 상태가 분노, 시기, 억울한 마음을 뛰어넘어 항상 밝게 깨어 있으면 병도 극복할 수 있을 것이다.

대비주 신묘장구대라니 지송 공덕

천수경 본경의 〈대비주 다라니경〉은 관세음보살님의 크나큰 자비의 마음 분출이며 비밀스러운 다라니의 언어로 중생들에게 여래장 공덕의 세계를 열어 주는 가르침이다.

또한 〈대비주다라니〉는 재앙과 액난을 멀리하고 몸에 병이 없기를 바라며, 물질적으로 넉넉하기를 바라는 중생의 마음을 열어주며, 다함이 없는 이에게 공덕의 문을 또한 열어 주니, 법계 진리의 공덕이 중생의 온갖 이익과 안락의 원천이 된다.

원나라 평강 혜공 스님은 위장병으로 음식을 잘 먹지 못하였다. 어느 날 잠을 자는데 고양이 한 마리가 뱃속으로 들어가는 꿈을 꾸고 난 뒤부터 병이 더 심하여져 밥을 먹지 못하고 고기만 먹고 싶은 생각이 들었다.

스님은 이것은 전생의 업보라 여기고 그날부터 대비주신묘장구대다라니를 하루에 백팔 번씩 외웠더니 산중으로 들어가는 꿈을 꾸었다.

산중에 도인 한 분이 계셨는데 그 도인이 말씀하시기를 "내가 너에게 약을 줄지니라"며 그 곁에 있는 청의동자에게 명하여 통속의 닭을 가져다 놓으니 배 속에 있던 고양이가 입으로 뛰어나왔다. 고양이가 닭을 잡으려고 하는지라 놀라서 깨어났는데 꿈을 깨니 병은 삽시간에 나았다고 한다.

구두쇠 아들 맛다쿤달리의 부처님 친견 공덕

맛다쿤달리라는 넓적하고 편편한 귀걸이를 달고 사는 사람이라는 뜻이다.

부처님 재세시에 구두쇠 아버지가 세공비를 아끼려고 망치로 넓적하게 두들겨 만든 황금 귀걸이를 아들(맛다쿤달리)에게 선물했다.

어느 날 아들이 황달에 걸렸다. 구두쇠 아버지는 의사에게 가면 돈이 많이 들어가니 대충 약을 구하여 치료하다가 병세가 악화되어 사망 직전에 이르러서야 의사를 찾았지만, 의사는 병을 고칠 수 없다고 하였다. 구두쇠 아버지는 아들의 장례 치를 돈이 아까워 문 밖에 아들을 방치하였다.

그날 아침 '오늘은 누구를 구제할꼬?' 고심하던 부처님은 천안으로 죽기 직전인 맛다쿤달리를 보시고 그 앞에 나타났다.

"나를 보아라."

맛다쿤달리는 자기 앞에 나타나신 부처님을 뵈옵고 환희심을 내었다.

"저리도 고귀한 분이 계시나?"

그는 부처님을 뵙고 환희심을 낸 공덕으로 도리천에 나서 천 명의 천녀를 거느리고 대궐 같은 궁궐에 사는 복덕을 누리게 되었다.

아들을 잃은 구두쇠 영감은 매일 화장장에 가서 슬픔의 눈물을 흘렸다. 천상에서 그 모습을 본 아들은 아버지를 구해 주기 위해 울고 있는 아버지 옆에서 젊은 청년의 모습으로 나타나 애통하게 울었다.

"이보게 청년! 왜 우는가?"

"제게 큰 황금마차가 있는데 바퀴 두 개를 못 구해서 웁니다."

"그런가? 우리 죽은 아들과 비슷하게 보여 황금이든 은이든 다 해주겠네."

"그것 가지고는 안 되고 하늘의 해와 달을 떼어다 부쳐야 합니다."

"자네 미쳤는가? 하늘의 해와 달을 어떻게 떼어서 바퀴로 쓴단 말인가?"

"해와 달은 보이기나 하지만 보이지도 않는 죽은 자식이 운다고 오나요?"

구두쇠 아버지는 정신이 번쩍 들었다. 그러자 청년은 대답했다.

"실은 저는 이 화장장에서 죽은 당신의 아들이요. 집 문 앞에서 죽기 바로 직전 부처님을 만나 환희롭게 귀의하고 친견한 공덕으로 천상에 나서 천 명의 궁녀를 거느리고 잘 살고 있소이다. 이제부터 울음을 멈추고 부처님을 찾아뵙고 귀의하도록 하십시오"라는 말을 마치고 청년은 사라졌다.

정신을 차린 구두쇠 영감은 부처님을 찾아뵙고 잘못을 뉘우쳤으며 부처님의 가르침을 듣고 이웃에 보시하며 잘 살았다고 한다.

일본 비예산 사이쵸오最澄 스님의 엔랴쿠지延曆寺

일본 비예산 엔랴쿠지 사찰은 788년 전교 대사 사이쵸오最澄 스님이 일승지관원一乘止觀院(이치죠오시칸인)으로 창건하였다.

옛날엔 사찰이 3,000여 개나 되는 거찰이었으나 지금은 100여 개만 남아 있으며 1994년 12월 세계 문화유산으로 등록되었다.

엔랴쿠지 승려들은 〈가이호교〉라고 하는 마라톤을 통해 육체적 수행을 닦는다. 7년여의 수행 기간 중 매일 84km의 산길을 달리는 수행을 한다고 하니 과연 초인적인 수행이 아닐까 한다.

엔랴쿠지 사찰의 근본중당根本中堂(곤본추도)에는 부처님 전에 인등을 밝힌 "후메츠노 호오토(불멸의 법등)"는 지금까지 1,200여 년 동안 꺼지지 않고 불을 밝혀오고 있다니 참으로 깊고 깊은 신심이 아닐까 한다.

중간에 전쟁으로 한번 불이 꺼진 적이 있었으나 불 꺼질 것을 대비하여 가까운 사찰에 보조 불을 모시고 있다가 다시 근본중단으로 모셔 불을 밝혔다.

또 사찰 경내에는 신라 청해진 장보고 대사의 비석이 세워져 있다. 비예산 자각 국사 엔닌(圓仁) 스님이 당나라 유학 시절 고초를 많이 겪을 때 산둥반도 법화원 장보고의 신라 절에서 물심양면으로 많은 도움을 받은 답례로 비석을 세워 그 공로를 기리고 있다.

창건주 사이 초의(최징) 스님은 법문하시기를
"눈에 잘 보이지 않는 구석구석에서 사람들이 각자 자기의 능력을 발휘하도록 최선을 다해야 한다"라며 '한구석 밝히기 운동'을 제시하여 일본인들이 각자 자기 분야에서 최고의 마이스타, 명품 인을 만드는 데 일조하였다.

또 "자기의 이익을 버리고, 대신 자비를 베풀자(忘己利他慈悲)"라고 자비 정신을 강조하였다.

왕王 화상이라고 불리는 회통 스님

신라 경주 출신의 회통 스님은 해동 밀교 진언종의 초조이다. 별명은 왕王화상으로 이마에 임금 왕王 자가 쓰여 있어 그렇게 불리었다.

젊어서 수달 한 마리를 잡아먹고 뼈를 마당에 버렸더니, 그 뼈가 수달의 집으로 돌아가 새끼 다섯 마리를 품고 있는 것을 보고 매우 놀라 참회하고 출가하였다.

밀교의 진의를 배우고자 665년 당나라로 건너가 밀교 고승인 인도의 선무외 화상을 찾아갔다.

"화상님, 법을 구하러 왔으니, 제자로 삼아주십시오?"

"안된다, 돌아가거라."

물러서지 않고 절에 머물며 3년 동안 청소와 잡일을 하며 간청했으나 거절만 당하였다.

어느 날 죽을 결심으로 큰 스님 방문 앞에서 머리 위에 화로를 이고 서 있었다. 살이 타는 냄새에 놀란 선무외 화상이 뛰어나오니 회통 스님 머리 위 화로에서 살이 타고 있었다. 큰 스님은 발로 화로를 차버렸다.

그러자 '땡그랑!' 하는 소리에 회통 스님은 도를 깨우치게 되었다.

그 후 화롯불에 덴 정수리에 임금 왕王자가 있어 왕화상이라고 불리게 된 것이다. 그 후 선무외 화상의 밀교 비법을 전수 받았다.

그는 당나라 고종의 공주병을 고치었으며 신라에 돌아와서도 여러 가지 이적을 행하며 해동 진언종의 초조가 되었다.

세상을 굽어살펴 보시는 관세음보살

관음 영험록 이야기이다.

관세음보살님이 중국 낙양의 시장을 둘러보다가 거울을 팔고 있는 위(倭)씨라는 한 상인을 유심히 살펴보았다. 상인은 매일 열심히 〈관세음보살〉 명호를 부르는 불심이 깊은 불자였다.

그런데 위씨의 상점에는 손님이 한 명도 없어 파리만 날리고 있었다. 관세음보살님은 부잣집 귀부인 모습으로 변장하여 가게 안으로 들어왔다. 상인은 귀부인으로 변장한 관세음보살님이 비싼 물건을 살 것이라는 짐작으로 아주 반가워하며 친절하게 맞이하였다. 하지만 이 손님(관세음보살)은 품 안에서 옥거울을 꺼내 보여주며 이 옥거울은 자신의 전생과 미래의 생을 들여다볼 수 있다며 딱 3전의 요금만 받으라고 하였다.

이상한 말이 오가는 가운데 정신을 차려보니 손님(관세음보살)은 이미 가고 없었다. 상인은 귀부인이 다시 돌아오면 돌려주어야겠다고 생각하며 옥거울을 잘 보관해 두려고 하였다.

이때 많은 사람이 상점 안으로 밀려들면서 너도나도 3전을 내밀며 옥거울을 보여 달라고 성화였다.

상인은 어리둥절하며 손님들에게 그런 소리를 어디서 들었냐고 묻자 방금 이 가게에서 나온 귀부인에게서 들었다고 했다.

그 귀부인은 옥거울로 전생과 미래의 생을 보고 나오는 길이라면서 돈 3전만 주면 누구든지 볼 수 있다고 하였다. 그 말을 듣고서 사람들은 앞다투어 전생과 미래의 생을 보려고 가게 안으로 들어온 것이다. 그때부터 가게는 옥거울을 보려는 사람들로 문전성시를 이루었다.

사람들은 자신의 전생과 미래의 생을 보고 모두 인과응보의 이치를 깨닫기 시작하였다. 그 이치를 깨달은 사람들은 자신의 행실과 자세들을 고치며 너도나도 선행을 하기 시작하였다.

상인은 많은 재물을 얻은 공덕을 모두 관세음보살님의 은혜라고 생각하고 귀부인의 모습을 보살상으로 만들어 극진히 모셨다고 한다.

신행 스님의 대비주기도 영험

지리산 칠불암 통광 스님이 생전에 말한 대비주 영험담이다.

신행 스님은 1970년 중반 백양사 서옹스님을 은사로 출가하였다. 1966년 동국대 재학 중 홀로 해인사로 놀러 갔다. 고속도로가 개통되지 않은 때라 서울에서 9시간이나 걸리는 먼 길이었다.

버스를 타고 가는 길에 16살부터 외워 오던 대비주를 외웠다. 김천을 지나 자 다리가 뻐근하여 안내양 보고 "피곤할 텐데 좀 앉아라. 나는 서서 갈께요!"라며 자리를 양보하고 버스 출입구에 서 있었다. 버스가 한 20분쯤 운행하다가 50미터 낭떠러지에 굴러떨어져 타고 있던 승객 44명 모두 다 죽었지만 스님은 머리에만 찰과상을 입고 온전히 살았다.

매일신문에서는 스님의 생존을 기적이라고 대서특필하였다.

그 후 월남전 청룡부대에서 근무하면서 구사일생으로 세 번이나 살아남았다.

베트콩과의 전투에서 전 중대원이 몰살당하고 3명만 살아남았는데 스님이 그 중 한 사람이었다. 사람들은 그를 불사신이라고 불렀다.

스님은 전쟁 중에도 항상 대비주를 외웠다고 한다.

등신불의 원형 법상 스님

금나라 기양 중진사 정토원에 법상이라는 스님이 있었다. 스님은 1149년 황통 9년에 태어났으며 천성이 강직하였다.

동진 출가하여 만선사에서 연이라는 스님으로부터 불법을 배웠다. 이어 차아산에서 경, 율, 논 삼장을 공부한 뒤 오대산, 소림사, 용문 석굴 등을 두루 참배하였다.

그 후 1205년 낙양 법문사로 돌아온 뒤 법화경 약왕보살품을 읽고 크게 깨달아 1208년 3월18일 〈진법 공양〉, 몸을 바치는 〈소신 공양〉을 하기로 결심하였다.

스스로 땔감을 쌓고, 베와 밀납으로 큰 초를 만들고, 머리에는 굵은 베로 만든 승모와 오불관을 쓰고 담담한 모습으로 타오르는 불길을 바라보면서

"모든 악을 짓지 말고, 모든 선을 행하며, 자기의 마음을 깨끗이 하는 것, 이것이 불교입니다"라는 마지막 게송을 읊고는 합장하며 불길 속으로 뛰어들어 입적하였다.

사리를 수습하자 한밤중에 신묘한 빛이 여러 번 발하였다.

가까운 곳에 사는 이들은 누구나 할 것 없이 모두 그 광경을 보았으며 모두 감화를 받아 악을 끊고 선행을 하게 되었다.

대중들은 스님의 〈감응비〉를 세워서 그 뜻을 기리었다고 한다.

중국 오대산 문수보살 성지 이야기

중국 오대산은 1세기경 인도 고승이 문수보살을 친견한 뒤에 문수보살 상주 도량으로 유명해졌으며 청량산으로 알려지기도 했다.

우리나라에선 문수보살을 친견하고 불사리 가사를 가져온 자장 율사를 비롯하여, 명랑 대사, 혜초 스님(왕오천축국전 지음) 같은 스님들의 자취가 오대산에 남아 있다.

특히 금金나라 황제들은 그들의 지배하에 있던 영산인 오대산을 끔찍이 아꼈다.

금나라 소진인蕭眞人이 오대산에서 초능력 신통을 자랑하며 밀교 신승들과의 신통력 겨누기 시합에 도전했다가 번번이 실패한 사례가 있다.

소도사는 그 당시 밀교 승 법충法沖에게 신통력 겨루기를 도전했는데 불음주 계율을 지키기 위해서 술 대신 독 마시기를 제안했다. 법충 스님이 먼저 마셨으나 아무렇지도 않자, 소진인은 겁이 나서 뒷걸음을 쳐서 물러나 반칙을 범했다.

스님은 소도사를 벌주기 위하여 진언을 낭송하며 수인을 지어 설치한 원형 금강권 속에 소도사를 가두었다. 진땀만 흘리는 그를 밀교의 무기 금강저로 머리를 내려치려 하자 대결을 지켜보던 금 황제의 만류로 목숨만 건져 도망가 버렸다. 금황제는 스님을 위해 건만세建萬歲라는 절을 지어서 시주하였다고 한다.

중국 개봉開封의 상국사相國寺 종

중국 개봉에 상국사라는 절이 있다.

북제 555년에 창건되었으나 전쟁으로 불타고, 당나라 711년에 중건했으나 다시 훼손되었다가 청나라 강희 10년 1671년에 재건되었다고 한다.

이 상국사에 있는 종은 건륭 33년인 1768년에 주조되었으며 무게가 5톤이나 된다고 한다. 서리가 내리는 날 이 종을 치면 개봉 시내에 메아리쳤기에 서리종이라고 했다.

이 종 주조와 관련된 재미있는 이야기가 전해 온다.

개봉 시내에 코로나와 같은 전염병이 돌았다. 상국사의 제일 큰 어른이신 방장스님은 불자들의 시줏돈을 모아 큰 종을 만들고, 그 종의 주조 공덕으로 사악한 병마를 누르려고 했다.

어느 젊은 과부는 자신의 병든 아이를 구하기 위하여 유일하게 가지고 있던 구리 비녀를 바쳤고, 길에서 자는 거지는 딱 하나밖에 없는 동전 한 닢을 바쳤다. 그런데 돈을 받던 스님은 그들의 정성이 너무 적다고 무시하며 내던져버렸다.

드디어 어느 날 큰 종이 완성되었는데 이상하게도 종에 구멍이 두 개가 나 있었다고 한다. 그래서 방장스님은 종에 구멍이 난 이유를 조사하여 자초지종을 알게 되었다.

방장스님은 두 손으로 합장을 한 후에

"마음이 진실해야 부처님의 영험이 있다. 세상일을 모두 돈으로 판단할 수 없다"라는 말을 하고 비녀와 동전을 찾아내어 다시 종을 주조하니 소리가 백 리 밖에까지 낭랑하게 들렸다고 한다.

소동파와 불인 선사

임어당은 〈소동파 평전〉에서 소동파를 〈선천적인 낙천가, 위대한 인도주의자, 백성의 친구, 대문호, 대서예가, 창조적 화가, 엔지니어, 요가 수행자, 불교도, 유교 정치가, 정치적 반공주의자, 달밤에 배회하는 사람, 시인, 광대 등〉으로 그를 평가했다.

소동파는 외적인 명예나 이익에는 담담했고, 평생을 활달하고 소탈하게 지냈다. 그렇지만 그에게도 유독 타파하기 어려운 집착이 있었으니 바로 시와 학문에 대한 사랑이었다. 진정한 불도를 닦는 수행자라면 이러한 집착도 뛰어넘어야 할 텐데, 쉽지 않았던 모양이었다.

소동파가 항주에 있을 때 불인 선사는 강 맞은편 금산사 주지로 있었다. 두 사람은 종종 시문을 주고받았는데 한번은 소동파가 갑자기 떠오른 시상으로 부처님을 찬탄하는 게송을 지어 불인 선사에게 보냈다.

하늘 가운데에 하늘이신 부처님께 머리 숙여 절하오니
백호 광명으로 대천세계를 비추시네.
이익, 손해, 명예, 비방, 고통, 즐거움,
여덟 가지 바람에도 흔들림 없이
금빛으로 단정히 앉아 계시네.

소동파는 불인 선사의 칭찬을 듣기 위해 시동을 시켜 불인 선사에게 시를 보냈다.
　　불인 선사는 소동파가 글로 부처님을 찬탄하고 있지만 자신의 글솜씨를 자랑하고 있음을 꿰뚫었다. 선사는 게송 아래에다 '헛소리'라고 써서 봉투를 봉하여 시동에 돌려보냈다.
　　봉투를 열어본 소동파는 어이없는 평가에 너무 화가 나서 곧바로 배를 타고 강을 건너가 불인 선사를 만났다.
　　불인 선사는 소동파를 흘낏 보고 붓을 들어 다음과 같이 적었다.

"팔풍이 불어도 흔들리지 않는다더니,
〈헛소리〉 한마디에 바로 강을 건너왔네!"

공주 갑부 김갑순의 베풂과 목숨을 구함

　　공주의 갑부 김갑순金甲淳(1872~1961)은 경부선 철도가 건설된다는 정보를 입수하고 대전역이 들어설 주변 토지들을 모두 사들였다. 1930년에 대전 땅의 40%가 자기 소유라고 했다.
　　김갑순은 공주 감영의 관노비였는데 의남매를 맺은 여인이 충청감사의 첩이 되면서 아전이 되었다.
　　그에게는 또 한 번 인생역전의 계기가 있었다. 해가 질 무렵 허름한 선비가 공주 감영을 찾아와 충청감사를 면회하려고 하였으나 만나지 못했다. 김갑순은 이를 딱하게 여기어 면회 사유를 물었다. 그 선비는 옛 친구인 감사에게 과년한 딸의 혼수 비용을 신세 지려고 하였으나, 감사가 만나주지 않아 빈손으로 돌아간다고 하였다.

선비의 어려운 사정을 안 김갑순은 광목과 엽전으로 선비의 딸 혼수 비용을 마련해 주었다. 몇 년 후 선비가 호조판서가 되었고, 보은으로 김갑순을 부여, 임천, 아산 군수로 임명하였다.

6·25 전쟁 중 김갑순은 일제 식민지 시절 친일 행각자로 분류되어 인민 재판에 회부 되었으나 인민군 장교의 도움으로 풀려났다. 그 인민군 장교는 김갑순에게 도움을 많이 받았던 자기 집 머슴 아들이었다고 한다.

군산 불지사를 중창한 스님의 기도 원력

군산 불지사를 중창한 스님이 월정사에서 행자 생활을 마치고 3~4년간 강원에서 수행하는데 꿈에 군산 불지사가 보였다. 생전 가보지도 못한 곳이었지만 물어물어 찾은 곳이 군산시 나포면 장상리에 있는 불지사였다.

1985년도 방문할 당시 절의 입구는 사람 하나 다닐 수 있는 좁은 길이었다.

스님이 반가운 마음으로 찾은 사찰의 대웅전과 요사채는 퇴락하여 비가 새고 사람이 살 곳이 아니었지만 법당의 부처님 상호가 좋아 3일간 있었는데 먹을 것이 부족하여 다음을 기약하고 나왔다.

돌아 나오는 길에 일제 강점기에 이 절 주지를 한 노인을 우연히 만났는데 "스님은 좋은 인연의 절을 만난 것이오. 이 절을 훌륭하게 복원할 것이요"라는 것이었다. 스님은 "노인이 무엇을 알겠는가"며 무심히 지나쳤다.

그 후 다른 절에서 일 년간 기도하며 지내다 우연히 다시 노인을 만났다.

"스님은 아무리 보아도 불지사와 인연이 깊으니 거기로 가시오."

그래서 할 수 없어 불지사에 다시 오게 되었다.

공양주 없이 탁발하여 손수 끓여 먹으며 아침 저녁으로 기도를 올렸다. 탁발해서라도 복원해야겠다고 사제에게 절을 맡기고 떠나려고 하니 6~7일간 폭우가 내려서 산사태로 도량이 폐허가 되었다.

그러자 사제 스님이 사찰을 떠나버렸다.

주지 스님은 "그래도 부처님, 당신을 지극 정성 모시면 감응은 있어야 하지 않습니까?"하고 탄식하다가 잠이 들었다. 비몽사몽간에 나한전에서 관음보살의 형상을 한 22~23명의 사람이 나오는 것을 보고 스님은 신묘장구대다라니와 진언을 아는 대로 다 외웠다.

이윽고 관세음보살이 나타나 대웅전을 감싸자 천상에서 울리는 듯한 음악 소리가 들려왔다. 하늘에서 내리는 비가 땅에 닿자마자 연꽃잎이 피고 온 도량이 연꽃으로 가득 채워지며 심중정도心中正道 인본주의人本主義(마음이 바른 도 가운데 있으면, 사람 위주의 세상이 펼쳐진다)라는 글귀가 생생하게 들려왔다.

스님은 연꽃을 감싸 안으려고 하다가 꿈을 깼다. 꿈을 꾸고 난 후부터는 35사단장의 인연으로 폐허가 되다시피 한 도량을 정비하고, 도지사의 인연으로 절을 중수하고 논밭도 사게 되었다. 그 후 모든 불사가 마음먹은 대로 이루어졌다고 한다.

현장법사와 계현(실라바드라) 스님과의 만남

　당나라 현장법사는 629년 8월(27세) 인도로 구법 여행을 떠났다. 중국에는 종파마다 의역이 많고 온갖 해석이 난무하므로 인도에 가서 원전을 구하여 오류를 잡겠다고 원을 세웠다.
　또 한탄하기를
　"부처님께서 성도하신 순간, 이 몸은 대체 어느 악도에 빠져 헤매고 있었는가, 내 죄업이 이다지도 깊고 무겁단 말인가!"
　637년(38세) 인도 나란다 대학에 도착하여 고승 계현(실라 바드라) 스님을 만났다.
　"어디서 오셨소?"
　"정법장님께 유가사지론을 배우고 싶어서 중국에서 왔습니다."
　106세 고승인 계현 스님은 3년 전의 일을 이야기하였다.
　자신의 병세가 심하여 목숨을 버리려 할 때 어느 날 꿈에 세 분의 보살이 나타나서 당신은 전생에 왕이었을 때 백성들을 고통스럽게 한 과보를 지금 받는 것이라며, 목숨을 끊지 못하도록 만류하였다. 이어서 보살들은 중국에서 유가사지론을 배우러 온 승려를 가르치면 병세가 호전되리라고 예언했다. 계현 스님은 유가사지론을 가르쳐야 할 의무가 있었고, 현장 스님은 이를 꼭 배워야만 할 인연이었다.
　현장 스님에게 강의를 한 이후 계현 스님의 병은 거짓말처럼 사라졌다.
　공부를 마친 현장 스님은 641년 귀국 길에 오르게 되었다.

귀국을 만류하는 계현 스님에게

"중국은 불교를 홀대하지만 이 나라는 부처님이 탄생하신 곳입니다. 어찌 기쁘지 않겠습니까. 단지 제가 여기까지 온 것은 큰 법을 구해 널리 중생을 이롭게 하려는 의도였습니다. 스승님의 유가사지론의 가르침을 듣고 의문도 풀렸습니다. 부처님의 성지도 참배하고 다른 종파의 심오한 교리도 들을 수 있었습니다. 이제 저의 바람은 돌아가서 제가 익힌 것을 다른 이를 위해 번역하고 설명하려 합니다. 그들이 듣고 이해하여 스승님의 은혜에 보답하고자 합니다."

그러자 계현 스님은 대답했다.

"이는 실로 보살의 마음과 같도다. 내가 바라는 것 역시 그렇다네. 이제 편히 짐을 꾸리게나. 이제 누구도 그대에게 이곳 천축에 머물라고 강요하지 않으리다."

645년 2월 경전 520개 묶음을 20필의 말에 나눠 싣고 당나라 장안에 입성하였다. 인도로 구법 순례를 떠난 지 16년 만에 43세로 귀국하였다.

연명십구관음경의 발현

북송 신종 희령년간(1068~1077) 성안의 사리원 감옥 높은 곳에서 갑자기 오색 빛줄기가 나타나 성안의 모든 사람이 깜짝 놀랐다고 한다. 이에 신종은 명을 내려 빛이 발한 곳에 사람을 보내어 진상을 알아보니 황금빛을 띤 종이에 다음과 같은 십구가 적혀 있었다.

그것은 바로 연명십구관음경이었다.

"관세음 나무불 여불유인 여불유연 불법승연 상락아정
 조념관세음 모념관세음 염념종심기 염념불이심"

"관세음보살
 나무불과 더불어 인이 있고 연이 있으며,
 삼보인 불법승과 더불어 연이 있어 항상 하고 즐겁고
 자재롭고 청정합니다.
 아침에도 관세음을 생각하며 염불하고,
 저녁에도 관세음을 생각하며 염불하나이다.
 생각 생각마다 관세음만을 생각하고
 생각 생각마다 관세음을 염불하는 마음을
 끊이지 않겠습니다."

북송의 신종은 하늘이 내려준 상서러운 일이라 생각하고 특사를 내려 감옥의 많은 중죄인을 석방하였다. (불교 영험록)

두 동자승의 인과응보가 다름

도인 큰스님이 일곱 살 된 두 명의 동자승과 산골길을 걸어가다가 뼈만 남은 죽은 큰 구렁이를 발견하였다.
도인 스님이 앞서가는 동자승에게 구렁이 뼈를 묻어주라고 말

했으나 동자승은

"큰스님 죽은 구렁이 뼈를 무얼 하시려고 묻어 주어요? 갈 길이 바쁜데요"라면서 말을 듣지 않았다. 그러자 스님은 뒤에 오는 동자승에게 묻어주라고 지시했더니 정성을 다해 구렁이 뼈를 묻어 주었다.

마을에 도착하자 큰스님은 탁발하여 시주를 얻어오라고 했다. 그러나 구렁이 뼈를 묻어주지 않은 동자승은 시주를 얻지 못하고 시무룩하게 돌아왔다.

또한 도인 스님은 뒤따라온 동자승에게 탁발 시주를 보냈더니 푸짐하게 석 섬이나 되는 시주를 얻어왔다.

큰스님은 두 동자승에게 말했다.

"석 섬이나 시주를 한 이 집의 주인은 전생에 뼈를 묻어준 구렁이였느니라. 첫 번째 너는 밉게 보였고, 두 번째 너는 예쁘고 친근하게 보였기에 석 섬이나 얻어 왔느니라." (불교 영험록)

옛말에 "주러 와도 미운 놈 있고, 받으러 와도 고운 놈 있다"라고 했듯이 평소에 지은 작은 선행일지라도 내세에 받는 공덕에 영향을 미칠 수 있음을 알 수 있다.

바쁜 일상의 삶 속에서 부딪치고, 마주치고, 인연 없이 지나가는 사람들에게 행한 작은 선행 공덕도 내세의 인연 종자가 될 수 있다.

운전하다 로드 킬이 된 개나 고양이 등을 보거든 '나무아미타불 관세음보살' 노니 염불로 극락왕생을 빌어주거나 시신을 치워 묻어주는 것도 내세의 공덕을 받는 작은 선행이 되리라고 믿는다.

작은 선행 공덕도 그냥 지나치지 말자.

중국 영파 아육왕사 부처님 진신 정골 사리 이야기

서진 태가 3년(서기 282년) 영파 아육왕사 개산조사 해달 스님이 병환으로 누워 지내던 중, 한 범승이 이렇게 현몽하였다.

"저쪽 회계산으로 가보시오. 거기엔 사리보탑이 있을 것입니다."

이튿날 해달 스님이 회계산으로 들어섰을 때 땅속에서 종소리 비슷한 쇳소리가 들려왔다. 스님은 사흘 동안 지극정성으로 기도를 하니 땅속에서 보탑이 불쑥 솟아올랐다.

탑 빛깔은 금색이었으나 금은 아니었고 또한 돌도 아니었다. 형상의 높이가 한자 4치(약 43cm)이고 가로가 7치(21cm)인 4각 5층 탑이었다.

탑 안에는 석가모니 부처님의 정골 사리가 나왔다. 국가에서는 이 사리를 보물로 정하여 보호하였다.

영파 부처님 정골 사리는 친견하는 사람의 수행력과 비례하여 가끔 방광한다고 한다.

근세 중국의 고승 대덕이신 허운 큰 스님이 용맹정진 후 이곳을 참배하여 친견하였을 때 부처님 정골 사리가 광채를 내뿜어 주위의 많은 사람을 매우 놀라게 하였다. (중국사찰 탐사기)

일제 식민지 시대에 양산 소방서에서 밤중에 통도사 쪽을 바라보니 사찰 경내에 불빛이 가득 차 있었다.

소방서에서는 통도사에 큰불이 난 줄 알고 소방차를 출동시켜 도착해 보니 부처님 정골사리를 모셔놓은 사리탑에서 방광하여 밝은 불빛이 통도사를 감싸고 있었다.

아이고 부처님! 내뱉은 공덕

부처님께서 80여 년의 노후를 마치시며 입멸의 시기가 가까워졌다. 열반의 시간이 가까워졌을 때 한 바라문이 부처님 뵙기를 청하였다.

부처님 상수 제자들을 비롯한 제자들은 바라문의 부처님 친견을 막았다.

덕 높은 몇 분의 제자들이 신통력으로 바라문을 자세히 살펴보니 과거 수많은 생에도 부처님의 이름 '부처' 자도 알지 못하는 형편없는 사람이었기에 더욱 부처님 친견을 막았다.

부처님 처소 밖에서 '친견해야겠다. 안 된다. 있을 수 없는 일이다'고 소란하여 부처님께서 제자들에게 무슨 일이 있느냐고 물었다.

그러자 제자들은 "형편없는 바라문이 부처님을 친견코자 하여 막는 중입니다. 특히 저희가 이 바라문을 오랜 과거 생부터 부처님을 친견할 만한 공덕이 있는지 신통으로 살펴보니 눈곱만큼도 공덕이 없으며, 또한 더군다나 부처님께서 편찮으신 중이라서 친견을 막는 중입니다."

잠시 후 부처님은 그 바라문을 자신의 처소에 들어오게 하고는 친견과 문답을 마치고 내보냈다. 그 바라문이 가고 나서 제자들이 부처님께 여쭈었다.

"부처님께서는 몸도 편찮으실 뿐만 아니라 저 바라문의 속세 인연에는 부처님을 친견할 공덕이 눈곱만큼도 없는데 무슨 의향으로 저 바라문을 만났습니까?"

그러자 부처님께서는 다음과 같이 말씀하셨다.

"너희들은 사람의 숙명을 보는 신통력이 자세하지 못한 것 같구나! 내가 저 바라문의 과거세 인연을 살펴보니 오랜 겁 전 비바시불이 계실 때 이 양반은 사냥꾼이었다. 어느 날 사냥을 나갔다가 그만 호랑이를 만나서 쫓기게 되었다. 그래서 헐레벌떡 나 살려라! 도망치면서 급한 마음에 호랑이를 피한다고 나무에 후다닥 올라가면서 "아이고! 부처님!" 외친 공덕이 있었다. 비록 부처님을 믿지는 아니했으나 급한 김에 '아이고 부처님!'이라고 외친 공덕이 남아서 이 세상에 나를 친견할 수 있었다." (불경)

불교를 믿지 않으면서 급한 마음에 무심코 부른 '아이고 부처님!'이라고 외친 공덕으로 그 바라문은 이 세상에 부처님을 친견하고 인생의 의문에 대한 대답을 얻는 시간을 가질 수 있었다.

법화경에 다른 종교를 믿는 이가 "저 불교를 믿는 놈들은 죽으나 사나 나무아미타불이야!" 욕으로 나무아미타불을 외친 공덕도 엄청 크다는 가르침이 있다.

자나 깨나, 앉으나 서나, 눈을 뜨나 감으나

나무아미타불 관세음보살!

나무시아본사 석가모니불!

중국 오대산 문수보살 진신 상주처 설화 (1)
― 문수보살진신모발탑 ―

중국 오대산 북대 부근 태화지는 신라 자장 스님이 문수보살에게 기도 감응을 받아 부처님 금란가사와 진신 사리를 전수받았던 곳이다.

국내에 돌아오시어 양산 통도사, 오대산 중대, 설악산 봉정암, 영월 사자산 법흥사, 태백산 정암사 등 다섯 군데에 적멸보궁을 건립하시었다. 지금까지 불자들이 오대 적멸보궁의 부처님 진신사리에 참배해 드리고 있다.

중국의 현통사는 오대산의 가장 큰 절이다. 이곳에서 역대 중국 황제들은 참배와 불공 드리기를 끊이지 않았다. 오래전에 이곳을 참배하니 현통사보다는 문수보살진신모발탑에 많은 꽃과 과일 공양물을 올리며 기도하고 있었다.

여기에는 다음과 같은 사연이 있다.

일본 엔닌 스님(794~864)의 '입당구법순례행기'에 나오는 이야기이다.

옛날에 문수보살이 상주한다는 중국의 오대산 큰 절에 부자가 불공을 올리려고 많은 공양물을 마련하여 찾아갔다.

공양 시간이 되어 스님들께 먼저 공양을 올리고 난 뒤 일반 대중 순례객 한 사람 한 사람에게 정성스럽게 공양물을 나누어 주었다. 작은 개를 데리고 있는 여인에게 공양물을 분배하려니 두 배로 달라고 하였다.

그러자 부자는 "당신은 혼자인데 왜 두 배로 달라고 하시나?"고 하니 자기 배 속에 아기가 있어서 곱으로 받아야 한다고 말하였다. 부자는 그건 말도 안 되니 못 주겠다고 하자 여인은 달라고 하고, 부자는 못 주겠다고 말다툼하다가 여인이 최종적으로 선언을 하였다.

"정말 안 주시려나.!"

"그래 정말 못 주겠다."

"난 간다."

"그래, 잘 가라!"

그러자 그 여인은 자리에서 일어나자 한 바퀴 돌더니 흰옷을 입은 문수보살로 변하였다. 또한 데리고 온 개는 사자로 변하자, 사자를 타고 오대산 꼭대기 하늘로 날아가 버렸다. 그 순간, 부자와 절에 있던 많은 대중들은 "아이고 문수보살님 문수보살님!"하고 울부짖으며 잘못을 참회했다.

그리고 그 여인이 떠난 자리에 남겨진 몇 가락 머리카락을 모아 문수보살진신모발탑을 건립하여 오늘날까지 끊이지 않고 지극정성 기도를 올리고 있다.

그 후 오대산 사찰에서는 참배 대중이 곱으로 달라고 하면 묻지 않고 주었으며, 서너 곱을 요구하더라도 가리지 않고 주었다고 한다.

중국 오대산 문수보살 진신 상주처 설화 (2)

당나라 법운 스님은 중국 안문의 조씨 성을 가진 사람으로서 태어났다. 성품은 순박하고 어질었으나 머리가 좀 아둔하였다. 그래서 글방에서 다른 아이들로부터 늘 놀림과 조롱을 받았다.

12세에 오대산 화엄사 정각 선사를 은사로 머리를 깎고 승려가 되었다. 대중 생활에서 나무하고 밥 짓고 청소하며 부지런히 울력하였으나 36세가 되도록 글을 외우지 못하여 대중들이 우둔한 소라고 불렀다.

하루는 스스로 탄식하기를

"이렇게 어리석은 바보로서 오래 살면 무엇하랴!

이 오대산이 지혜 제일 문수보살 진신 상주처인데 문수보살님을 만나 작은 지혜 조각이라도 달라고 매달려 봐야겠다."

이렇게 결심하고 오대산 자락으로 문수보살을 찾아 나섰다. 비가 오나 눈이 오나 산중에서 만나는 사람마다 문수보살님이 어디 계시느냐고 물었다.

어느 날 동대로 갔더니 어떤 노인이 불을 쬐고 있어 문수보살이 어디에 계시느냐고 물으니

"그대는 문수보살을 왜 찾는가?"

"제가 하도 우둔하여 보살님을 만나면 총명케 하여 주시기를 바

라서입니다."

"이 말라깽이 바보야, 너는 그를 만날 필요가 없어!"

법운 스님을 미친 늙은이라고 생각하고 이번에는 북대로 갔더니, 흰 눈을 안고 있는 노인을 만났다.

혹시 문수보살 화신인가 하는 이상하고도 괴이한 마음이 생겨서 앞에 나아가 공손히 절을 올렸다. 절을 한 그대로 누워 있으니 배도 고프고, 몸도 얼고 피도 토하며 쓰러져 정신이 혼미해졌는데 노인이 이렇게 말하는 것이다.

"그대가 전생에 승려였을 때 이득과 이양만을 탐내어 사람들이 많이 갖고 와서 바쳐야만 법을 설해 주고, 평상시는 말을 잘해 주지 않은 탓으로 죽어서 소가 되어 그 빚을 갚았고, 불법을 배워 익힌 공덕으로 다시 사람은 되었으나 불법을 잘 가르쳐 주지 않은 까닭에 우둔한 인과응보를 받아 총기가 없어졌느니라"라면서 철 여의주 창끝을 배 속에 넣어 염통(심장)을 꺼내어 보이는데 마치 소의 염통 같았다. 샘물에 씻어서 다시 넣어 주고 일어나라고 외쳤다.

꿈을 깨고 나니, 아픈 곳은 없고 전신에 땀이 흘렀다. 노인을 찾았으나 보이지 않고 주변에는 상스러운 구름이 일고 부드럽고 향기로운 바람이 옷을 스칠 뿐이었다.

그 후로 법운 스님은 전생에 익혔던 경전을 기억하여 총명함을 되찾았으며, 전생 빚을 갚기 위해 목숨이 다할 때까지 많은 대중에게 설법하였다고 한다. (문수성행로가)

나무 지혜 제일 문수보살마하살!

천타불 만타불 부르는 시어머니

옛날에 머리를 깎고 출가하려 했던 불심 깊은 처녀가 부잣집으로 시집을 갔다. 부잣집이다 보니 종과 하인이 많아 시어머니는 시집온 며느리에게

"애야 너 할 일이 별로 없으니 그저 방에서 쉬도록만 해라"고 하셨다.

며칠 있다가 며느리가 시어머니에게

"어머님, 제가 생각해서 바쁜 일은 먼저하고, 바쁘지 않은 일은 뒤에 하겠습니다."

그 소리를 들은 시어머니는

"기특하다. 우리 며느리"하고 칭찬을 해주었다.

며칠을 두고 보니 화장실을 가거나 밥 먹는 일 이외에는 꼼짝도 하지 않고 방안에만 있었다.

자수를 놓는지 글을 읽는지 궁금했던 시어머니는 문틈을 열고 몰래 보니 며느리는 염불하고 있었다.

대경실색한 시어머니는

"아기야! 청승맞게 그것이 뭐냐? 염불은 늙은 사람들이나 하는 것이다"라고 하자 며느리는

"어머니, 사람의 목숨이란 풀 끝의 이슬이요, 바람 앞의 등불이라. 늙었다고 그때야 공부하는 것이 아니고 언제 어느 때나 시간이 날 땐 부지런히 닦아놓아야 한다고 부처님께서 말씀하셨답니다."

"그럼 나도 해야겠다. 천타불 아미타불, 만타불 아미타불"

"어머니 그렇게 하면 안 됩니다."

"애야 나는 너보다 늙어 늦기 때문에 수천 배, 수만 배 곱빼기 염불을 해야 할 것 같아 천타불 만타불을 불렀는데?"

그 후 며느리와 시어머니는 집에서도 절에서도 열심히 염불하였다. 시어머니는 돌아가시는 날짜를 알았고 돌아가시는 날 방안에 향기가 가득했다고 한다. (불교 설화집)

불가사리의 전설

불가사리란 죽이는 것이 불가하다는 뜻이다.

신라는 삼국 중 가장 늦게 불교를 받아들였다. 이차돈 성사의 순교로 흰 피의 이적을 본 신라 사람들이 불교를 받아들임으로써 공식적으로 공인된 것이다.

또한 삼국 설화집에는 불가사리의 전설 이야기가 불교를 공인하게 된 계기가 되었다고 한다.

불교가 공인되기 전인 신라 초기에는 불교 승려들을 쫓아내기 위하여 신고하는 사람에게 상금까지 내걸었으며 또한 승려들을 잡아 족쳐 불교를 탄압하였다.

그 당시 은첨이라는 스님은 불교 탄압을 피하여 이곳저곳으로 피신하다가 속가의 누이 집에 숨어들게 되었다. 누이는 반가워하며 자기 집 다락방에 스님을 숨겨 주었다. 저녁이 되어 나라의 관리인 남편이 돌아오자

"스님인 동생이 집에 왔는데 관가에 고발하여 상금을 탑시다"고

하였다.

　우연히 이 말을 들은 은첨 스님은 괘씸하기도 하고 불교를 모르는 이들에게 불교를 알려 주어야겠다는 생각이 들어 문돌쩌귀 하나로 개구리를 만들었다. 그리고 자신의 몸뚱이를 슬그머니 사라지게 하였다.

　이 사실을 모르는 누이는 스님을 고발하려고 다락문을 여니 개구리 한 마리가 나와 바늘을 집어 삼키었다. 그리고 온 집안과 마을의 쇠붙이란 쇠붙이는 다 삼켜 버렸다.

　나라에서 괴물을 물리치기 위해 칼, 방패, 창을 동원해도 소용이 없었다. 칼, 창을 삼키고 솥이나 그릇, 농기구마저 다 먹어 치우니 밥도 못하고, 농사도 짓지 못하고 무기가 없어 전쟁을 치르지 못하니 정말 큰 일이었다.

　국가에서 불가사리(개구리)를 없애면 큰 상금을 준다고 하였다. 쇠는 불에 달구면 없어지니 온 장안의 숯을 모아 구덩이를 파고 불을 지펴 불가사리를 유인하였으나 도리어 새빨갛게 달구어진 불가사리가 온 동네를 다니며 집집마다 불바다가 되었다.

　임금은 불가사리를 없애는 사람에게는 무슨 소원이든지 다 들어주겠다고 또 다시 공포를 하였다. 이때 은첨 스님은 신라 백성들이 불교를 믿도록 해주면 불가사리를 없애 주겠다고 건의하니 임금님이 허락했다.

　스님은 불가사리 옆에서 주문을 외우자 불가사리는 먹었던 쇠들을 다 토해내고 쇠붙이들이 원래 자리에 돌아갔다.

　그 이후 신라의 백성들이 불교를 믿었다고 한다.

항상 관세음보살을 부르는 어느 노보살

장산 스님이 아는 노보살님은 글은 몰라도 항상 예불문, 천수경 경전을 머리맡에 두고 잠을 잔다.

6·25 전쟁 때 월남하여 부산에 살았는데 그땐 먹을 것이 없어 살길이 캄캄하였다. 죽으려고 태종대 자살바위 위에 올라서서 넓은 대해를 바라보니 자신의 처지가 너무나 처량하게 느껴졌다.

나만 전쟁을 치른 것도 아니요, 나만 남하하여 사는 것도 아닌데 라는 마음이 들어 다시 한번 용기를 내어 살아보기로 하였다. 사실은 절벽이 너무나 높고, 떨어지면 죽을 것 같고, 또한 아플 것 같아 죽지 못한 것이었다.

자갈치 시장에서 장사라도 하려고 마음을 먹었지만 가진 돈 한 푼도 없으니 아무 생각도 나지 않았다.

그때 문득 생각 난 곳이 동래 범어사 절이었다. 동래 범어사는 온천 가까이 있었는데 동래 온천지역은 유명한 유원지였다. 보살님은 범어사를 유원지에 있는 놀러 가는 절이라 생각하고 방문하였다.

대웅전 앞에 계시는 노스님에게 넙죽 절하고

"스님 제가 죽으려고 했지만 죽지도 못하고 살 방도가 없어서 이곳까지 왔습니다. 저를 어여삐 여기고 어딘가에 좀 팔아 주십시오."

스님은 가만히 보기만 하고는 아무 말도 없었다.

눈물만 계속 흘리고 절을 내려오려고 하니 스님이

"보살이 정말 잘 살고 싶은가?"

"예"하고 대답하였다.

"잘 살고 싶다면 기도를 하게! 내가 시키는데로 기도를 하면 소원을 성취할 것일세. 관세음보살님은 당신의 이름을 부르면 좋아하시거든. 그러니까 항상 '나무 관세음보살'이라고 부르면 무엇이든지 잘 될 수 있도록 해 주시네. 보살을 부자로 만들어 주실 것이야!"

그때부터 보살은 하루도 빠지지 않고 관세음보살의 명호를 부지런히 불렀다. 산을 내려가 열심히 관세음보살을 부르며 자갈치시장을 어슬렁거리는데, 노점상을 하는 아줌마가 같이 장사를 하자고 권하였다. 그래서 자신은 가진 돈이 없다고 하자 노점 아줌마는 괜찮다고 하면서 자기 옆에 자리를 마련해 주었다.

보살은 갈치 두어 마리를 놓고 장사를 시작하였다. 돈이 얼마나 잘 벌리는지 시간 가는 것도 잊어버리고 돈 버는 일에만 정신을 집중하였다.

보살님은 글을 읽을 수 없었다. 그래서 보살님은 언제나 "나는 무식하지만 부처님의 은혜에 보답하기 위하여 반드시 학교를 지어야겠다"라고 기원을 하고 소원을 발하였다.

마침내 보살님은 소원대로 부산 해운대 재송동에 전문대학을 세웠다. 부처님께 기도를 드린 공덕, 즉 관세음보살만을 부르면서 일생을 사신 덕분에 재물도 많이 모으고 학교도 설립할 수 있었다.

(화엄경 백일법문)

두 스님의 염불 수행 기원

당나라 남전현에 있는 오진사에 계방과 원과 두 스님이 여름 내내 좌선을 하면서 아미타불을 염송한 후, 버들가지를 꺾어 법당에 모셔진 관음보살상의 손에 끼워 넣고 다음과 같이 발원하였다.

"만약에 서방정토 불국토에 우리 두 사람이 왕생할 수 있다면 칠일이 지나도록 버들가지가 마르지 않기를 빕니다."

과연 칠일이 지나도 그 버들가지의 빛깔은 예전처럼 푸르렀다고 한다. (염불 영험담)

지옥을 부셔 버리는 게송(파지옥송)

돌아가신 영가를 천도하는 49재 관음시식 염불에는 신묘장구대다라니를 읊고 나서 바로 외우는 게송이 파지옥송이라는 화엄경 게송이다.

"약인욕료지 삼세일체불 응관법계성 일체유심조"

"만약 어떤 사람이 삼세의 모든 부처님의 근본을 알려고 한다면, 마땅히 진리 법계의 성품을 관할지니, 일체 모든 것이 마음으로 이루어진 것임을 알라."

"화엄경 전기"에 다음과 같은 사연을 이야기하고 있다.

당나라 문명 원년(684) 수도 장안에 왕씨라는 사람은 착한 일도 하지 않고 또한 계율도 지키지 않고 살았다.

그가 병들어 죽자 옥졸 두 사람이 왕씨를 끌고 지옥문까지 데리고 갔다. 그때 그곳에 있던 지장보살이 왕씨에게 게송을 주면서 이 게송을 외우면 지옥에 떨어지지 않으니 외우라고 하였다. 왕씨는 지옥에 떨어지는 공포에서 벗어나고 싶은 마음에 이 게송을 열심히 외웠다.

이윽고 염라대왕이 왕씨에게
"그 게송을 외우면 도대체 무슨 공덕이 있는가?"고 물었다.
그러자 왕씨는 "저는 일심으로 외우고 있을 뿐입니다"라고 대답을 했다.

염라대왕은 그의 죄를 면하여 지옥에 떨어지지 않게 하였다.

왕씨는 죽은 지 3일 후에 다시 소생하였는데, 이 게송을 확실히 기억하고 있었다. 왕씨는 스님들에게 게송의 출처를 물으니 "화엄경"에 나오는 게송이라고 하였다. 그 후 스스로 체험한 이 이야기를 공관사의 승정 법사에게 상세히 말했다고 한다.

불교에서는 모르고 짓는 죄보다 알고 짓는 죄가 죄업의 과보가 덜하다고 한다. 세속에서는 알고 짓는 죄가 모르고 실수로 짓는 죄보다 과보가 훨씬 큰데 말이다. 그 비유는 뜨거운 쇳덩이를 알고 쥐면 덜 다치고 모르고 쥐면 손을 크게 다치는 이치이다.

스스로나, 주위 이웃이 악업을 많이 지었더라도 죽기 전에 이 게송을 외우고 가면 지옥행을 면할 수 있다니 벽에 걸어놓고 부지런히 외워야겠다.

"약인욕료지~ 삼세일체불~응관법계성~ 일체유심조!"
나무 지장보살마하살!

찻잔에 정안수(감로수) 올리고 대비심주 염송
 ― 당나라 신지스님 일화 ―

진평왕 때 비구니 지혜 스님이 관세음보살님께 100일 기도를 올려 가피를 받았고, 그 후 불전에 감로수를 올리고 매일 대비주(신묘장구대라니) 염송을 108 독하고 난 뒤 그 물로 많은 병자를 고치고 아들·딸도 낳게 하였다는 기록이 불교 영험록에 기록되어 있다.

대만에서 출판된 '관음영감록'에도 이와 비슷한 이야기가 실려 있는데 대비주 기도는 나라를 불문하고 가피가 있음을 느끼게 된다.

당나라 때 신지라는 스님이 계셨는데 그는 무주 의오 지방 사람이었다.

그는 항상 찻잔에 정안수(감로수)를 떠놓고 대비심주(신묘장구대라니)를 염송하였다. 그리고 기도한 대비주 물로 수많은 사람의 병을 치료하였다.

병이 난 사람들이 대비심주를 염송한 대비주수를 마시면 곧 병이 나았다. 그래서 당시 민간인들 사이에 그 이야기가 전파되었다.

이에 끊임없이 그에게 대비주수를 구하러 오는 사람이 있었다. 그가 매일 제공한 대비주수를 마신 사람의 수를 헤아릴 수가 없었다. 그리하여 당시 그 지방 사람들은 그를 대비주 화상이라 불렀다.

그 당시 대중연간(847~859)에 배휴라는 여자아이가 있었는데 귀신이 들려 병이 났다. 신지 화상이 그녀를 위하여 7일 동안 대비주를 염송하였다. 그 결과 귀신은 정복되었고, 그 여자아이는 병이 나아 정상인이 되었다. 이에 그 지방 관청에 진정하여 신지 스님에게 [대중성수]라는 네 글자를 쓴 편액을 하사하였다고 고승전 3집에 전하고 있다.

관세음보살님이 간절히 바라는 것

중국에서는 관세음보살의 탄신일을 음력 2월 19일로 정하여 기리고 있다. 그 연유는 알 수가 없으나 "관음 영감록"에는 다음과 같은 이야기가 있다.

중국 직예성 창주현에 차화암이라는 암자가 있었다. 이 암자에는 한 분의 비구니 스님 계셨다.

스님은 관세음보살 탄신일을 맞아 불전에 공양물을 차려놓고 잠시 졸았다. 그때 관세음보살님이 나타나시어 말씀하셨다.

"네가 공양을 올리지 않아도 나 배고프지 않고, 네가 공양을 올린다고 내 배가 부른 것도 아니다. 암자 문밖에 굶주린 중생들이 밥을 빌어 떠돌며 아사지경에 이르렀는데, 어찌 공양물을 가져다 그들을 먹이지 않느냐? 그들에게 베푸는 공덕이 나에게 공양하는 것보다 수십 배 수승할 것이다."

비구니 스님은 깜짝 놀라서 잠에서 깨어나 눈을 비비며 암자 문밖에 나가 보니 4~5명의 남루한 옷을 입은 걸인들이 밥 좀 달라고 외치고 있었다.

그 이후로 스님은 해마다 관세음보살님 탄신일에는 거리로 나가 헐벗고 굶주린 사람과 걸인들에게 음식과 떡과 과일로 배를 채워주면서, "이것은 대자대비 관세음보살님의 뜻입니다"라고 말하였다.

보타산 왕서방 관음기도 3년 공덕

관음 영험록의 이야기이다.

명나라 곤산 마을에 왕씨라는 사람이 장사를 하고 있었다. 왕씨는 3년 동안 매일 목욕재계 후에 "관음경"을 외우고 "관세음보살"을 부르며 기도를 게을리하지 않았다.

그는 3년 동안 기도를 하고 회향할 때 남해 보타산에 가서 관세음보살을 친견하겠다는 원을 세웠다. 3년 기도를 마치고 보타산으로 가는 배를 타고 출발하려는 순간 불이 나 그의 가게로 옮겨 붙게 되었다는 소식을 들었다.

"여기서 돌아가야 하는가?"

정성을 다해 기도를 3년 했는데 가게 한 채 타서 없어진다고 포기할 것인가? 고민하던 그는 보타산의 관세음보살 도량을 참배, 친견하고 고향으로 돌아왔다.

그런데 온 동네가 잿더미가 되었는데 자기 가게만은 멀쩡했다. 이것은 그의 지극한 기도 발원과 신심에 감응한 관세음보살의 가피였다.

그 이후 주변 사람들도 "관음기도"를 열심히 하는 관음 신자가 되었다고 한다.

청산(본래 자리)으로 돌아오라.

큰절 스님들의 요사체에 가 보면 좌측에 청산, 우측에는 백운이라는 글자가 쓰여 있다. 청산 자리에는 주지 스님과 상주하는 스님들의 공양 자리이고, 백운 자리에는 수행을 마치고 몇 달 안에 떠나야 하는 스님들의 자리이다.

또한 청산은 문수보살을 상징하여 진리의 본체 법신 본각지를 상징하고, 백운은 보현보살을 상징하며 진리의 작용으로 고통받는 중생을 제도하는 자리를 상징한다. 그래서 문수보살은 집안에 항상 있으면서 집안일을 잘 지켜본다고 하여 가리사, 보현보살은 6도 거리에 나가 중생을 교화하는 자비 활동을 잘하는 분이라고 도중사라고 일컫는다.

옛날에 어느 스님이 중국 오대산(청량산)으로 문수보살을 친견하러 갔다가 인연이 없었던지 친견 못하고 돌아오게 되었다.

오는 도중에 한 노인을 만났는데, "스님, 수고스럽지만 이 편지를 갖고 가다가 보면 새끼를 데리고 있는 돼지가 있을 테니 좀 던져주고 가라"고 하였다. 까닭도 물어보지 않고 받아오는데 새끼를 데리고 놀고 있는 큰 돼지가 있어 그 편지를 던져주었더니 그것을 먹고 죽어 버렸다. 마침 그 집 주인이 보고는 독약을 먹고 죽은 돼지 값을 물어내라고 하였다. 스님이 사유를 말하니 주인이 배를 갈라보자고 하여 배를 가르니 다음 내용이 담긴 편지가 있었다.

오랫동안 번뇌로 어두워진 속세에 애를 쓰면
본래사를 쉽게 망각하기 쉽다네

지금 즉시 모든 중생제도 만행업을 거두고
속히 청산(문수보살 도량. 본체)으로 돌아오라.

그동안 중생제도 한다고 많은 고생을 했는데 너무 중생제도에 몰두하면 본래 자리(청산)를 망각하기 쉬우니 빨리 청산으로 돌아오라는 문수보살이 보현보살에게 보낸 편지였다.

전진산문 복귀시주
(절문 안으로 시주물을 갖고 들어오는 순간 그 시주물 공덕은 법당 부처님 전에 올려지지 않아도 벌써 시주자에게 돌아간다는 의미)

중국 어느 사찰에 할머니가 아들을 데리고 오시어 50통의 초를 사서 법당 불전을 관리하는 스님께 초 공양을 올려달라고 부탁했다. 그러자 그 스님은 50통 중에서 한 통만 올리고 49통은 옆으로 치워 버렸다. 할머니는 왜 한 통만 올리고 나머지는 옆으로 치워 버리느냐며 항의하였고, 나머지 49통을 돌려받아 법당문을 나오는데, 옆에 있던 아들이 갑자기 쓰러져 죽었다.

부랴부랴 절에서 아들 장례를 치르고 집으로 돌아오니 아들이 멀쩡히 살아 있었다. 어찌 된 영문이냐고 물었더니 '수염이 흰 늙은 스님이 따라오라'하여 따라 왔더니 우리 집이라는 것이다.

할머니는 절 옆에 묻은 아들의 무덤을 파보니 아들 시신은 없고 [전진산문 복귀시주]라는 글씨 8자만 남아 있었다.

늦게 절에 도착하신 어느 노보살님이 먼저 공양한 사람의 초를 빼내고, 켜 놓은 향을 끄고 자신의 향으로 공양하였다.

시주물은 사찰 대문, 일주문 안에 들어오는 순간 그 복덕과 공덕은 다 이루어진다. 즉 절에 들어오는 순간 부처님께서는 불자들의 공덕을 다 아신다는 의미이다.

내가 정성껏 올린 초나 향, 공양미가 설령 부처님 전에 공양 되지 않더라도 '전진산문 복귀시주'임을 알아 섭섭하거나 아쉬워하지 말아야 하겠다.

인도의 비둘기 사원 부근 영험 많은 관세음보살상 앞에서 현장법사의 간절한 기도

현장 스님이 날란다 사원을 떠나 오늘날의 비하르주 벵골지역인 이라나발벌다국에 도착하였다.

지나가는 길에는 비둘기 사원이 있고, 그 사원에서 멀지 않은 남쪽 산봉우리에 관세음보살상 1기가 모셔져 있었다. 그런데 이 보살상은 영험이 매우 많았다고 소문이 자자하였다.

현장 스님도 여러 가지 화환을 들고 영험 많은 관세음보살상 앞에 나아가 참배하며 다음 세 가지를 감응해 달라고 간절히 기원하였다.

첫째, 내가 인도에서의 학업과 수행을 끝내고 중국으로 귀국하는 길이 평온무사할 수 있다면 보살님의 손목에 화환이 머물기를 바란다.

둘째, 나의 소원대로 내 평생 닦은 복덕과 지혜가 내세에 미륵보살님 곁에 왕생할 수 있게 해줄 수 있다면 화환이 보살님의 양쪽 팔뚝에 걸리기를 바란다.

세 번째, 아직도 이 세상에 많은 사람이 불성을 갖추지 않았다고 생각한다. 지금 나 자신도 불성을 갖추었는지 모르겠다. 만일 내가 불성을 갖추고 수행을 통하여 성불할 수 있다면, 이 화환이 보살님 당신의 목덜미에 멈추어서 보살님의 꽃목걸이가 되길 바란다.

그러고 나서 화환을 관세음보살상에 던졌는데 관세음보살의 목덜미, 팔뚝, 손목에 모두 걸렸다고 한다.

'유구필응有求必應'

중국 절강성 보타산 낙가사 관세음보살 도량 대법우사 대웅전에 걸려 있는 현판 내용이다.

당나라 현장법사도 관세음보살님께 기도를 올리고 화환을 던져서 '유구필응' - 구함이 있으면 반드시 응한다 - 감응의 이치를 확인하였다.

당나라 때 현장법사는 629년 당나라를 떠나 17여 년간 인도 순례를 마치고 645년 중국으로 건너와 수많은 불교 경전을 번역하였다. 법회 때마다 수지독송하는 '반야심경'은 바로 현장법사가 번역하신 경전이다.

나무 마하반야바라밀다심경!

중생 구제 자비심이 경전 출판 공덕을 앞지른다.

교토의 오바쿠 사찰에는 일본 최초의 목각판 경판이 모셔져 있다.

이 절 신도 디츠겐은 목판에 불경을 새기는 불사를 하고 싶었다. 대략 7천 장이 소요될 것 같은 불사의 자금을 모으기 위해 전국에 화주를 시작했다. 어떤 이들은 많은 금, 은 보화를 내놓기도 했지만, 대부분은 십시일반으로 동참했다.

십 년이 지나 목판 불경을 착수하려는 때에 우지강이 범람하여 많은 수재민이 발생하였다.

디츠겐은 수재민을 돕는 일에 모은 돈을 다 써버리고 화주를 다시 시작하였다. 몇 년이 흘러 어느 정도의 돈이 모였을 때, 전염병이 발생하여 나라가 혼란에 빠졌다. 그는 병자들을 치료하기 위해 또다시 돈을 전부 내놓았다.

세 번째 시주를 다녔는데 이번에는 별문제가 없어 이십여 년 만에 경전 판각을 완성할 수 있었다.

지금도 일본 사람들은 그 경전에 대해 대물려 가며 아이들에게 이야기한다고 한다.

♤ 디츠겐은 경전을 세 벌 만들었지. 처음 두 벌은 볼 수 없는 경전이지만 현존하는 세 번째 경전보다 훨씬 더 훌륭하단다. ♡ (기도하는 즐거움에서)

♤ 사람마다 한 권의 경전이 있는데, 종이나 활자로 된 게 아니다. 펼쳐 보면 글자 하나 없지만, 향상 환한 빛(자비심)을 놓고 있다네. ♤

부처님의 가르침인 경전에는 고통으로 죽어가는 사람을 보면 먼저 구제하라고 말하고 있으니, 그 구제하는 일이 경전을 읽고 모셔놓는 일보다 우선이라는 것입니다. 이런 경우를 볼 때 일본 불자들의 수준도 꽤 높음을 알 수 있다.

중생을 구제하려는 수행인 사무량심에 자·비·희·사가 있다. 중생들은 고통 속에 죽어가는 중생들을 보면 아프게 보는 자비심(자·비)을 가지고, 애써 모은 청정한 재물을 즐겁게 버려(희·사) 구제하려는 환한 마음이 있다는 것입니다.

사무량심이야말로 뛰어난 인간 방생의 고귀한 의미라고 하겠으며, 남을 먼저 구제하려는 가르침은 대승 불자들이 나아가야 할 길이다.

500 나한들의 전생 시절 도적들 이야기

바라제 존자로 불리었던 전생 시절에 석가모니 부처님께서는 청정하게 계율을 잘 지켰을 뿐만 아니라, 늘 선행을 실천하며 지혜를 길렀다.

어느 해 가을 들녘을 지나는 길에 조가 너무 탐스럽게 익어 만졌다가 세 알의 조가 손바닥에 떨어져 고민에 빠졌다. 버리자니 아깝고, 먹자니 훔친 것이 되니 존자는 먹는 것이 옳을 것 같아 먹어 버렸다.

'남의 곡식을 그냥 먹었으니 빚을 갚아야지'라는 생각에 존자는 신통력으로 소로 변했다. 밭 주인이 3일 동안 기다려도 소 주인이 나타나지 않아 자기의 소로 삼았다. 주인집에서 3년을 일 한 소는 '내일 저녁 500명의 손님이 올 것이니 반드시 음식을 장만해 대접해야 합니다. 만일 그렇지 않으면 이 집이 다 부서지고 모든 재산이 다 없어질 수 있으니 반드시 명심해야 합니다'라고 주인에게 사람 음성으로 말했다.

그 다음 날 밤중에 500명의 도적이 들이닥쳐 모든 재산을 강탈해 가려고 하는데, 그 집 주인이 공손히 고개를 숙이며 '음식이 준비되어 있사오니 잡수시고 다른 일들을 보시기 바랍니다'라고 하는 것이 아닌가!

도적들은 평생 도둑질하였지만, 음식을 먹고 재산을 털어가라는 집주인의 행동이 너무나 희한했지만 배고픈 김에 음식을 다 먹고 집주인에게 그 사유를 물었다.

집주인은 소가 있는 외양간으로 도적들을 데려갔다. 그때 소는 인간으로 변하여 도적들을 맞았다.

'나는 이 집 주인 밭의 곡식 3알을 먹고 3년을 일해서 오늘로써 다 갚았다. 너희들은 그동안 진 빚을 어떻게 갚을 것이냐!'

도적들은 그 소리를 듣고 대경실색하여 그 자리에서 죄를 뉘우치고 모두 머리를 깎고 출가하였다. 그리고 열심히 수행하여 오백 나한이 되었다고 한다. (마하승기율 오백나한 본연담)

 우리 불자들은 불교의 핵심 가르침인 전생과 후생을 반드시 믿어야 한다. 작은 악행도 가볍게 여겨서는 아니 되고, 작은 선행도 소홀히 지나쳐서는 안 된다는 것이 이 이야기 속 부처님의 준엄한 교훈이다.
 우리들의 숙업인 전생 빚이 다 소멸하지 않았다면 언제 어느 곳에서 다시 숙업의 빚을 갚아야 할지 모른다.
 그것을 피하고 방지하기 위해서 우리는 공덕을 열심히 지으며 기도, 참회, 108배, 독경, 염불, 대비주 진언, 사경, 독송, 참선 수행 등으로 부지런히 정진해야 할 것이다.
 나무 석가모니불 나무 바라제 존자 마하살

나무 대자대비구고구난 관세음보살
― 잘못된 명호를 불러도 ―

 신혼생활이 얼마 되지 않았는데 남편은 징집되어 전쟁터에 끌려갔다. 부인은 항상 남편의 안위를 걱정하고 있던 어느 날 스님이 탁발을 왔다. 부인은 남편의 안위를 위하는 '무슨 방법이 없느냐?'고 스님에게 물었더니 오직 '나무 대자대비 구고구난 관세음보살'

(고통과 고난 속에서 구제해 주시는 대자대비 관세음보살님께 귀의합니다.)을 시간 날 때마다 부지런히 외우라고 말씀하셨다.

놀러 와 있던 옆집 아주머니도 스님으로부터 그 주문을 함께 받아 지녔다. 새댁은 부지런히 주문을 외웠지만, 중간에 잊어버렸다. 그래서 옆집 아주머니께 그 주문이 뭐냐고 물었다. 옆집 아주머니께서는 기억이 알쏭달쏭하여 "집 나간 내 낭군 언제 돌아오나!"로 잘못 가르쳐 주었다.

어느 날 새댁이 이웃집 아주머니께서 가르쳐 준 주문을 또 잊어버렸다. 그렇지만 이번에는 자존심이 용납하지 않아 그 주문을 물어보지 않고 "저 건너 내 서방 언제 돌아오느냐!"고 부지런히 외웠다.

마을의 다른 남자들은 전쟁에서 다 죽었지만, 부인의 기도 덕이었는지 남편이 살아 집으로 돌아왔다.

집에 도착하니 부인이 "저 건너 내 서방 언제 돌아오나!"라며 염불하는 소리를 듣고 아내가 "딴 남자와 놀아나는구나"라고 오해를 하여 부인을 죽이려고 방문을 열어 젖혔다.

전쟁 나간 남편을 위해서 매일 저녁 밥상을 차린 부인은 이날도 기도 중 부엌 쪽문으로 밥상을 차리러 나갔다. 남편이 아내를 살해하려고 칼로 이불 위를 찌르고 펼쳐보니 베갯머리가 찔려 있었다.

남편은 방에 돌아온 부인에게 "어째서 저 건너 내 서방 언제 돌아오나?"라고 했는지 물었다. 부인은 옆집 아줌마가 와서 "집 나간 내 낭군 언제 돌아오나"로 가르쳐 주었다고 그동안의 일을 이야기해 주었다.

남편은 오해를 풀고 행복한 삶을 영위하며 잘 살았다고 한다.

(관음경 강화)

'즉심시불' 즉 '너의 마음이 바로 부처다'는 불교의 핵심적 가르침이다.

위의 이야기에서 가장 중요한 핵심은 의미나 형식보다는 남편이 전쟁터에서 살아 돌아오기를 지극정성으로 기도하는 부인의 정성이 감응을 받은 내용이다. 기도와 기원은 간절하고 정성스러운 마음에서 이루어지고 성취되어 진다.

법화경 방편품에 어른이든 아이들이든 공부하면서 또는 재미있게 놀면서 벽에 손톱이나 나무 조각으로 불상을 그리는 사람도 깨달음을 얻었다고 말씀하셨다.

불보살님은 모든 것을 두루 헤아려 보살펴 주시고, 가호하여 주심으로 잘못된 염불일지라도 기도 가피가 수승함을 알 수 있다.

대식(밥을 엄청나게 먹는) 나한 일화

인도를 순례 중이시던 현장 스님은 많은 사람들이 대식 나한 아라한 탑에 공양을 올리며 참배하고 있는 것을 보고 주변 사람들에게 아라한 탑에 공양을 올리며 참배하는 유래를 물었다.

대식 나한 아라한은 수행할 때 다른 사람들보다 서너 배나 더 되는 공양을 하였다. 그래서 주위의 스님들과 신도들은 '수행은 하지 않고 밥만 축내는 식충이'라며 비방과 욕설을 퍼부었다.

대식 나한은 입적할 때 자신이 많은 공양을 한 사연을 대중들에게 이야기하였다.

"전생에 자신은 코끼리였는데 부처님 경전을 등에 지고 나른 공덕으로 이 세상에 사람 몸을 받아 도를 닦는 수행자가 된 것이오. 그런데 전생 코끼리 습성으로 많은 양의 음식을 먹던 습성이 잘 끊어지지 않았다오. 부디 이해를 바라는 바이오."

이 말을 마치자, 몸을 허공에 솟구치며 불을 일으켜 공중에서 입적하셨다. 땅에 떨어진 대식 나한의 유골과 사리를 모아 대식 나한 아라한 탑을 조성했다고 하였다. (대당서역기)

대식 나한 이야기는 '전생의 습성이 금생까지 미친다'는 것을 알려주는 사례이다.

선설보장경에 "아는 자는 내일 죽더라도 공부한다. 이번 생애는 지혜로운 현자가 될 수 없다 하더라도, 다음 생을 위해서 (이는 마치) 맡겨둔 보물을 자기 스스로 되찾는 것과 같다"라고 설해져 있다.

대식 나한은 전생인 코끼리의 습성으로 생전에 밥만 축내는 수행자로 오해 받았지만, 뛰어난 이적으로 입적함으로써 자신의 공부가 매우 깊었음을 보여주었다.

이 생의 습성이 내세에도 연결되므로 부지런히 염불 공덕으로 극락정토에 태어나는 복덕을 길러야겠다.

중국 염관 재안 스님
― 가을 풍경 감상 중에 생긴 일화 ―

중국 염관 재안 스님이 법당에서 가을바람 소리와 풍경소리를 듣고 있는데 12~13살쯤 되는 어린 두 스님의 이야기 소리가 들렸다.

그중에 한 스님이 뭐라고 말하자 하늘에서 오색 광명과 보배 탑이 지상으로 내려오는데 보살이 나타나 "장하십니다. 그 마음 변치 마십시오"하는 것이었다. 그리고 조금 후에 다른 스님이 무슨 말을 하자 마왕 파순이 나타나 마음을 어지럽히며 유혹의 길로 이끌었다.

스님이 깜짝 놀라 어린 두 스님을 불러 무슨 말들을 했느냐고 물었다.

첫째, 스님은 "저는 어머니의 가슴을 아프게 만들면서 뭇 중생을 제도하는 스승이 되겠다고 출가했습니다. 정말 수행을 잘해서 모든 중생의 아픔을 구제하는 보살도의 길을 가겠다고 했습니다."

둘째, 스님은 "저는 몸이 아파 이 세상에는 도저히 스님 생활을 하지 못할 것 같으니 장가 가서 아들, 딸 낳고 살다가 다음 생에나 출가해야겠다고 했습니다." (고승일화)

3조 승찬 스님 신심명에 "호리유차 하나 천지현격 하나니"라는 말이 나온다.

처음은 여우 털끝만 한 차이였으나 나중엔 하늘과 땅만큼 멀어진다는 말이다.

위의 두 가지 일은 처음 마음에서 나올 땐 "일체유심조"로 작은 차이였으나 그것이 나아가는 바는 하늘과 땅만큼 멀어지는 이치임을 알 수 있다.

그래서 자신을 먼저 제도하는 작은 수레의 길 히아야나 (소승)의 길이 아닌, 남을 먼저 구제하는 큰 수레 마하야나 (대승)의 길을 제불 보살들은 항상 찬탄하고 칭찬하고 있다.

관음재일 (음력 24일)만이라도 잘 지킨 공덕
― 귀신도 해치지 못한다. ―

청나라 강희 2년 무렵 이야기이다.

깊은 밤 고깃배들이 정박해 있는 소고산 아래 항구에 산신이 나타나 부하들에게 '내일 소금 배 한 척이 이곳을 지나갈 것이니 너희들은 신속히 그 배를 처리해야 한다'고 명령하였다.

아침이 되자 돛을 높이 올린 소금 배 한 척이 그곳에 이르렀는데 풍랑이 크게 일어나 전복될 것 같았지만 잘 견디었다.

그날 밤에도 여전히 어선은 그곳에 정박하고 있었다. 산신이 그의 부하들에게 명령을 어겼다고 질책하는 소리가 들렸다.

우리가 명령받고 소금 배를 처리하러 갔는데, 소금 배 뒤 갑판 위에는 관세음보살님이 앉아 계셨습니다. 그래서 모두 감히 가까이 가서 해칠 수가 없었다고 귀신 무리가 대답하였다.

이튿날 어부들이 소금 배에 있는 사람들에게 물었더니 바로 갑판 뒤에 키를 조정하는 선원이 있는데 그는 매월 음력 24일 관음재일에 술과 육식을 끊고 목욕재계하며 관음경을 열심히 독경하는 관음기도를 하는 사람이었다고 말했다. (만선선자 영험록)

6재일 중 관음재일은 매달 음력 24일이다.

이날에는 하루 종일 관음경 독경과 "관세음보살" 명호를 부르며 열심히 기도하는 날이다.

특히 관음재일에는 술과 비린내 나는 육식을 금하고, 몸을 청결히 하며 하루 종일 스님들과 청정한 생활을 하는 날이다.

재가 신도들은 수행 승려들처럼 매일매일 청정한 생활을 할 수가 없지만 한 달에 6일(6재일)만이라도 계행을 지키고 열심히 기도하고 살아간다면 선신이 보호하여 모든 일들이 잘 성취될 것이라고 부처님께서 말씀하셨다.

관음재일만이라도 잘 지키며 열심히 기도 독경하면 많은 공덕을 얻을 수 있을 것이다.

보리·밀 두되 다섯 홉으로 병을 치료
— 오무기 고무기 이소고고 —

불교 신심이 깊은 일본의 문학 박사인 대학교수님이 계셨다.

교수님 집에는 병자를 앉혀놓고 무엇이라고 중얼거리기만 하면 병이 낫곤 하는 늙은 하녀가 있었다.

하녀의 행위가 미신적인 것은 분명하지만 분명 병이 나으니 신기하고 이상하여 하녀에게 무엇을 중얼거리는지 물었다. 그러자 하녀는 "오 무기 고무기 이소고고 오 무기 고무기 이소고고"라고 대답했다.

이 말을 분석해 보니 오 무기는 보리요, 고무기는 밀, 이소고고는 두되 다섯 홉이란 의미이다. 보리, 밀, 두되 다섯 홉이란 말로 병이 나을 이유가 없는데 병이 잘 낫는 것을 이상하게 생각하였다. 오래전에 6조 혜능 대사가 무식했지만 금강경 4구게 "응무소주 이생기심"(응당 머무른 바 없이 마음을 내어라.)이란 문구에 도를 깨달았다는 이야기를 하녀에게 한 것이 생각났다

이 4구게의 일본 발음이 "오무소주 이소고싱"인데, 하녀가 잘못 듣고 "오 무기 고무기 이소고고"라고 늘 외운 것이다.

교수는 하녀에게 잘못 외우고 있으니 바르게 외우라고 가르쳐 주었다.

하녀는 바르게 배운 4구게를 환자들에게 외웠지만 병이 낫지 않았다. 그래서 다시 잘못 외운 구절인 "오 무기 고무기 이소고고(보리 밀 두 되 다섯 홉이든지 무엇이든지)"라고 외우니 환자들의 병

이 다시 나왔다고 한다. (신행영험록)

그 이유가 어디에 있겠는가?

박사가 4구게 경구를 가르쳐 주었지만, 하인은 평상시에 이 경구를 암송한 적이 없었을 뿐 아니라 이렇게 외우면 병이 나을까? 이것이 옳은 것인가? 잘못된 것인가? 하는 의심을 하지 않았지만, 많은 사람들은 온갖 의심으로 가득 찼기 때문에 일심불란의 경지를 얻지 못했다.

평상시에 잘못된 주문을 외었으나 하녀는 통일된 정신력과 기력을 집중시킨 상태에서 주문을 외웠기 때문에 병이 잘 치료되었을 것이다.

선행과 공덕을 쌓는 집안의 번영

중국 복건성 건녕에 황제를 가르치는 양영이라는 사람이 살았다. 그의 선조들은 뱃사공이었는데 어느 해 폭풍우로 사람, 동물, 집, 그리고 가재도구들이 휩쓸려 갔다.

다른 뱃사공들은 이 상황에 강물에 떠다니는 가재도구들을 주워 모았으나 오직 양영의 조부와 증조부는 가재도구들을 무시하고 물에 빠진 사람들을 구해 냈다. 다른 이웃 뱃사공들은 비웃으며 두 사람을 아주 어리석다고 생각하였다. 그 후 양영의 아버지가 태어났을 때 양씨 가문은 차츰차츰 부자가 되었다. 어느 날 흰옷을 입은 산신령이 양영의 아버지 꿈에 나타나 "오래전 선조들이 쌓은 음덕으로 자손들이 부귀를 누릴 것이니 내가 가르쳐주는 장소에 묘를 써서 조상들을 모시기를 바란다"라며 묘터를 일러 주었다.

양영의 아버지는 그곳에 조상 묘를 이전하여 봉안했다. 그 묘터가 백토분이라고 불리는 묘이다. 그 후 얼마 되지 않아 아들 양영이 태어났다. 그리고 그는 열심히 공부하여 20세에 과거에 급제했고, 승승장구하여 황제를 가르치는 황제의 스승 자리인 고위직까지 출세하였다. 황제는 양영의 조부와 증조부까지 황실의 명예를 수여했다. 오늘날까지도 양영의 자손들은 부자와 과거 급제자들이 쏟아지고 있다. (요범사훈)

나라에서 양영의 출세와 더불어 죽은 조부와 증조부에게까지 명예를 수여하는 것은 중국에서 내려오는 선조들을 존경하고 받드는 전통적인 관습이다.

남이 무엇이라 하던 선행과 공덕을 쌓는 집에는 꼭 경사스러운 일이 있다는 사실이 증명된다고 하겠다.

빗물에 젖은 관세음보살상을 보수하고 공덕을 누리다.

중국 안후이성에 지주 태수의 일곱 아들 중 막내인 포빙이 살았는데 그는 절강성 평화 지역의 원씨 집안으로 장가를 갔다.

포빙은 지식도 높고 재주도 많았으나 과거시험에 계속 실패하여 불교와 노장을 배우면서 소일하고 있었다.

그가 묘호의 한 사찰에 여행을 가서 전각을 참배하였더니 지붕에 샌 빗물에 관세음보살상이 젖어 있었다. 그는 전각을 보수하도록 그 절 주지에게 시주하였다.

그러나 주지는 "큰 공사이므로 이 돈으로 충분하지 않을 것 같습니다"라고 하자 포빙은 비싼 물건과 옷을 모두 주지에게 주었다. 시봉하는 하인은 가장 좋은 옷은 남기도록 설득하였으나 그는 거절하며 다음과 같이 말했다.

"나는 괜찮다. 관세음보살상이 손상되지 않는다면 내가 벌거벗고 길을 가도 괜찮다."

그 말을 들은 주지는 감동하여 "재물과 옷을 보시하는 것은 어렵지 않으나 당신의 깊은 정성에 눈물이 다 납니다"라고 말했다.

절이 보수가 다 되고 난 뒤에 포빙은 아버지께 청하여 사찰을 방문하고 사흘 밤을 함께 보냈다. 절의 수호신인 화엄 신중이 꿈에 나타나 말했다.

"당신이 이러한 좋은 공덕을 쌓았으므로 대를 이어가며 당신의 자손들이 나라의 고위직 관리로 임명되어질 것이요!"

그 후 그의 아들과 손자들이 과거시험에 합격하여 높은 관직의

영화를 누렸다고 한다. (요범사훈)

공덕을 짓는 방법에는 8가지 - 8공덕 전 -가 있다.

다리를 지어 나그네들에게 편한 길을 제공하고, 길가에 방사를 지어 오가는 행려 객들에게 잠자리를 제공하고, 급한 볼일이 있는 이에게 화장실을 제공하고, 목마른 이들에게 우물을 파서 갈증을 씻어 주고, 배고픈 이에게 음식을 제공하는 것이다.

그러나 포빙처럼 불보살님과 인연이 되는 불사를 잘 받드는 공덕의 수승함도 있다.

70대 노스님의 대비주 기도 위신력

제운 스님은 1972년 "총무원장"을 역임하신 손경산 큰 스님을 은사로 합천 해인사에 입산하여 승려가 되었다.

만행 중 밀양 무봉암에서 잠시 머물고 있을 때 70대 노스님을 우연히 만났다.

노스님은 대비주(신묘장구대다라니) 천수 주력 100일 기도를 자주 하셨다. 대비주 100일 기도 회향 날 100여 리 떨어진 먼 곳에 사는 거사가 찾아와 죽어가는 자기 딸을 제발 살려 달라고 간절히 부탁하였다.

거사는 딸이 병원의 진료도 받았지만, 병세가 도무지 나아지지 않으니 스님의 기도 힘이라도 꼭 의지하고 싶다고 간곡하게 부탁하였다.

노스님께서는 의사도 아닌 자신이 무슨 재주로 아픈 사람을 살리겠느냐고 생각했지만, 거사의 간절한 간청으로 집으로 따라나섰다.

노스님이 그 집에 도착해 보니 스물 몇 살 안 되는 꽃다운 처녀는 창백한 얼굴과 앙상한 뼈로 차마 눈 뜨고 볼 수가 없었다.

노스님은 방바닥에 정좌를 하시고 대비주 (신묘장구대다라니)를 21회 외우자 처녀는 혼자 힘으로 일어나 배가 고프니 밥을 달라고 손짓하였다. 그리고 세수하고 몸이 다 나은 것 같다고 말하였다. 며칠 후 스님은 거사로부터 딸이 다 나았다는 기별을 듣게 되었다.

이 모습을 목격한 제운 스님은 천수대비주(신묘장구대다라니)가 이렇게 큰 위신력을 갖는 것인가 하고 놀라움을 금치 못했다고 한다. (다라니 영험록)

제3장

위 없는 가르침 설하옵소서

일반교리, 생활, 건강, 문화, 철학 등

조삼모삼朝三暮三의 숨은 뜻은
— 원숭이는 과연 바보일까? —

'성공이 웃음'이라는 책에 '조삼모사'에 대한 날카롭고 흥미로운 분석이 있다.

중국 춘추시대 송나라에 집이 가난한 어느 노인이 키우던 원숭이들의 먹이를 줄이게 되었다. 원숭이에게 먹이를 아침에 3톨 주고 저녁에 4톨을 주니 길길이 날뛰더니, 아침에 4톨을 주고 저녁에 3톨을 주니 만족하였다.

먹이의 양은 같지만, 순서를 바꾸어 놓음으로써 나타난 결과를 비유하고 있다. 즉 노인의 간교함과 원숭이의 어리석음을 지적한 일화이지만 원숭이의 지혜가 더 돋보이는 이야기라고 할 수 있다.

그 이유는 첫째, 원숭이들이 아침에 4톨의 밤을 미리 확보함으로써 미래의 불안감을 줄일 수 있었다. 마찬가지로 모든 일을 미리 준비하거나 해결하면 그만큼 여유롭다. 즉 한 주에 할 일을 월요일에 모두 끝내버리면 그만큼 여유가 생길 것이다.

둘째, 원숭이들은 자신들의 일을 스스로 결정하면 행복해진다는 사실을 알았던 것 같다.

심리학자 로딘은 '요양원에 있는 노인의 93%가 작은 일이나마 스스로 결정할 때 행복함을 느낀다'고 하였다.

플러스 효과의 실천으로서의 웃음(Smils)

웃음에 대한 정의는 많다.

웃음은 백약百藥의 으뜸이다. 웃는 집안에 만복이 들어온다.(笑門萬福來) 웃음의 힘은 전지전능하다.(smile power is almighty)

미국의 어느 정신과 의사는 다음과 같이 말했다.

"이제 곧 멀지 않아 정신과 의사는 물론이고, 성형외과, 치과 의사, 미용사, 메이크업 아티스트 등 사람들의 아름다움에 관련된 직업인들은 최종적으로 웃음주의 스마일리스트(smilest)를 지향하게 될 것이다."

스마일 즉 웃음은 21세기의 최첨단 주제이다.

미국 아이오와주 포카델로시는 〈미국의 스마일 수도〉(smile capital of USA)라고 일컬어지는 유명한 곳이다. 이 도시에서는 타인이 미소를 보내왔을 때 웃는 얼굴로 화답하지 않으면 벌금을 부과하는 조례가 있다.

사람들은 흔히 산에서 명당을 찾으려고 고심하고 애쓰지만, 천하 제일 발복 명당은 바로 그대 자기 얼굴이라고 스마일 리스트 고수들은 한결같이 강조한다.

영어 단어 중에서 가장 긴 단어가 스마일스(smiles) 이다. S자와 S자 사이에 mile이 끼어 있으니까.

웃기는 비디오를 본 그룹과 그렇지 않고 가만히 앉아 있는 그룹을 분석한 결과 웃기는 비디오를 본 그룹의 면역 글로블린이 훨씬 많이 증가했음을 확인할 수 있었다.

광대뼈 근육과 흉선은 밀접한 관계가 있다고 한다. 흉선은 면역체계와 관계가 깊다.

스트레스 정도에 따라 네 집단으로 나누어 각 집단 구성원들의 코에 감기 바이러스를 넣었다. 그 결과 스트레스가 심한 그룹이 심하게 감기를 앓았다.

결혼 성공을 위해서는

사람과 사람 사이에 중대한 일이 결혼입니다. 따라서 아무나 하고 결혼할 수가 없습니다. 결혼은 한 번 선택하면 그 선택에 대하여 전적으로 책임을 져야 하는 도박이요, 모험입니다. 결혼은 물건처럼 쉽게 교환하거나 환불받을 수 없습니다. 또한 도자기처럼 한번 깨어지면 잘 수리하여도 자국의 전과(이혼)가 남게 됩니다.

러시아 속담에 다음과 같은 말이 있습니다.
"바다에 나갈 때는 한 번 기도하라.
 전쟁에 나갈 때는 두 번 기도하라.
 결혼할 때는 세 번 기도하라."

사람들은 한결같이 말합니다. 결혼의 성공 방정식은 서울대나 사법, 행정고시에 합격하는 것보다 더 어려울 수도 있다고.

닥치는 대로 무조건 살아간다고 성공하는 결혼이 되지 않습니다. 자신보다 상대의 입장을 먼저 헤아리고, 배려하고, 존중하고,

사랑하여야 합니다.

또한 상대방을 자신에게 맞추려 하기보다는 상대방을 있는 그대로의 이해하고 서로를 맞추어 나가며 양보하는 것입니다. 상대를 자신의 소유물로 보지 말고 인격과 예의를 지닌 인격체로 대해야 하는 것입니다.

성공적인 결혼생활을 위해서는 자기 내면의 끊임없는 성찰과 지속적인 자기계발이 필요합니다. 또한 행복한 결혼생활을 방해하는 요소들과 싸워 이겨야 합니다. 필요하다면, 요리, 성 문제, 취미생활, 건강, 여행, 가족과 친척 그리고 친구 관계, 아이들 문제, 남녀 문제, 교육 관계, 기타 등등에 대한 독서나 강좌 수강 등이 필요합니다.

기혼자 수백 명이 모인 곳에서 〈행복한 부부생활〉을 강의하던 강사가 갑자기 질문을 했다,

"여러분 중에서 결혼생활에 조금이라도 애로가 있는 사람은 일어나세요?"

모두 일어섰는데 한 사람만 안 일어났다.

"대단하시군요! 행복한 결혼생활의 비결이 뭐죠?"

"아이고! 갑자기 발에 쥐가 나서 못 일어났어요!"

결혼생활이 힘들고, 고통스럽지만 무던히 참고 잘 견디어 가고 있다.

어느 철학자는 "결혼하여도 후회하고, 안 해도 후회한다"라고 하였으며

또한 우리 속담에 "무자식이 상팔자(최고 좋은 팔자)"라고 하였다.

우리 스님네들은 비록 결혼은 못했지만(못한 것이 아니고, 안 했지만) 상팔자 인생을 누린다고 생각하면 인생살이의 자그마한 위로가 아닐까 한다.

나는 마음의 눈으로 봅니다.

미국 〈타임〉사의 편집장을 지낸 헨리 그룬왈트가 〈나는 마음의 눈으로 봅니다〉라는 책을 썼다.

그는 불치의 병인 "황반변성"에 걸려 읽기와 쓰기를 할 수 없게 되었다. 그것은 바로 생명력을 잃었다는 것을 의미한다. 그럼에도 그는 과거에 충분히 보아온 풍경을 통해 내면을 성찰함으로써 새 생명을 얻는다.

시력이 완벽하지 않았던 화가 모네나 작가 보르헤스 등이 겪었던 고통의 과정을 통하여 삶에 새로운 옷을 입힌다. 그리고 골목의 쓰레기까지도 아름답다고 생각하였다. 그의 책 어디에도 절망의 어두운 그림자는 없다. 오히려 잔잔한 웃음과 감동을 선사한다.

그는 알고 지내던 식당의 커다란 원숭이 조각상이 지배인인 줄 알고 악수를 청했다던가, 아내를 따라 의상실에 갔다가 잘못 들어 간 탈의실에서 영화배우 카드린 드뇌브가 반나의 드레스 차림으로 있었다는 사실을 뒤늦게 알고 몹시 안타까워했다는 이야기에서 즐거운 웃음이 솟아 나온다.

또 70대 여성을 20대 여성인 줄로 안 그에게 누군가가 "시력에 창의력이 넘친다"라고 지적하자, 그는 "아름다움이 없는 데서 아름다움을 본다고 해서 무엇이 그렇게 나쁘단 말인가?"라고 말하였는데, 그 말이 다른 사람들에게 감동을 심어준다.

어린 왕자도 중요한 것은 눈에 보이지 않기 때문에 마음의 눈으로 보아야 한다고 말하지 않았던가? 모나리자의 미소가 신비로운 까닭은 또한 마음의 눈으로 보기 때문이라고 말한다. 그 말 또한 긍정하지 않을 수 없다.

정호승 시인은 "나는 이 책을 통해 혹시 내가 마음의 눈이 없는 장애인이 아닌가?"하고 깊이 반성한다고 하였다.

기대가 적을수록 관계가 좋아진다.

'내가 이렇게 해 주었으니 상대방도 이렇게 해 주겠지'라는 마음은 불교의 무주상보시(주긴 주되 주었다는 생각 없이 베푸는 마음)가 아니다.

무주상無住相보시 역시 무아無我(바라지 않고), 공空(상대방이 배은망덕해도 상관 않고)에서 나왔으니 그런 경지에 이른 이는 역시 불교 수행의 최고 경지인 상품상생上品相生에 도달한 사람이다. 우린 아직 그 경지, 그런 해탈 세계에 도달하지는 못했지만 그곳에 목표를 맞추어 노력하고 살아간다면 만나는 사람마다 모두 안심安心 법계 속에서 편안하고 안락하게 살아갈 수 있을 것이다.

이런 마음 가짐은 특히 60대에 접어든 노년층이 가져야 할 기본 마음이 아니겠는가?

즉 자식을 이렇게 애지중지 잘 키워 놓았으니 당연히 잘 보답하겠지? 라는 기대감을 떨쳐 버려야 한다.

어느 재미 사업가는 아들에게 아랫 말을 가훈家訓으로 남겼다.

〈나는 너희들이(아들, 딸) 아기(어린아이) 때 방긋 웃으며 재롱 떨고 춤추어 나를 즐겁게 하였으므로 너희들은 나한테 갚음을 다 하였다. 너희들이 성인이 되어 나한테 잘 하던지, 못 하던지 나는 상관하지 않는다.〉

이런 마음 가짐으로 기대하는 바가 적을수록 부모와 자식 간의 관계가 좋아지게 될 것이다.

법륜 스님의 책 〈스님의 주례사〉에도 이와 비슷한 이야기가 나온다.

결혼하면서 남녀가 상대방에게 덕 볼 생각은 눈곱만큼도 하지 말아야 (그런 마음은 주고받으려는 장사치 마음이니)한다.

결혼생활도 서로에 대한 기대가 적을수록 관계가 좋아진다는 이치가 아닐까?

80~90세가 되도록 잉꼬부부로 살아온 노인 부부들의 한결같은 말씀은 (평생을 잉꼬부부로 살아온 사람들 역시, 참고, 견디며, 인내한 상품상생의 수행 경지에 이르렀다고 봐야 함) "상대방을 나에게 맞도록 강요하지 않고, 상대방이 있는 그대로 기질, 성향, 모습을 서로 인정해 주고 존중하면서 살아왔다"라는 말씀도 기대가 적을수록 관계가 좋아지는 사례가 아닐까 한다.

테레사 효과

1988년 미국 하버드대 의과대학에서는 130여 명의 하버드대생에게 테레사 수녀의 생애와 삶의 영화를 보여주었다.

영화를 보기 전 학생들의 타액과, 영화를 본 후의 타액을 채취하여 검사해 보니 영화를 보고 난 뒤의 타액에서는 보기 전의 타액보다 글로빈(암 등을 억제하는 물질)이 현저하게 증가함을 발견하였다.

맥클랜드 박사는 "선한 행동으로 유발되는 감동은 그것을 느끼는 사람들에게 면역력을 높여주는 생물학적 사이클의 변화를 일으킨다"라고 말하면서 이를 〈테레사 효과〉라고 명명하였다.

평생 봉사의 삶을 살았던 테레사 수녀의 영상을 보는 것만으로도 신체 내에서 나쁜 바이러스와 싸우는 좋은 면역 물질이 증가한다는 것이다.

이 연구 결과는 친절을 받는 사람뿐 아니라 베푸는 자신에게도 이득이 되는 행위임을 알려주고 있다.

병을 낫게 하는 여러 가지 치료법

문무왕, 신문왕대에 생존하신 경흥국사는 원효대사와 거의 비슷한 시대를 사셨다. 그리고 원효 스님에 버금가는 많은 저술을 남기셨다.

삼랑사에 머물면서 저술 활동과 국사로써 국가 자문역, 기타 많은 일에 몰두하며 정진하던 중 뜻하지 않게 병을 얻었다.

훌륭하다는 의원이 다 동원되고 좋다는 약을 다 써보았지만, 한 달이 넘도록 차도가 없었다. 나중엔 신문왕이 자기 몸을 치료하는 궁중 어의까지 보냈지만 소용이 없었다.

그러던 어느 날 지나가던 비구니 객승 한 분이 국사의 방에 문안 드리며 누워있는 국사의 손목을 잡으며 진맥하였다.

진맥이 끝나자 "스님의 병은 지나친 신경성입니다. 그리고 피로가 겹쳐서 생긴 병이므로 과로와 신경성을 풀어야 낫습니다. 제가 좀 당돌해도 스님의 병이 낫기 위해 좀 별난 행동을 할 테니 이해하기를 바랍니다."

이 말을 마치자, 비구니는 춤을 추기 시작했다. 일명 병신춤이었다.

손과 발과 다리를 비틀기도 하고 몸을 꼬기도 하며 얼굴을 갖가지로 변화시키는 병신춤이었다. 그 비구니의 모습은 마치 십일면 관세음보살 모습처럼 자비, 분노, 시시덕거리는 표정 등 자유자재로 얼굴 모습을 변화시켰다.

경흥국사는 병신춤의 모습이 너무 우스워 실컷 웃으며 나중에는 방바닥을 데굴데굴 구르며 웃었다. 주변의 시자와 다른 절 대중들도 덩달아 웃어 웃음의 도가니가 되었다.

한바탕 웃고 나니 몸이 개운해지고 모든 병이 기적같이 물러갔다.

그 사이 비구니는 절을 빠져나갔다. 그러자 경흥국사는 시자를 시켜 비구니를 찾게 하였다. 시자가 열심히 따라가니 삼랑사 남쪽에 있는 남항사로 들어갔다. 시자는 경흥국사를 남항사로 모시고

가 비구니 만나기를 청했다. 그러자 우리 절은 비구 도량이요. 따라서 비구니는 없다고 대답했다.

시자가 이러이러한 모습의 비구니라고 설명하니 관음전의 십일면 관세음보살 모습이라며 관음전을 보여주었다.

관음전의 십일면 관세음보살의 모습이 바로 병신춤을 춘 비구니의 모습이었다. 경흥국사와 시자 스님들은 관세음보살님의 가피로 병이 나았음에 감사하며 참배하였다.

아내를 먼저 저 세상으로 보낸 이들의 넋두리

신문기자 노재현 씨가 2012년도 신문에 기고한 사연이다.

한국고전 번역원 정선용(55세) 수석연구위원은 중학교 교감 선생님이던 아내를 경기도 시화호 부근에서 교통사고로 저 세상으로 보냈다.

그래서 30여 년간 고전 번역한 내공으로 먼저 간 아내를 그리는 조상들의 한시 중에서 한글로 번역한 〈외로운 밤 찬 서재에서 당신 그리오〉라는 제목의 책을 내었다.

그 책의 내용을 일부 발췌해 보면

서문에 "남의 일로만 알았던 뜻밖의 이별을 당해 보니 참으로 아프다"라고 고백했다.

〈모든 일에 멍하여서 백치가 된 듯하고 / 죽은 당신 생각하면 아직도 안 믿기오. / 당신의 가난과 병 모두 내 탓인데 / 거품 지듯 갑자기 떠나갈 줄 몰랐다오.〉 (조지겸, 1639~1685)

〈나의 죄가 쌓이어서 당신 죽게 하였거니 / 눈이 쌓인 무덤에서 홀로 눈물 떨군다오.〉 (오원, 1700~1740)

〈내세에는 당신과 나 처지 바꿔 태어나라. / 나는 죽고 당신 살아 천리 밖에 와 있으면 / 이내 마음 이내 슬픔 당신도 다 알 것이리라.〉 (김정희, 1786~1856)

문화방송 기자로 오래 근무한 김상기(66)씨도 2007년 8월 5년간 간암으로 투병한 아내를 먼저 보냈다. 지난해 말 아내가 떠난 뒤 4년 동안 쓴 시를 모아 시집 〈아내의 묘비명〉을 냈다. 그 시집에는 아내에 대한 그리움, 고통, 후회 등의 내용으로 진술되었다.

〈시간이 있을 줄 알았다. / 실점을 만회할 시간 / 잘못을 돌이킬 수 있는 시간…… 내가 직장을 그만두고 / 일 핑계로 잊고 산 가족을 돌아볼 시간이 / 적어도 일이 십년은 더 주어질 줄 알았다.〉 (긴 시간이 있을 줄 알았다)

〈목숨이 백년은 / 푸르를 줄 알았다. / 사랑은 천 년도 / 짧을 것만 같았다……〉 (시 - 연가)

김씨는 끝내 "내가 다시 사랑을 노래하는 일은 없을 것이다"라고 자백하듯 마음속 깊이 아픈 심정을 토로했다.

정신없이 일상적 삶을 살아가는 우리들에게 예고 없이 찾아오는 이별 앞에 모두 고개를 떨군다.

문득 〈있을 때 잘 해〉라는 노랫말이 허공에 맴돈다.

고려도경에 나타난 고려시대 무료 급식

고려도경은 북송 휘종의 명으로 고려 인종 1년(1123년)에 고려에 사신으로 온 서긍徐兢이 고려의 왕궁, 관청, 사찰, 군대조직, 일반 서민의 생활 풍습, 풍물, 자기, 공예품, 기타 등을 기술해 놓은 고려에 관한 백과사전이다.

고려도경 제22권 시수施水편에 나오는 이야기이다.

왕궁의 행랑에는 10칸마다 장막을 치고 불상을 모셔 놓고는 큰 독항아리에 쌀미음을 끓여 비치해 놓는다. 그리고 작은 그릇과 국자를 놓아두고 남녀노소, 신분이 높거나 낮음에 상관없이 공양하고 갈 수 있도록 만들어 놓았다. 그리고 그것을 관리하는 승도(절에 스님)를 두었다고 되어 있다.

오늘날 국가에서 시행하는 무료 급식 제도라 하겠다.

왕궁에서 실행했다면 지방관청 행정기관도 관청 밖 행랑에 실행했을 것이다. 불교국가 고려의 자비 봉사활동이다.

어느 뉴욕에 사는 불자의 바램

몇 해 전 뉴욕에 거주하시는 어느 불자의 바램이 〈다향〉이라는 잡지에 실려 있었는데 한 번 반추해 볼 일이다.

"불교가 종교이고, 종교의 역할을 해야 한다면 좀 더 분명한 사실 하나가 있겠지요.

이 존재의 현실이 파도가 바위에 부딪쳐 일어나는 한순간의 물

거품 같은 것이라 할지라도 우리는 사회적 동물로써 함께 살아가는 현실을 배려하여야 할 것이다.

그리하여 위안과 격려, 감사와 포용, 나눔과 배려의 정신을 깊이 품고, 야박하고, 메마르며, 냉혹한 현실의 인심을 뛰어넘을 수 있어야 할 것이다.

빛나는 지혜와 따사로운 자비의 광명이 흘러 넘쳐서, 사회의 목탁이 되고 등불이 되는 가르침과 종교로서 우뚝 서야 할 것이다."

호스피스동 사진 작가의 고백

호스피스란?

임종이 임박한 환자들이 편안하고도 인간답게 죽음을 맞이할 수 있도록 안락과 위안을 베푸는 봉사 활동 또는 그런 일을 하는 사람을 지칭한다.

호스피스의 어원은 라틴어 호스피탈리스(hospitals)에서 기원되었다. 원래 호스피탈리스는 '주인'을 뜻하는 호스페스(hospes)와 '치료하는 병원'을 의미하는 호스피탈(hospital)의 복합어로, 주인과 손님 사이의 따뜻한 마음과 그러한 마음을 표현하는 '장소'의 뜻을 지닌 '호스피티움'이라는 어원에서 변천되었다.

서양에서는 십자군 전쟁으로 많은 부상자들이 생겨났을 때 수녀들이 호스피스에서 이들을 치료하며 임종을 앞둔 사람들이 편안하게 죽음을 맞을 수 있도록 도왔다고 한다.

성남훈 사진작가는 보건복지부의 의뢰로 호스피스동의 사진 찍기를 의뢰받았다.

그는 1990년대 아프리카 르완다 내전으로 키상키니 지역에서 대학살이 벌어졌을 때 유엔의 긴급 의료팀과 자원봉사자들이 헌신적으로 활동했던 것을 기억하고 있었다.

그런데 자기가 찾아가 보았던 호스피스의 일상은 내전 현장 이상이었다고 고백하였다.

〈간호사, 의사, 사회복지사, 자원봉사자들은 초인적인 자기희생을 보여주었다. 한 달이면 이삼십 번이나 대소변을 받아 내는 일은 기본이고 오랫동안 누워있는 환자들을 뒷바라지하는 손길은 경건하기까지 하였다.〉

혹시 가끔 삶의 권태가 오고 회의가 오는 사람은 호스피동을 참관하고 죽음 명상 수행을 해 본다면 새로운 삶의 활력이 솟아날 것 같다.

콕 스님의 말기 에이즈 호스피스

몇 해 전 한겨레 신문에 기사화되었던 내용으로 한국 불교도들도 한 번쯤 되새겨 볼 만하다.

태국 방콕 북쪽에 있는 롭부리 지역은 방콕에서 자동차로 3시간 소요되는 곳이다. 이곳 고요한 산자락에 자리한 〈와푸라밧남푸 사원〉은 아롱콕 스님이 에이즈 말기 환자를 돌보는 호스피스 요양소이다.

(기자) 왜, 에이즈 호스피스 일을 시작했는가?

(스님) 사람이란 어떻게 사는 가도 중요하지만 어떻게 죽는 가도 중요하다.

(기자) 에이즈 환자들을 돌보게 된 데에는 개인적으로 무슨 특별한 계기 같은 게 있었나?

(스님) 무슨 특별한 계기? 아무도 에이즈 환자에게 관심을 두지 않아서 시작한 일이다. 무엇이든 할 수 있는 사람이 먼저 시작한다는 게 세상 돌아가는 이치가 아닌가? 괜히 너무 큰 의미를 두지 말자. 에이즈 환자들도 별난 사람이 아니듯이 그 사람들과 함께 노는 일도 별것 아니다.

(기자) 그렇더라도 스님이 이 호스피스 요양소를 세웠을 땐 어떤 정신이나 배경 같은 게 있지 않았겠나?

(스님) 사람들이 어떻게 살 것인지가 중요했다면, 똑같이 어떻게 죽을 것인지도 중요하다. 그런데 에이즈 환자들은 사회의 편견 속에서 이 "죽음에 이르는 과정"에 대한 권리를 박탈당했다. 에이즈 환자들도 "잘 죽기 위한 공동체"가 필요하다.

본인의 뜻은 똑같이 위안받고 편안히 저승길로 갈 수 있어야 한다는 것이다. 이 세상의 현실을 보라. 이웃은 말할 것도 없고 가족들마저 환자를 저버리지 않던가! 나는 이 사람들에게는 공동체가 필요하다고 생각했다. 말하자면 "잘 죽기 위한 공동체"와 같은 것이다.

(기자) 알려진 바로는 이미 스님의 뜻이 실현되고 있다던데, 기적이라는 소리도 들리고.

(스님) 여긴 에이즈 환자를 치료하는 병원이 아니다. 죽을 때 편

안히 가라는 곳이다. 약도 기본적인 것밖에 없고, 그런데도 여기 들어올 땐 실려 왔지만, 지금은 호전되어 자기와 같은 환자를 돌보는 이도 있다. 실없는 이들이 이를 기적이라고 말하는 모양인데, 이건 기적이 아니다.

바로 "마음의 평화"가 얼마나 중요한 것인지를 증명해 주는 본보기이다. 사회가 편견을 버리고 편안한 마음 상태만 유지할 수 있도록 이처럼 기적이라고 떠드는 일들이 일상적으로 일어날 수 있다.

이게 내 뜻이다.

편작이 열 명이 와도 못 고치는 병

편작(BC 401~310)은 춘추 전국시대 발해군(현 하북성과 산동성) 출신의 명의이다.

편작이 귀족 관리의 사무보조원 객관으로 있을 때 장상군이라는 은자를 만나 교유하고 스승으로 모셨다. 이때 편작은 사람의 몸을 투시하는 신비한 능력을 얻게 되었다.

편작은 남들이 자신의 의술을 칭찬할 때마다 "아니올시다. 살 사람을 살렸을 뿐 단지 월인(편작의 자)은 그 힘을 일으켜 주었을 뿐입니다"라고 자신을 낮추어 말했다.

이어령 박사는 편작 같은 명의가 열 명이 와도 고칠 수 없는 난치병 6가지를 예로 들었다.

1) 제멋대로 행동하여 남의 말을 듣지 않는 사람.

독선, 독단을 버리고 체질을 민주화해야 한다.
2) 재물에만 욕심이 있어서 몸을 돌보지 않는 경우
3) 입고 먹는 생활이 적절하지 않은 경우
4) 음양이 모두 막혀 움직이지 않고 균형을 잃은 경우
5) 극도의 영양실조로 약조차 먹을 수 없이 쇠약한 경우
6) 무당을 믿고 의사를 믿지 않는 경우

불교에서 바라본 탁태 인연

부부가 결혼하는 것도 중요하지만 어떤 아기를 잉태하느냐도 중요하다.

부처님 말씀에 부모와 자식 간의 인연은 은혜와 원수, 베풂과 빚 갚으러 오는 4가지 인연이 있다고 한다.

그 4가지 인연 중에서 은혜에 보답하는 인연, 베풀러 오는 인연은 선연이고, 원수 갚으러 오는 인연, 빚을 받거나 빚을 갚으러 오는 인연은 악연이다.

따라서 결혼 후에는 불보살님 전에 정성을 다하여 열심히 기도를 올려 좋은 인연의 아기가 탁태하고, 악한 인연을 피하는 것도 중요한 일이다.

〈대지도론〉에 부처님 첫째 상수 제자인 사리불 존자 이야기가 나온다.

사리불 존자의 어머니인 사리와 사리의 오빠는 결혼 전에 학문을 좋아하여 자주 토론하였다고 한다. 사리가 결혼 전에는 오빠와

토론하면 항상 졌는데 결혼 후에는 사리가 계속 이겼다.

그래서 그 오빠가 곰곰이 생각해 보니 "이것은 동생 사리의 힘이 아니라, 사리가 아기를 가졌을 텐데, 아마 아기의 힘일 것이다. 아기가 배 속에 있기만 하여도 벌써 총명한데 장차 아기가 태어나면 엄청 지혜롭고 총명하겠구나! 앞으로는 동생 사리와 학문적 토론을 그만 두어야겠다. 해 봤자 계속 이기지 못하니"라며 한탄하였다고 한다.

반야심경에 사리불 존자를 사리자舍利子라고 부르는 의미는 사리의 아들이라는 뜻이다.

사리자는 부처님의 제자 중에서 지혜 제일 사리불 존자가 되었다.

화엄경 입법계품에는 53명의 선지식을 찾아가 도를 구하는 선재 동자의 이야기가 나온다. 선재 동자의 이름 선재善財는 〈착한, 좋은, 선한 재산〉이라는 의미이다.

그러한 이름을 갖게 된 이유는 선재 동자의 어머니가 선재를 탁태하고 난 이후에 집안에 재산이 계속 불어나 큰 부자가 된데 있다. 선재 동자의 어머니께서 곰곰이 생각해 보니 배 속에 아기가 생기고부터 그런 일이 계속 생겼던 것을 알았다. 그래서 아기 이름을 "착한 선한 재산"의 의미인 선재라고 지었다.

어른(조상)들이 내리는 가훈家訓

한양대학교 재단 이사를 역임한 강영수 씨는 자손들에게 다음과 같은 가훈家訓을 내렸다.

첫째, 요행에 떠맡기지 말고 이마에 땀을 흘리는 노력가가 되어라.

둘째, 수입보다 될 수 있는 대로 지출을 적게 하여라. 티끌 모아 태산이라고 작은 것이 모여 반드시 큰 것이 된다.

셋째, 무엇보다도 먼저 신용을 쌓아라. 세인들에게 촉망을 받으면 사업과 금전은 저절로 품속으로 들어오는 것이다.

넷째, 의식주에 매일 쓰는 물품들을 귀중하게 아껴라. 물건이 돈이라는 생각을 잊지 말고 아껴야 한다.

다섯째, 주색과 도박을 최대의 적으로 알고 피하라. 주색이나 도박에 재미를 붙이면 파산당하기까지는 절대로 어두운 눈을 뜨지 못한다. 무엇보다도 무서우니 주의!

여섯째, 남에게 함부로 돈을 빌리거나 연대보증은 절대로 서지 말아라. 돈 꾸는 버릇은 늘어가고, 보증을 서면 볼 것은 손해뿐이다.

일곱째, 다만 조금씩이라도 반드시 매일 저축하여라. 돈 쓰는데 한이 없으니 함부로 돈을 쓰면 돈이 남을 리가 만무하다.

여덟째, 저축하는 것 외에는 절대로 오락을 즐기지 말아라. 오락에 취미를 가지면 시간 낭비도 되고, 사업에도 소홀하게 된다.

아홉째, 무엇이든지 폐품을 이용하여 이중으로 사용하여라. 한 푼짜리 폐품을 이용하면 한 푼 저축이 늘고 두 푼짜리 폐품을 이용하면 두 푼 저축이 늘어간다.

열 번째, 자신 없는 사업에는 투기적으로 절대 출자를 하지 말아라. 투자했다 실패하면 다시 저축하기는 천배 만배 힘이 든다.

다음은 재미교포 사업가인 김승호 씨가 아들에게 내린 가훈이다.

첫째, 5년 이상 쓸 물건이라면 너의 경제 능력 안에서 가장 좋은 것을 사라. 결과적으로 그것이 절약이다.

둘째, 심각한 병에 걸린 것 같으면 최소한 3명의 의사에게 진단 받아라.

셋째, 돈을 너무 가까이 하지 말라. 돈에 눈이 멀어진다. 돈을 너무 멀리 하지 말아라. 너의 가족이 다른 이에게 천대 받는다.

넷째, 연락이 거의 없던 이가 찾아와 친한 척하면 돈을 빌리기 위한 것이다. 분명하게 '노'라고 말하라. 돈도 잃고 마음도 상한다. 친구가 돈이 필요하다면 되돌려 받지 않아도 될 한도 내에서 모든 것을 다 주어라. 그러나 먼저 내 형제나 가족들에게도 그렇게 해 주었나 생각하거라.

다섯째, 자녀를 키우면서 효도를 기대하지 말아라. 나도 너를 키우며, 너 웃으며 재롱떨며 자란 모습으로 벌써 다 효도를 받았다.

여섯째, 종교적 신념이나 인생의 의미를 배워라. 서른 살이 넘어서면 그로 인해 스스로 서게 될 것이다.

바둑과 인생

우리나라 초창기 바둑계의 거목이신 조남철 선생이 시사 주간지와 인터뷰한 '바둑과 인생'에 대한 소회이다.

시사 주간지에서 그의 바둑판 인생관에 대해서 여쭈어 보았다.

흔히들 바둑은 인생의 축소판이라고 한다. 바둑은 생각대로 둘 수 없습니다. 상대의 돌을 잡으려 욕심을 내지만 잡을 수 없고, 이

기려고 하지만 지게 되고, 기회가 있다가도 없어집니다. 바둑처럼 우리네 인생도 마음대로 안 된다는 것을 깨치는 것이 제일 중요합니다.

바둑계에서 9단이라는 입신의 경지에 이르신 분이 가진 겸손한 인생관이 아닐까 한다. 세상만사 다 자기 마음대로 된다면 누가 인생을 고해로 바라볼 것이며, 어느 누가 삶에 조심하고 근신하고 겸손하겠는가?

세상을 살아가는 경륜이 깊어질수록 남의 잘못도 그럴 수 있으려니, 성공보다 실패가 많아도 인생은 본래 그럴 수밖에라며 달관되고 초탈한 마음으로 살아가야 한다.

대승의 사섭법四攝法 실천

화엄경 입법계품에 관세음보살님께서 선재 동자에게 대승의 자비 정신을 구현하는 11가지 수행법을 가르쳐 주었는데 그 정신의 골격은 사섭법四攝法이다.

이웃에게 베풀어 주고(布施), 따뜻한 사랑스러운 말(愛語)로 대하고, 이웃을 도와주고 이롭게 하고(利行), 이웃의 아픔과 슬픔 즐거움(同事)을 같이 나누는 것이다.

사섭법의 공덕 정신을 실천한 조선시대의 사례를 보자.

조선 영조 때 오늘날의 대통령 비서관직에 해당하는 동부승지를 지낸 이사관이라는 선비가 서울에서 고향인 충청도 면천으로 가던 중 눈보라 치는 예산의 어느 산길 모퉁이에서 선비 한 사람이 가마 옆에서 발을 동동 구르며 서 있었다.

　이 사람은 김 생원이었다. 그는 산기를 느낀 부인을 데리고 처가 집으로 가는 중이었다. 날은 어두워지고 눈보라가 심하게 치자 가마꾼들이 다 도망가 버렸다.

　이사관은 추위에 떠는 산모에게 자신의 두터운 두루마기를 건네주고, 노잣돈도 건네주며 김생원을 도와 주막에 갔다. 그리고 산모는 무사히 여자 아이를 순산했다.

　몇 달 후 김생원이 이사관을 찾아와 두루마기와 노잣돈을 돌려주려고 했으나 이사관은 사양하고 돌려 보냈다.

　김생원은 서울에 있는 먼 친척인 김재상댁으로 놀러 갔다. 어느 날 김재상댁의 사랑방에 관상을 잘 보는 용한 관상쟁이가 왔다가 황급히 김생원에게 절을 올렸다.

　다른 식객들과 높은 사람들은 비웃었으나, 관상쟁이는 좋은 일이 있어 여기에 있는 사람들과 김재상도 김생원에게 절을 할 것이라 했다.

　김생원이 집에 와 보니 16년 전 충청도 산길 주막에서 낳은 딸이 궁녀로 천거되어 왕비 간택에 뽑혔다.

　그녀는 영조 대왕의 시험에서 〈목화꽃〉이 나라와 백성을 부강하게 한다고 말하여 65세 영조의 왕비 정순왕후가 된 것이다.

　그리고 김생원은 부원군이 되어 뭇사람의 부러움을 사게 되었다.

　정순왕후는 이사관의 이야기를 영조에게 자주 아뢰었다. 그리하여 영조는 이사관의 선행을 높이 치하해 〈호조판서〉 그리고 정승의 반열에까지 올려 주었다.

겨울 눈 오는 산길의 자그마한 동사섭 선행이 이렇게 큰 복을 불러온 것이다.

당 태종의 유언

우리 말 〈산다〉, 〈살아간다〉의 의미는 〈사룬다〉, 〈태운다〉라는 의미에서 왔다. 자기 생명을 사루고, 태워 죽어간다는 의미가 포함되어 있다.

어릴 때는 삶의 연료가 가득 차 있어 먼 길을 갈 수 있었는데 40~50대가 되면 삶의 연료가 반밖에 남지 않고, 70~80대에 들어서면 연료가 채 10분의 1도 남지 않아 인생행로의 차를 멈출 준비를 해야 한다.

645년 당 태종이 고구려를 침공하였다가 안시성에서 패한 후 병을 얻었다. 649년 5월 25일, 임종을 앞둔 태종은 현장법사를 불러 마지막 유언을 다음과 같이 남겼다.

"짐이 불법의 경론을 보건대, 마치 하늘이나 바다를 바라보는 것 같다. 그 내용은 너무나도 심오하여 그 깊이를 잴 수 없다. 현장법사는 인도에서 이 깊은 가르침의 해설을 들을 수 있었겠지만, 짐은 많은 시간을 군사를 일으켜 전쟁터에서 보낸 관계로 불법을 공부할 기회가 적었다. 불법이 다루는 범위는 끝이 없고 무진장함을 이제야 알았다. 짐이 삼장법사를 좀 더 일찍 만나지 못해 널리 부처님 법을 펼 수 없음이 한스럽다."

당 태종이 불법을 늦게 만난 아쉬움을 토로하는 유언이다.

대비주(신묘장구대다라니)를 지송한 수행자들

학담 스님 -도문 큰스님의 상좌-은 진언다라니 수행을 다음과 같이 설명하였다.

"진언, 다라니는 부처님의 진리 법계 실상을 밝혀 놓은 글이다. 우리 불교의 연기론에서는 만법이 다 인연법이고 인연법의 공한 실상이 진리이니, 다라니를 외우며 부르는 한 생각이 곧 대비신주천수다라니이고 그 다라니가 곧 법계 진리임을 바로 보면 다라니 지송 밖에 최상승의 수행법이 없는 것이다."

학담스님은 대비신주의 새로운 수지로 삼매 수행에 나아갈 것을 스스로 다짐하는 글을 지었다. 대비신주천수다라니 만일 염송 기도를 다짐하는 불자들은 반드시 참조하여야 할 것이다.

"대비진언(신묘장구대다라니) 그 공덕은 어떠한가?

말씀은 거짓되고 헛됨이 아니니, 공덕 또한 거짓 없어 참답다. 말이 없고 모습 없음 본디 삼매라. 일념으로 대다라니 지녀 외우면, 앎이 없는 참된 앎이 나타나리라. 우리나라 근세 세 분의 조사, 남북의 두 수월 선사와 용성 선사는 대비신주를 언제나 닦아 익혀서 삼매를 얻고 널리 중생 제도하였네.

남쪽 땅에 머무신 수월 영민 조사는 삼매가 현전함에 신력을 입어 자신의 눈 속에서 사리를 쏟아 내시사, 말법 세상 가운데 복 밭 지었네. 북쪽 땅에 머무신 수월 음관 조사는 다라니를 받아 지녀 삼매를 닦아, 깜깜하지 않은 지혜 감득하시고 힘든 수행 늘 행하고 고행 닦으사, 만세토록 본받을 모범을 지어 뒤에 올 뭇사람들을 위해 주셨네.

　용성 조사의 그 수행은 매우 기특해 대비신주 외우시고 육자주를 외워, 참선의 이치를 단박 깨쳐 모두 꿰뚫고 또한 대장경의 가르침을 통달하시며 말세 대승의 계율 굳게 붙드시었네. 그 원은 넓고 크시사 대승경을 강설하고 경을 번역해 중생 위함 잠시도 쉬는 때가 없었네. 치아 사리 밝은 빛을 크게 놓아 무명의 어두운 밤 등불이 되어 세간에 불법을 잇고 넓히셨도다.

　못난 제자 학담은 출가한 뒤로 대승의 큰 법을 겨우 믿어 알아 왔으나 닦아가는 삼매 행이 깊지 못하여 큰 선정을 얻지 못했네. 그러므로 대비하신 관세음보살님께 업의 장애 참회하고 큰 서원 세워 천수경을 간행해 내고 대비신주 간절히 외워지며 삼매 닦아갈 것을 다짐하도다.

　바라오니 대비하신 관세음보살님께서는 이 제자에게 그윽한 힘 더해 주시옵고 여러 크신 조사님들 또한 증명하시사 대비주천수다라니 힘을 받아 삼매를 얻고 깨달음과 설법 재주 함께 통하여 널리 중생 건지도록 하여지이다."

달마가 갈대잎을 타고 강과 바다를 넘는 까닭은

　달마대사는 남인도 출신 왕족으로서 서역 27조라고 부르는 반야다라 존자를 만나 불법에 귀의하게 된다.
　전법 게송은 다음과 같다.

마음의 땅에서 씨앗이 자라나며
현상을 말미암아 다시 이치가 자라나네.
결과가 원만하면 보리도 원만하리니
꽃이 피면 세계가 일어나네.

그는 반야다라 존자로부터 다음의 부촉을 받고 중국으로 떠나게 된다.
"그대가 비록 법을 깨달았으나 멀리 떠나지는 말라. 우선 남인도에 머물렀다가 내가 열반에 들어 한참 지나거든 중국 진단으로 가서 큰 법을 마련해 근기에 맞는 상근기를 제도하라. 행여 너무 빨리 떠나서 햇볕에 시드는 일이 없도록 하라."
달마가 묻는다.
"그 국토에 법의 그릇이 될 인물들이 있겠습니까?"
반야다라 존자가 대답했다.
"그대가 교화할 지방에서 보리를 얻는 이가 셀 수 없을 것이다. 단지 유위의 법만 구하는 이가 남쪽에 많을지니 부처님의 이치를 헤아리지 못하리라. 거기에 가더라도 오래 머물지는 말라. 나의 게송을 들어라."

가다가 물을 건너서 다시 양을 만나네.
혼자서 쓸쓸히 강을 건넌다.
두 마리의 코끼리와 말은 한낮에 애처로운데
두 그루의 계수나무 오랜만에 무성하리.

이런 반야다라 존자의 부촉을 받고 오랜 세월이 지나 중국 진단 땅 남쪽에 이르렀다고 한다.

달마대사의 많은 그림에는 갈댓잎을 타고 바다와 강을 건너는 모습을 그리고 있다. 그것은 달마대사가 중국 땅에 도착하여 많은 중생을 제도하면서 겪어야 했던 고통, 풍파, 난관에도 꿋꿋하게 제도하는 모습을 나타낸다고 하겠다.

한 떨기 가냘픈 갈댓잎에 의지하여 많은 풍파와 고난을 헤쳐 나가는 일이야말로 바로 달마대사가 서 있는 본래 자리이기 때문이다.

중생들의 고통과 번뇌의 거센 풍파를 헤쳐 나가기 위해 한줄기 갈댓잎에 의지하여 나가는 달마대사의 모습은 시사하는 바가 크다고 하겠다.

달마대사에 대한 최초의 기록은 〈낙양가람기〉에 다음과 같이 기술되어 있다.

단지 기존 달마대사의 가르침과 다른 유위 공덕을 전혀 부정하는 모습은 보이지 않는다.

서역에서 온 보리 달마라는 사문이 있다. 페르시아 태생의 이방인이다. 멀리 변경 지역에서 중국에 막 도착하여, 탑의 금반이 햇빛을 받아 빛나고, 광명이 구름을 뚫고 쏟아지며, 보탁이 바람에 울려 허공에 메아리치는 것을 보며 그는 성가를 읊조려 찬탄하고 분명한 하늘의 조화라고 말하며 그 덕을 칭송했다.

그는 나이가 150세로 많은 나라를 돌아다녀 가보지 않은 곳이 없었지만, 이토록 훌륭한 절은 이 지상에 존재하지 않으며, 부처의 나라를 찾아봐도 이만한 곳은 아니라고 말하며 며칠 동안이나 '나무나무'를 계속 읊조렸다.

조선 숙종 때 과거시험 제목

조선 숙종 때 특별 과거시험 제목이 〈상복 입은 남자는 노래하고, 머리 깎은 여자는 춤을 추는데 그것을 구경하는 노인은 한탄만 하고 있다.(喪歌僧舞老人嘆)〉였는데 그 시험에 장원급제(1등)한 선비의 사연은 이러하다.

가난한 선비 부부가 홀로 된 아버지와 함께 살았다. 그런데 아버지 환갑은 곧 다가오지만 살림이 궁핍하여 회갑연을 치를 방법이 없었다. 그러자 부인이 환갑잔치 비용에 보태려고 자신의 긴 머리를 잘라 팔려고 남편에게 하소연하였다.

가난한 선비는 눈물을 머금고 승낙하고, 자신도 입고 있던 옷가지를 팔아 환갑잔치 비용에 보태기로 하였다.

어느 날 숙종이 미복(변장) 차림으로 백성이 사는 고을을 지나가는데 허름한 초가집 대청에서 상복 입은 남자는 노래하고 머리 깎은 여인이 수건으로 머리를 감추고 춤을 추며 그것을 구경하는 노인은 즐겁지 아니하고 탄식만 하는 것이었다. 그것을 본 숙종이 상복 입은 선비를 불러 사연을 물었다. 선비는 아버지 환갑을 맞았는데 너무 가난하여 이렇게 환갑잔치를 하고 있다고 하였다.

숙종은 가난한 선비의 집을 떠나면서 얼마 있지 않으면 왕궁에서 특별 과거시험을 본다고 하니 꼭 과거시험을 보라고 권유하고 떠났다.

그 가난한 선비는 특별 과거시험의 제목이 〈상복 입은 남자는 노래하고, 머리 깎은 여자는 춤을 추는데 그것을 구경하는 노인은 한탄만 하고 있다〉라는 제목에 글을 지어 올려 장원급제하였다고 한다.

지성이면 감천이라고 지극한 효심에 하늘이 감응하여 복을 내렸다고 하겠다.

효심이 점점 옅어져 가는 오늘날 귀감이 되는 사례라고 하겠다.

왕일휴王日休 거사의 정토 왕생

정토종(염불 정진을 수행하는 종파)은 염불을 열심히 하면 반드시 정토에 왕생한다는 (아미타불의 명호를 간절히 10번만 부르면 정토에 왕생할 수 있다는 가르침) 믿음을 가르쳐 준다.

12세기 남송 여주 용서 출신인 왕일휴 거사는 고조 때 국학 진사가 되었는데 그는 "이것은 구경법이 아니므로 나는 정토 서방으로 돌아간다"라고 선언하고 관직을 버리고 염불 수행에 매진하였다.

그는 마음이 바르고 얌전하며 검소했고 청정하게 살았다고 한다. 사대부로부터 백정, 거지, 하인, 술집 기녀 등 주변의 모든 사람에게 극락왕생 정토 법문의 가르침을 베풀었다. 또한 그는 60세가 되었을 무렵에는 매일 염불 수행을 하며 천 번씩 절을 하였다고 한다.

〈용서정토문〉라는 책에서 왕거사는 어버이가 자식을 가르치듯이 아주 쉽고 간곡하게 설명했다고 한다.

거사는 입적 3일 전에 도우道友들에게 작별을 고하면서 힘써 정토의 맑고 청정한 염불 수행을 닦으라고 권하였다.

입적 당일에는 후학들에게 평소와 다름없이 강의를 마치고 삼경에 이르러 큰 소리로 "아미타불"을 여러 차례 외치고 "부처님께서 나를 맞으려고 오셨구나!"라고 하며 선 채로 입적하였다.

김홍신 작가가 바라본 떠날 때 후회하는 것

충남 논산시 내동에 김홍신의 문학관이 있다.

작가 김홍신은 소설뿐만 아니라 시, 수필, 동화 등 10여 개의 장르를 넘나들며 136권의 책을 출간했다고 한다. 출간된 책 중 가장 유명한 작품이 "인간 시장"이었다.

인신매매의 본거지인 매매촌을 배경으로 한 소설 "인간 시장"은 우리 사회의 모순을 폭로하고 당시의 세태를 고발해 큰 인기를 끌었으며, 드라마 역시 소설만큼이나 큰 인기를 끌었다.

밑바닥 인생의 군상을 살핀 작가는 스스로에게 되물었다.
"내가 만일 지금 죽는다면 어떠한 후회들이 솟아 오를까?"
작가는 다음과 같이 다섯 가지 사항을 열거해 놓았다.

1) 내 것도 아닌 남의 잣대에 나 자신을 맞추려 애써 온 것.
2) 일과 인연에 얽매여 나 자신을 혹사하며 살아 온 것.
3) 진정한 행복을 추구하는 나 자신에 충실하지 못하고 잘 놀

지 못한 것.
4) 지나고 보면 별것 아닌데, 매사에 애걸복걸, 노심초사하며 살아온 것.
5) 세상을 두려워하며 자신을 낮추어 열등감에 젖었고, 남과 비교하며 가슴앓이 한 것.

우리 불자들도 지금 죽는다는 가정을 하고 깊이 통찰하여 후회 없는 삶을 살아갈 수 있는 시간이 되었으면 좋겠습니다.

청교도 신앙 공동체 절도 사건과 명판결

청교도 정신이 뿌리 깊은 미국 몬타나주의 어느 시골 마을은 우리가 상상하는 것 이상으로 가족적인 공동체로 살아가고 있었다.
마을 사람들에게 좋은 일, 슬픈 일이 생기면 모두 자신의 일처럼 기뻐하거나 슬퍼하였다.
몇 년 만에 마을에 절도가 발생하였다.
14살 된 학생이 빵 가게에서 빵을 훔치다가 경찰에 넘겨졌다. 평화롭기만 하던 마을은 이 사건으로 떠들썩하게 됐고, 재판정에서 순회판사는 피의 학생의 진술에 앞서 학교 친구들로부터 증언을 먼저 들었다.
친구들은 절도를 한 학생은 솔선수범하는 모범생이고, 공부도 잘했으며, 아마 빵을 훔친 것에는 말 못 할 사연이 있을 것이라고 증언하였다.

빵을 훔친 학생은 아버지가 위독하여 먹을 것마저 다 떨어져 어쩔 수 없이 빵을 훔치게 되었다고 하였다.

순회판사는 다음과 같이 판결했다.

빵 훔친 학생에게 20달러 벌금을 선고하고, 그 벌금 20달러는 자기 월급에서 대납하겠다고 밝혔다.

그리고 마지막으로 우리 주변에 이렇게 어려운 이웃이 있는데도 모르고 있었던 마을 주민들 모두도 죄가 있다면서 주민 각자에게 1달러의 벌금을 매기고, 주민이 낸 벌금을 모아서 빵 훔친 학생에게 전달하였다.

부처님 만나기 어려움과 인연 없는 중생은 제도를 못함.

경전에 우주가 형성된 현겁의 91겁 중 세 겁에만 부처님이 계시고, 나머지 겁은 모두 공하여 부처님이 계시지 않는다고 말씀되어 있다.

경전에서는 무거운 업장 때문에 부처님을 만날 인연을 심지 못한 이들을 빗대어 "부처님 나시는 세상 만나기 어려움이 마치 설산에서 삼천 년에 한 번 우담발라꽃이 피는 것을 만나는 것과 같다"라고 하였다.

부처님께서 인연 없는 이를 제도하지 못하는 사례를 용수보살은 〈대지도론〉에서 다음과 같이 말하였다.

"전하는 말에 코살라국 사위성(기원정사가 있는 곳)의 9억 집

가운데 눈으로 부처님을 본 집은 3억이요, 귀로 부처님의 이름을 들은 집이 3억이요, 보지도 듣지도 못한 집이 3억이라 하니, 부처님이 사위성에 25년 동안 계셨는데도 보지도 듣지도 못한 중생이 이렇게 많이 있거늘 하물며 먼 곳에 있는 이들이야?"

어느 날 부처님과 아난존자가 사위성에서 걸식하는데 불쌍한 할머니가 길에 서 있었다. 이에 아난이 부처님께 사뢰었다.

"이 사람이 매우 가엾으니, 부처님께서 제도하여 주옵소서!"

부처님께서 아난에게 말씀하셨다.

"이 사람은 인연이 없다."

아난이 다시 사뢰었다.

"부처님께서 가까이 가시면 그 사람이 부처님의 상호와 광명을 뵙고 환희하는 마음을 내어 인연이 될 것입니다."

부처님께서 가까이 가시니 그는 등을 돌려서 외면하였다. 부처님께서 사방으로 접근하시니 네 곳 모두 등을 돌렸다. 고개를 돌려 위를 향하면 부처님이 위에 나타나시고, 고개를 숙여 아래로 향하면 부처님이 아래로부터 솟으시매 두 손으로 가려 부처님을 뵈려 하지 않았다.

부처님께서 아난에게 말씀하셨다.

"또 어떤 인연을 지으면 좋겠느냐? 이런 사람들은 제도할 인연이 없으므로 부처를 보지 못한다.

비유하건대 물과 비가 많아서 곳곳에서 얻기 쉽더라도 아귀는 항상 목이 말라 마시지 못하는 것과 같다."

마음 다스리는 글

　세속의 삶을 영위하는 재가자는 재물의 보시인 재시財施가 우선이고, 수행의 길로 나아가는 출가자는 참된 부처님 말씀을 전하는 법 보시 즉 법시法施가 우선이라고 용수 보살님이 말씀하셨다.
　재가자는 근면, 성실하게 살면서 바른 방법으로 재물을 모으고 가정을 꾸리며, 사업을 일구고, 저축도 하며 교단에 재물을 베풀며, 불우한 이웃을 돕거나 사회와 나라의 발전을 위해 기부하여야 한다.
　그에 비해 출가자는 물질을 다 버리고 출가하였으니 부처님의 진리의 말씀을 베풀어 미망과 고통에 허우적거리는 중생을 제도해야 한다.
　용수보살은 〈보행왕정론〉에서 마음 다스리는 법을 말했다.
　〈동요되는 마음을 고요히 가라앉히는 방법은 어린이처럼, 보물처럼, 자기의 생명처럼 지키는 것입니다.
　또한 욕망의 즐거움을 맹수처럼, 독처럼, 칼처럼, 원수처럼, 불길처럼 막아야 합니다.
　예를 들면 부스럼은 긁으면 시원하지만, 부스럼이 없다면 더욱 편안합니다. 그와 같이 세상 사람들은 욕망이 채워지면 즐겁지만, 욕망이 없다면 그것 이상으로 즐거운 것입니다.
　유익한 말을 하는 사람은 얻기 어려우며, 유익한 말에 귀를 기울이는 사람은 더욱 얻기 어려운 것입니다.
　그런 사람들보다 한층 더 얻기 어려운 것은 유익한 말을 직접 실행하는 사람입니다. 그런 까닭에 비록 마음 내키는 일은 아니지만 유익한 일이라고 알게 된다면 곧바로 실행하십시오.

현자賢者가 비록 쓴 약이지만 건강을 위하여 먹는 것처럼.〉

친절한 배우자를 선택하려는 젊은이들

달라이라마는 항상 말한다.

"이 세상의 절(사찰) 중에서 최고의 절은 친절입니다."

친절의 어원은 심절深切에서 나왔다는 말이 있다.

부처님 전생 이야기 〈자타까〉에 자기 품으로 날아 온 비둘기를 살리기 위해 그 비둘기 몸무게만큼 자기 허벅지 살을 베어 주면서 (深切 : 깊이 잘라 줌) 비둘기를 살렸다고 하는 데서 심절이 친절의 어원이 되었다는 것이다.

자기의 소중한 것을 남에게 나누어준다는 의미에 친절의 어원이 숨겨져 있다.

〈성공을 부르는 좋은 습관〉이라는 책에 나오는 이야기이다.

외국의 어느 대학 생활문화연구소에서는 전 세계 33개국 20대 초중반 젊은이들 1만 명을 대상으로 설문조사를 실시했다고 한다.

조사 결과 모든 문화권의 젊은이들은 배우자 선택의 주요 기준으로 〈친절〉을 꼽았다.

일반적으로 사람들은 첫인상과 외모에 의하여 판단이 결정지만 대다수 젊은이는 평생을 함께 할 수 있는 배우자는 친절한 사람이어야 한다는 의견을 표방하였다.

친절한 언행을 많이 하거나 긍정적인 생각을 많이 하면 옥시토

신과 도파민과 같은 쾌감을 고조시키는 신경 전달 물질이 분비된다고 한다. 친절은 신체 활성화를 촉진해 면역체계를 강화함으로써 질병을 막거나 치료하는 역할까지 한다고 한다.

신혼여행의 아름다운 추억이 평생 연결되도록 가정의 거실에 〈친절〉의 꽃다발을 늘 챙겨 놓도록 해야겠다.

행복한 삶을 꿈꾸는 건강수칙
―일·(오)·십·백·천·만―

어느 사찰 홈페이지에 불자들을 위한 건강 수칙 5개 〈일·십·백·천·만〉이 나온다.

〈일십백천만〉으로 부르기가 쉬우니 그렇게 읽고 〈오〉를 추가하면 좋겠다.

- 일 : 하루에 한 번은 크게 웃자. 한번 크게 웃을 때마다 몸속에서 면역강화 호르몬 엔도르핀이 생기고, 자신도 모르게 자기 정화가 일어난다.
- 십 : 우리나라 사람들은 매사에 성가시게 부딪히는 일상에 참고, 견디다 보면 스트레스 겸 울화병이 솟구친다. 이 병을 하루에 열 번 즐겁게 노래를 불러서 떠나 보내자.
- 백 : 시간 날 때 다라니, 만트라, 주문, 명호 염불을 108번 부르고, 또 108번 절을 하자.
- 천 : 경전 글자를 천자 사경하던지, 대비주다라니를 천자 사

경하자. 쓰고 움직이며 생각하는 행위 속에 치매도 예방할 수 있다.

· 만 : 만보 걷기 운동을 하자. 우리가 말하는 '한참'은 12km 정도인데 걸음으로는 만 보 정도이다.

추가로 〈오〉는 다음과 같다.
〈경전에서 찾아낸 108가지 성공비법〉에 나오는 이야기이다.
 오 : 하루에 5분씩 〈플러스 이미지〉, 〈자신의 이상향〉, 〈소유하고 싶은 물건〉을 떠올리면서 불교 명상음악을 듣자. 대뇌 생리학적으로 음악은 뇌와 밀접한 관계를 맺으며 명상을 돕는다.

〈플러스 이미지〉는 사랑, 행복, 성공, 평화, 보람, 향상, 건강, 진보, 발전, 번영, 부귀, 밝음을 상징한다.

〈자신의 이상향〉은 그대의 성공, 경제, 가정, 일, 사회적 목표를 달성한 자기 모습을 상징한다.

〈소유하고 싶은 물건〉은 저택, 별장, 리조트, 금은보화, 명품, 자동차, 기타 등등이다.

명상음악을 들으며 이 세 가지 이미지를 머릿속 스크린에 선명하게 그린다. 그러면 놀라운 상승효과가 발생하여 번영과 성공으로 이끌어 준다고 한다.

세종대왕의 백성과 생명 사랑, 아들의 관상 운명

　세종대왕은 백성들과 더불어 동고동락하였기 때문에 성군으로 존중을 받는다.

　한글인 훈민정음을 제정한 이유도 나라의 말이 중국과 달라서 일반 백성들의 문자 해독 어려움과 고통을 헤아렸기 때문이다.

　왕은 나라에 가뭄이 들어 백성들이 고통을 받으면 경회루 옆에 초막 단칸집을 짓고 그곳에서 1~2주씩 생활하며 백성들과 고락을 같이 나누었다고 한다.

　병환이 있을 때 흰 수탉이나 흑염소 즙을 매일 마시면 해갈이 된다고 권하였으나, 하나밖에 없는 생명을 죽일 수 없다며 사양했다고 한다. 작은 미물도 사랑하는 성군의 모습이 아닐 수 없다.

　세종은 가장 사랑했던 큰딸 정소공주와 다섯째 아들 광평대군, 일곱째 아들 평원대군을 잃었다.

　〈광평대군이 어렸을 때에 관상을 보았는데 굶어 죽을 팔자라고 하였다. 세종은 왕의 아들인데 어떻게 굶어 죽을 수 있는지 의아해하며 논밭이나 재물들을 다른 아들보다 많이 하사해 주었다. 그러나 어이없게도 생선 가시가 목에 걸려 음식을 먹지 못하고 20세에 요절했다고 한다.〉

존 F. 케네디 미국 대통령 할아버지 이야기

동양에서는 공덕을 드러내지 않으면서 선행을 은밀히 하는 것을 음덕陰德 짓는다고 한다. 그리고 조상들이 음덕을 지어 자손들이 복을 누리는 것을 조상 음덕이라고 한다.

존 F. 케네디 전 미국 대통령도 그런 사례일 것이다.

전 미국 대통령 존 F. 케네디의 할아버지는 페트릭 조셉 케네디(1857~1929)이다. 아일랜드의 가난한 집안 출신으로 19세기 중반 미국 보스턴으로 이민을 왔다. 처음에는 술집을 경영하다가 우체국 전보 업무를 맡았고, 그 후 소방서장과 매사추세츠 상원의원이 되었다.

그의 〈좌우명〉은 자신의 이익만을 위해 절대로 부를 모으지 않는 것이다. 그는 자신에게 도움을 청하려는 모든 사람을 성심껏 보살폈으며, 다른 사람을 돕는 것은 자신이 스스로 부과한 사명감 때문이라고 말했다.

〈나는 단 한 번 뿐인 세상을 살게 될 것이다. 내 기준에서 선하다고 생각되는 호의를 남에게 베풀기 위해서 나는 늘 무언가를 행한다. 왜냐하면 나는 인생을 다시 한번 살 수 없기 때문이다.〉

탤런트 김미숙을 사로잡은 진실의 입

탤런트 김미숙은 중년의 나이에도 우아함과 아름다운 미모를 유지하고 있다.

그녀의 인생철학은 '진실한 삶을 잊지 않는 것'이다. 그녀는 서울 중앙여중 수양회 시간에 수필가이며 철학 교수인 안병욱 교수의 '진실의 입' 강연을 듣고 많은 영향을 받았다.

진실의 입은 오드리 헵번이 출연한 영화 〈로마의 휴일〉에 나오는 이야기이다. 거짓을 말하면 손목이 잘린다는 진실의 입 조각상에 남자 주인공이 손을 집어넣고 손목이 잘렸다고 거짓 고함치는 장면에서 많은 관객의 눈을 사로잡게 했던 기억이 난다.

〈인생이란 알고 보면 일회용 밴드일 수 있다. 그래서 소중하게 살아야 한다. 물건만 명품을 찾을 것이 아니라 진리와 진실, 도리, 생명력이라는 명품도 찾아야 한다.

너희들은 진실의 입으로 불리는 얼굴 조각상에 손을 집어넣어도 손목이 잘리지 않을 만큼 진실한 사람이 되어야 한다.〉

탤런트 김미숙은 스스로 고백하기를 안병욱 교수님 강의는 중학생 눈높이에 맞춘 평생 삶의 지침이 되는 훌륭한 강연이었으며 평생 그러한 진실만을 추구하는 삶을 닮아 가기로 노력했다고 한다.

진실의 입 조각상은 본래 해신 트리톤의 얼굴을 새긴 원형 석판인데 로마 시대에는 하수구였다고 한다. 그 석판 입에 손을 넣고 거짓말을 하면 입을 닫아 손목을 잘라버린다는 전설이 있는 곳이다. 이탈리아 로마 코스메딘 산타마리아 성당 부근에 있으며 지금도 많은 관광객들이 찾는 관광명소이다.

종교의 미래상을 꿈꾸며

보수 신학자 하버드대 존 힉스 교수 -투 웨이밍 미국 하버드대 엔칭연구소장-는 동료 신학 교수들과 인도를 방문하던 중 힌두교 성직자로부터 다음과 같은 질문을 받았다.
"내가 가장 좋은 것이 다른 사람에게도 가장 좋은가?"
이 질문을 받고 반추해 보니 내게 좋다고 다른 사람에게도 좋을 수만은 없다는 것을 깨닫고 종교적 포용성을 지닌 진보적인 신학자로 변모되었다고 한다. 미래의 종교가 나아갈 길을 제시한 사례이다.
기독교, 유대교, 이슬람교, 가톨릭, 불교 등 여러 종교가 평화적 공존을 이루기 위해서는 관용과 포용의 자세가 필요하다.
인도는 종교 간 폭동과 폭력이 끊이지 않지만, 인도의 람나우에선 힌두교와 기독교, 이슬람교 3개 종교 지도자가 매주 일요일 9시에 함께 모여 각 종교의 극단주의자들이 퍼트리는 유언비어 등에 대해 사전에 논의하고 서로 신뢰를 쌓아가며 평화롭게 공존하며 살아가고 있다.
우리 한국에서도 기독교, 가톨릭, 불교계 종교 지도자들이 서로 관용과 포용의 정신으로서 희망찬 종교적 미래상을 제시할 필요가 있다.

현대의학이 밝힌 마음 가짐, 사회관계가 건강에 미치는 영향

영국의 가디프 대학과 미국의 텍사스 대학의 인간 신경화학 영역 연구자들은 다음과 같은 현상을 발견했다고 한다.

배려하는 마음을 가지거나 긍정적인 사고를 하는 사람들은 신경 세포의 건강을 촉진하는 신경 전달 물질이 체내에서 분비돼 면역 세포의 기능이 활발해지고 병에 걸리지 않게 된다.

반대로 나쁜 마음을 품거나 부정적인 사고를 하면 세포를 건강하지 못하게 촉진하는 신경 전달 물질이 분비돼 건강이 악화된다고 한다.

미국의 또 다른 연구에서는 좋지 않은 심리 상태가 유지되면 체내에 독소가 쌓임을 밝혀냈다.

이 연구소에서는 특수 처리된 얼린 유리컵에 입김을 불어 넣어 컵 벽면에 붙는 성분을 조사했다. 보통은 무색투명한 물질이 부착되지만, 화를 내거나 원한, 공포, 질투 등의 부정적인 감정을 품고 숨을 불어 넣었더니 평소와 다른 색을 띠었다. 이들 물질을 화학적으로 분석하였더니 모두 몸에 해로운 물질이었다.

미국의 예일대학과 캘리포니아대학은 사회관계의 좋고 나쁨이 사망률에 어떤 영향을 미치는가에 대한 공동 연구를 하였다.

무작위로 선택한 7천여 명을 대상으로 9년간 추적 조사한 결과, 주위 사람들과 원만하게 지내며 남을 기꺼이 돕는 사람이 남에게 해를 끼치더라도 자신의 이익을 우선하려는 사람들보다 건강 상태가 훨씬 좋았으며, 후자의 사망률은 전자보다 1.5~2배 높은 것으로 나타났다.

인종과 계층, 생활 습관이 달라도 같은 결과를 얻었다. 연구가들은 이 결과를 토대로 남을 배려하고 봉사하고 선행을 하면 오래 산다는 결론을 내렸다.

의인義人과 청교도 정신

불교는 보살이 세상을 구제하고 자비롭게 만들며, 유교는 군자君子가 세상을 바로 세우며 예절과 정의와 어진 인仁으로써 세상을 바로 세운다. 또한 기독교는 의인義人과 예언자를 제시하여 세상의 불의와 탐욕, 증오를 극복하고 사회와 국가의 기강을 세우는 이상적인 인간상을 제시하고 있다.

기존 종교에 싫증을 느낀 영국의 청교도들은 청교도 정신으로 무장하여 대서양을 건너 초기 미국을 개척하였다.

그들은 그들 나름의 뚜렷한 가치 체계를 가지고 있었으며 정의롭지 못한 일에는 힘을 모아 대응했다. 예컨대 벤치에 앉아 햇볕을 쪼이던 할머니가 우연히 불법행위를 목격하면 즉시 경찰에 신고 고발하는 것도 청교도 정신의 중요한 부분이라고 말한다.

미 공군의 딘 헤스(Dean E, Hess) 대령은 6·25전쟁에 참전하여 불과 1년 동안 F-51 머스탱 전투기를 250회 출격하는 초인적인 활동을 한 사람이다.

딘 헤스는 1917년 미국 오하이오주 마리에타에서 태어났다. 2015년 향년 98세로 서거했다. 그의 일대기는 영화로 만들어지기도 했다.

전쟁의 절박한 상황에서도 어린 전쟁 고아들을 외면하지 않는 딘 헤스와 그 동료들의 의로운 행동에서 미국인들의 청교도 정신을 감지할 수 있다.

당시 33세인 헤스 대령은 미 제5공군 군목인 러셀 블레이드 델(Russel L, Blaisdell: 1910~2007) 중령과 함께 김포 비행장에서 고아 1천여 명을 태워 제주도로 후송했다. 당시 동원된 C-54 수송기 15대는 모두 제5공군의 군용기였다.

2017년 3월 9일 제주도에서는 딘 헤스 대령과 그 동료들의 용기와 희생을 헌창하고 추모하는 기념식 제막 행사를 했었다.

징비록의 일본 반출

유성룡의 징비록懲毖錄은 시경 소비편小毖篇의 "미리 징계하여 후한을 경계한다"라는 구절에서 따왔다고 한다.

징비록은 1592년(선조 25년)부터 1598년까지 7년에 걸친 임진왜란의 원인, 전황 등을 기록한 책이다.

놀라운 일은 일본이 징비록을 자국의 언어로 번역하여 〈지피지기〉의 정신으로 임진왜란의 전황을 연구, 분석하는 자세를 견지했다는 것이다.

일본은 초량 왜관을 통하여 유입된 징비록(2권 본)을 1695년 일본 교토의 야마토냐大和屋에서 야마토야 이베에가 일본어로 훈독을 달아 간행하여 임진, 정유재란의 조선 측 사정을 간파하였다고 한다.

숙종은 1712년 일본에서 〈징비록〉이 간행된 것을 보고 조선의 정보가 다시 유출될까 경계하여 반출을 금지했다고 한다.

남의 나라 정세, 상황을 철저히 간파하는 일본의 자세를 우리들도 철저히 배워야 할 것이다.

목씨木氏와 일본의 소가蘇我 성

고려 태조가 개국한 뒤 목천木川 사람들이 자주 반란을 일으켰다고 〈동국여지승람〉에 기록되어 있다. 태조 왕건은 이들을 특별히 관리할 목적으로 비천한 동물 이름을 이들의 성으로 부여하였다고 한다.

이들의 성씨는 소의 우씨牛氏, 코끼리의 상씨象氏, 돼지의 돈씨豚氏, 노루의 장씨獐氏이다. 이 성씨는 이후에 우于, 상尙, 돈頓, 장張으로 바뀌었다.

백제의 유민이었던 목천 사람들이 백제의 부흥을 도모하고자 반란을 자주 일으킨 것이다.

목씨는 검술에 능하여 백제국에서 무사 계급으로 이름을 날렸는데 씨족이 왕권 싸움에 개입한 것이 화가 되어 멸족되다시피 하였고 일본으로 망명한 사람들이 많았다.

목만치木滿致라는 사람은 일본에서 영웅 소리를 들었다고 한다.

그는 일본 나라현의 소가蘇我라는 곳에 정착했는데 목만치는 소가라는 지명을 따서 성을 바꾸었다고 한다.

목만치는 한 손에는 칼, 한 손에는 부처를 들고 일본을 평정한 영웅으로 알려져 있다. 그로 말미암아 일본의 무사도 정신이 등장한 것이다. 그의 손자 대에 담징의 고구려 벽화로 유명한 일본의 최초 사찰 법륭사法隆寺를 창건했다고 한다.

40대의 행복한 중년을 맞이하는 길

세계적 경영학자 피터 드러커는 "인생 전반부가 성공을 향해 앞만 보고 달려가는 시기라면, 마흔 살을 전후한 하프 타임은 더 가치 있고 의미있는 후반부를 계획할 수 있다"라고 말했다.

20대는 생물학적으로는 분명히 성인이지만 심리적, 사회적으로는 미숙하다. 30대는 심리적 성인의 단계이긴 하지만 아직 자신의 삶을 발견해야 하는 미숙한 성인이라고 할 수 있다.

40대는 진정한 성인에 이를 수 있는 가장 안정된 나이인데다 창조력 또한 절정에 도달할 수 있는 나이이다.

일본의 정신과 의사인 마쓰자와 시즈오카는 〈마흔의 의미〉에서 40대의 나아갈 길을 제시했다.

"마흔 살은 안정되고 최고조의 창조력을 발휘하는 나이이지만, 또한 유혹의 나이이며 제2의 사춘기이다.

즉 무력감, 결핍감으로 좌절하여 엉뚱한 벼랑으로 내딛는 사람도 있고, 불륜이나 도박에 빠지는 사람도 있다.

이런 위기들을 잘 넘기면 창조적 경륜의 힘을 발휘할 수 있다. 특히 유동적인 지능이 높은 30대에 비해 40대 이후엔 경험을 활용하여 가장 효과적인 방법으로 판단할 수 있는 결정화 지능이 높다는 점을 강조한다.

한 분야만 보는 게 아니라 일, 가정, 건강 상태, 인격, 인간관계 등 다양한 각도에서 자신이 해야 할 일을 판단하는 것, 바로 그것이 결정화 지능을 활용하여 진정한 성인이 되는 길이다.

예컨대 지금 몸 담은 회사는 내게 무엇을 기대하는가?

가정생활, 건강 상태를 감안할 때 어느 정도의 에너지를 일에 투입해야 하는가?

죽을 때까지 하고 싶은 일이 있다면 무엇인가?

이런 질문을 던져보고 종합적으로 생각하는 나이이다.

40대에 맞는 진정한 성인이 되려면 부부간의 자기실현 욕구를 서로 이해하고 도와주는 것도 중요하다."

가지는 것과 누리는 것

선방의 승려들은 여름 하안거 석 달, 겨울 동안거 석 달 참선 공부를 마치면 자유롭게 만행을 떠난다. 몸이 아픈 이는 병원에 가야 하고, 머무는 토굴에 비가 새면 수리도 해야 하지만, 많은 스님들은 만나지 못했던 도반들을 만나고, 국내 사찰 순례도 하고, 해외 풍물 관광도 떠난다.

승려들은 〈무소유〉 정신을 표방하다 보니 먹고, 입고, 자는 것이 모두 소박하고 간출하다. 비록 소유한 집과 절은 없으나 높은 산, 깊은 골짜기의 작은 암자에 살아도 재벌들이 가진 수백 평 수천 평의 별장보다 훨씬 넓은 수만 평, 수십만 평의 산을 배경으로 살아간다.

작년에 입적하신 대만 불광사 성운 스님은 승려들의 무소유 삶을 〈가지는 것과 누리는 것〉으로 대비하여 표현하고 있다.

가진 것은 없어도 더불어 누리는 것으로 극복하면 부러움, 시기의 마음을 내려놓아 마음이 넉넉해진다고 하였다.

〈내가 빌딩 한 칸 안 가져도 당신의 빌딩 아래서 나는 잠시 바람이나 비를 피하며, 빌딩 안의 가게에서 마음껏 원하는 물건도 살 수 있다.〉

〈백만장자가 큰 호텔, 큰 극장을 지으면 나는 돈 몇 푼 안 들이고 관람하고, 외식하고, 숙박하며 한없이 즐길 수 있다.〉

〈고속도로와 비행기가 내 것은 아니지만 작은 돈으로 마음껏 달리고 하늘을 날아 외국 구경을 잘하고 돌아올 수 있다.〉

소유하지 않으면서 모든 것을 누리는 기쁨은 그물에 걸리지 않는 바람과 같은 삶이 아닐까 한다. 재가 사람들도 일상 생활에서 삶의 기쁨을 영위함으로써 행복으로 나아가는 걸음걸이가 될 수 있을 것이다.

성자聖者의 길

공자님께 "연세가 많으시니 인제 그만 쉬어야 하지 않겠습니까?"라고 제자들이 물으니

공자님이 말씀하시기를 "하늘이 쉬는 것을 보았느냐?"라고 대답했다. 즉 하는 것이 있으나 하는 것이 없는 것이 성인들이 실천하기 어려운 길임을 말하고 있다.

로맹 롤랑은 〈위대한 영혼 마하트마 간디〉에서 성자 간디를 이렇게 묘사했다.

"그는 어린애처럼 단순하고 적에 대해서 조차 온화하고 정중하며 맑고 깨끗한 지성적인 사람이다. 몸가짐이 겸손하고 정중하므로 주저하고 머뭇거린다고 생각될 정도이다.

그는 "내가 잘못했어요"라고 서슴지 않고 말하며 자기의 과오를 숨기지 않았다. 또한 타협을 허락하지 않고 권모술수를 모르며 변설을 배격했다. 아니 그런 것을 생각해 보려고 하지 않았다."

로맹 롤랑은 '성자'라는 칭호를 들으려면 최소한 이런 정도의 인격은 갖추어야 한다고 생각한 것 같다.

시골 어느 동서간의 우애

어느 시골에 큰 동서와 작은 동서가 이웃에서 오손도손 살았다. 심성이 착한 큰 동서는 작은 동서의 집이 구차한 것을 보고 안타깝게 여겼다.

작은 동서는 큰 동서와 앞뒤 농지에서 농사를 지어도 욕심을 내지 않았다. 논에서 볏단을 말리지만 작은 동서는 큰집 볏단을 넘겨 보지 않고 자기 것만 가져갔다.

어느 날 큰 동서가 한가지 꾀를 내었다. 작은 동서에게 술과 돈을 주면서 자기 남편과 시동생이 거나하게 술판을 벌리도록 하였다.

영문을 모르는 작은 동서는 큰 동서가 시키는 대로 술판을 벌려 남편과 시숙을 취하게 하였다. 그사이 큰 동서는 남편이 장롱 깊숙이 숨겨둔 논, 밭의 등기 문서를 꺼내어 방바닥 한구석에 흩트려 놓았다. 그리고 일부 논과 밭의 문서를 미리 숨겨 놓았다.

아침이 되자 술이 깬 남편은 자기 집의 논, 밭문서가 방바닥에 널려 있는 것을 보고 "이 귀중한 문서가 왜 방바닥에 흐트러져 있지?"라며 의아해하자 큰 동서는 "당신 어젯밤 동생 집에 가서 거나하게 술을 마시고 취해 오더니 동생 집이 가난하니 불쌍해서 못 보겠다며 논, 밭 일부를 동생에게 떼어 주었잖아요"하는 것이었다.

큰 동서 남편은 "아, 내가 술에 너무 취해서 그런 일을 벌였구나. 동생한테 준 것은 할 수 없는 일이지"라며 논, 밭을 포기하였다.

다음 날 큰 동서는 "술에 취한 자기 남편이 논밭 문서 일부를 전해주라고 해서 가져왔는데 다른 사유를 묻지 말라"면서 작은 동서에게 논, 밭 문서를 전해 주었다.

그 후 큰 동서와 작은 동서는 더욱더 우애를 나누며 오손도손 화목하게 잘 살았다고 한다.

365일 잠언

일본 작가 사이토 히토리는 자신의 글에 다음의 잠언들을 적어 놓았다.

- 상대를 억지로 바꾸려는 쪽이 거의 지게 됩니다.
- 뭔가를 배우려는 자세가 있으면 금방 성공합니다.
- 100% 내 책임이라 여길 때 답이 보입니다.
- 좋은 일과 나쁜 일은 꼭 함께 옵니다.
- 창피한 경험이야말로 성장의 원동력입니다.
- 빠르게 일 처리를 하면서 실수가 없을 때 프로라고 합니다.
- '당신이 없으면 곤란하다'는 말을 듣는 사람이 되세요.
- 베풀면 언젠가 반드시 돌아옵니다.
- 돈, 돈 하지 말고 자기 할 일을 열심히 하면 됩니다.
- 묵묵히 열심히 사는 사람이야말로 정말 대단한 사람입니다.
- "사람이 늙는다"라는 사실을 받아들이는 것도 경제관념입니다.
- 돈을 쓰는 사람에게 지혜가 있을 때 돈이 힘을 갖습니다.

중생을 복되게 베푸는 생활 우화

중생들은 수명의 장단에 사는 의미가 있지 않다.
참된 불자는 고통과 어려움으로 고통받는 이웃들과 중생들을 복되고 이롭게 하며, 세간의 이익과 도움을 주는 육바라밀을 행하며 사는 것을 인생의 목표와 의의가 되도록 하여야 할 것이다.

베푸는 삶이 자신도 살리고 남도 살리는 우화가 있다. (불교신문 2006.6.3 일진 스님)

개구리가 풀잎으로 작은 장난감 차를 만들어, 삼일 정도의 먹이와 풀잎, 기타, 모포를 싣고 소풍을 떠났습니다.
길을 가는 도중에 지친 여치를 만났습니다. 개구리는 기타를 내려놓고 여치를 태웠습니다. 그리고 다시 길을 가다가 쓰러져 있는 풍뎅이를 만났습니다. 개구리는 먹이를 내려놓고 풍뎅이를 태웠습니다. 목적지에 거의 다 왔을 때 지친 참새를 만나자, 모포를 내려놓고 참새를 태웠습니다.
저녁이 되자 풍뎅이가 콩알을 주워 와서 나눠 먹고, 여치가 노래를 불러 함께 즐거워했고, 참새의 날개로 추위를 피할 수 있었다고 합니다.
대가를 바라지 않고 베푸는 행위는 자신은 물론 상대방도 행복하게 하는 삶의 길입니다.

상호 인사가 넘치는 사회를 만듦

사섭법四攝法의 두 번째는 애어愛語이다. 즉 애어는 사랑스럽고 부드러운 말이다.
인사는 남을 인정하고 존중하는 마음이요, 상대방을 향한 따뜻한 마음이 밖으로 표출된 행위이다.

　우리 사회는 1인 가정이 늘어가고, 폐쇄된 아파트 문화로 이웃 간에 소통의 단절을 불러오고 있다. 이러한 환경에서 즐거운 삶을 영위하려면 직장, 학교, 사회단체의 생활 속에서 상호간에 친절과 존경을 표현하는 인사 에티켓이 더욱 필요하다.

　검찰 고검장에서 퇴직한 김진세金鎭世씨는 한국 사회의 인사성 부족이 국가의 위기를 불러올 수 있다고 경고하고 있다. 물론 외국 유튜버들이 외국인에게 친절을 베푸는 한국인들의 인사 매너와 친절을 칭찬하고 있지만 한 단계 업그레이드된 인사를 만들어야 할 것이다.

　김진세金鎭世씨는 인사의 중요성을 다음과 같이 피력하고 있다.

〈선배 한 분이 일본을 다녀와서 의미있는 이야기를 해 주었다.

어느 일본인은 일본이 일찍 선진국이 된 이유를 "오아시스" 때문이라고 말하였다.

〈오〉 "오하이유 고자이마스" (안녕하십니까)

〈아〉 "아리가도 고자이마스" (감사합니다)

〈시〉 "시쯔레이 시마스" (실례합니다)

〈스〉 "스미마셴" (미안합니다) 〉

　베트남 사람들은 눈이 마주치면 웃는 얼굴로 인사를 한다. 또 필리핀, 인도네시아, 라오스, 미얀마, 캄보디아, 스리랑카 사람들도 웃으면서 인사를 한다.

미국, 유럽, 일본을 여행하노라면 초면에 인사하는 사람들로 말미암아 당황한 적이 있을 것이다.

중국 사람들이 일생 동안 제일 많이 사용하는 말이 〈하오·好〉 〈하오·好〉 "좋아, 좋아"이며 또 〈세謝 세謝 세謝〉 "감사합니다. 감사합니다. 감사합니다"가 생활화되어 있다.

"안녕하세요" "감사합니다" "실례합니다."

이 말들은 만국의 공통 기본 인사말로 우리 한국인들의 생활 속에서 습관적으로 사용되도록 노력을 기울여야 할 것이다. 이것이 바로 사섭법의 〈애어〉를 실천하고 이웃과 사회를 아름답게 만들며 국격을 한 단계 올리는 좋은 일이 될 것이다.

서구에 불교가 자연스럽게 전파되는 이유

우리나라는 서구 문물의 유입과 더불어 서구 종교도 우리 사회의 다수 점하고 있다.

그러나 오늘날 서구에서는 상류 계층을 주축으로 불교를 받아들이는 비율이 상당히 많이 늘어나고 있다.

각종 메스컴에서 서구의 거대한 성당과 교회에는 신자가 격감하여 건물 운영비용을 지출할 수 없어 다른 용도로 팔아버리는 사례가 많이 있다고 보도하고 있다.

1999년 5월 프랑스의 주간지 〈렉스프레스〉는 서구에 불교가 열풍을 일으키고 있는 이유를 다음과 같이 지적하였다.

〈타인에 대한 존중과 자비, 인간과 자연의 상호의존을 강조하는 교리, 중국에 대한 달라이라마의 비폭력적 태도, 기독교와는 달리 철학과 과학을 분리하여 바라봄으로 과학과 철학이 대립할 필요 없으며, 오히려 과학이 발달하면 할수록 불교의 세계관과 유사성을 띠는 것도 합리적인 서구인들에게는 큰 매력으로 받아들여지고 있기 때문이다.〉

최상의 바보

어느 나라에 소문난 바보가 있었는데 그 소문이 왕에게까지 전해져서 왕이 그를 왕궁으로 불렀다. 그리고 명하기를
"너보다 더 못난 바보가 나타나거든 이 비싼 금목걸이를 선물하여라."
그러나 바보는 자기보다 더 바보인 사람을 찾지 못했다.
왕이 돌아가시게 되자 바보는 궁궐에 초대받았다.
왕이 묻기를
"너보다 더 못난 바보에게 금목걸이를 선물했는가?"
"못했습니다."
바보가 왕에게 물었다.
"대왕님 돌아가시면 어디로 가십니까?"
"모른다."
"누가 오라고 하시던데요?"
"모른다."

"언제 다시 돌아올 수 있습니까?"
"모른다."
바보가 왕에게 물어도 계속 모른다고 하니
"대왕이야말로 이 세상에서 아무것도 모르는 최고 바보입니다"라며 임금님에게 금목걸이를 걸어 드렸다고 한다.

관응 스님이 본, 개를 좋아하는 미국 사회

소득 수준이 높아지고, 1인 가정이나 소수의 가정이 늘어날수록 팻트(개, 고양이)를 키우는 집들이 늘어날 것이다. 즉 개 팔자가 상팔자인 시대가 도래했다고 해도 과언이 아니다.

얼마 전 캐나다에는 가족들이 있음에도 불구하고 장례를 치르지 않아 보건소나 병원 냉동고에 시신들로 넘치고 있어 사회문제가 되고 있다고 보도되었다.

그에 비하여 애완동물이 죽으면 울고불고 애통해하며 극진히 장례를 치르는 분위기가 대두되고 있다.

몇십 년 전 관응 스님께서 개를 좋아하는 미국 사회 실태를 파헤친 말씀이 다가올 우리들의 미래 모습일 것 같아 씁쓸함이 앞서는 것은 헛된 기우일까?

〈본인이 미국에서 약 1년 반을 지낸 적이 있다. 그곳에서 보고 느낀 점이 많았다.

개를 좋아하는 미국인들은 개를 데리고 자거나, 고기를 먹이는 등 지극히 정성을 들이지만 정녕 자기 부모는 양로원에 보내거나 혹은 따로 살면서 1년에 한 번도 가보지 않는다. 병원에서 부모가 죽어갈 때 자식에게 연락했더니 사무가 바빠서 못 가겠으니, 장례를 치른 비용 청구서나 보내 달라고 한다.

이것이 잘 사는 나라의 실상이다. 선진국에는 이런 일들이 비일비재하다.

우리 풍속으로는 이웃이 상을 당해도 조문을 가는데 부모님의 상은 더 말할 것도 없다.〉

관응 스님의 우려가 조만간 우리 사회에도 퍼져 나갈까 걱정이 앞선다.

여생 후반기를 행복하게 사는 길

명나라 관리 여신오는 〈신음어〉에서
"늙음을 한탄하기 이전에 목적 없이 늙어가는 것을 한탄해야 한다"고 말하였다.

일본인 작가 히로카넨 겐시는 〈시마 과장〉에서 인생 후반생이 행복해지는 6가지 비결을 말하고 있다.

〈여생과 후반생은 다르다. 여생은 억지로 사는 것이라면, 후반생은 지금까지 욕망으로 올라온 길을 자연스럽게 내려가는 또 다른 인생이라는 것이다.

1) 큰 욕심이 아닌 작은 욕심을 부려라.
2) 좋지 않은 과거는 깨끗이 잊어라.
3) 즐거운 것은 진심으로 즐겨라.
4) 방황하고 있다면 한 발자국 나아가라.
5) 모든 것을 주어도 아깝지 않은 소중한 존재를 마음속에 두어라.
6) 인생은 일장춘몽임을 깨달아라.
　전체적으로 보면 더 이상 집착하지 말고 작은 것에 만족하며 즐거운 마음으로 살라고 충고하고 있다.〉
　처음처럼 조심하고, 근신하고, 매사에 사려깊고, 겸손하게 자신을 낮추며 조용히 살아가는 것이다.

가장 한국적인 것

　한국 시 번역의 대가 안선재(83세(1942년생). 영국 이름 브라더 안터니) 교수는 옥스퍼드대학에서 중세 시 문학을 전공하였다. 프랑스에서 유학 중 우연히 "떼제 공동체"를 접하고 수사修士가 되었다. 김수환 추기경의 초청으로 1980년 한국을 처음 방문하였으며, 서강대학교에서 영문학을 가르치던 중 1994년 "안 선재"라는 이름으로 귀화하였다.
　고은, 김지하, 박노해, 서정주, 신경림, 정호승, 천상병 시인 등의 작품 50여 권을 번역 발간하여 한국문학을 세계만방에 알렸다.
　이방인인 그는 누구보다도 한국 문화를 사랑하였다. 그의 눈에 비친 가장 한국적인 것은 박물관에도 전시실에도 어떤 다른 현장에도 있지 않았다.

"가장 한국적인 것은 고가, 종택보다 승려들이 한복을 입고 매일 생활하며 살아가고 있는 절, 바로 사찰이다."

안선재 교수의 눈에는 승려들이 회색 한복차림으로 수행하고 정진하며 살아가는 모습이 조선의 일반 백성들이 살아가는 모습으로 비친 것 같다.

지금 세계 곳곳에 음악, 음식, 영화, 드라마로 한류가 넘쳐나고 있다. 이럴 때 한국 사찰 안에서 한복을 입고, 명상하며 깨달음의 지혜를 설파하는 한국 사찰 승려들의 수행 모습이 가장 한국적인 것으로 비치는 것에 대하여 자부심을 가져도 좋을 것 같다.

여자의 생명은 아름다움이다.

월남이 패망할 시기에 많은 자유, 민주 인사들이 보트피플(바다 난민)이 되어 목숨을 걸고 자유세계로 탈출하였다.

간신히 살아남은 보트피플 난민들이 자유세계의 잡지와 신문에 난민의 아픔과 고뇌를 기고한 바 있다.

난민 여성 한 사람이 다음과 같이 고백하였다.

"여자의 세계는 사랑하는 남자의 가슴 폭을 넘지 못한다."

이 말의 의미는 일상의 삶을 살아가는 여성들이 꿈꾸는 행복한 삶의 세계를 잘 표현한 말일 것이다.

이와 비슷한 의미의 이야기가 문학가, 수필가, 사회 운동가이신 청화青和 스님의 수필집에서 기술되어 있다.

"남자는 자기를 알아주는 사람을 위하여 목숨을 내놓고, 여자는 자신을 알아주는 사람을 위하여 얼굴을 다듬는다."

어느 책에서 이 말을 처음 보고 여자의 입장에 대하여 적잖은 의구심과 불만족을 품었다. 단 하나뿐인 귀중한 목숨을 내놓는 남자에 비하여 얼굴을 다듬는 여자는 "여자의 생명은 아름다움이다. 여자가 아름다움을 포기할 때 그는 이미 여자로서 죽은 것이나 마찬가지다"라는 구절을 읽고는 얼굴을 다듬는 여자의 행위도 남자의 목숨에 비하여 결코 낮은 것이 아니라는 사실을 알게 되었다.

10년의 수행, 내공

절에서는 주로 100일 또는 천일 기도를 하거나 드물게는 만일 기도도 한다.

만일 기도는 대략 27년 5개월 정도의 햇수가 된다. 즉 10년을 닦고, 또 10년을 닦고, 다시 7년 5개월 정도 닦아야 만일을 채울 수 있다.

이런 기도, 수행의 계산법은 동양에서 오래 전부터 내려온 수행의 관습이요, 전통이다.

2015년 6월 〈태백산맥〉의 저자 조정래 선생은 조선일보와의 대담에서 〈10년 내공〉의 비밀을 다음과 같이 피력하였는데 불교의 만일 기도 개념과 비슷함을 감지할 수 있다.

"동양적인 수행, 명상, 도학의 사유 체계에서는 10년의 내공을 거치지 않으면 결국 사상누각이 된다는 믿음이 있다.

첫째, 10년을 닦는 수행의 내공은 그 바닥에 알려진 선수가 되고

둘째, 또 수행의 10년의 내공을 닦아 20년이 되면 초심자로서는 도저히 헤아릴 수 없는 경지에 이른다.

셋째, 또 수행의 10년 내공을 닦아 30년이 되면 모든 수행, 수련, 연단의 과정이 끝나고 자신만의 여의주를 얻게 된다."

운을 받는 방법

누구에게나 대운의 기회가 평생에 두세 번 찾아온다고 하지만 준비가 되어 있어야 그 운을 받을 수 있다고 한다.

의상 스님의 법성게에는 "중생수기득이익"이라는 말이 나온다.

"중생은 자기 그릇에 따라 이익을 얻는다"라는 의미이다. 큰 그릇은 크게 받고, 작은 그릇은 작게 받는다는 말이다. 운도 자기 그릇에 따라 크게도 작게도 받을 수 있다는 의미이다.

조용헌 씨는 맹자의 달인 남곡 선생의 말을 인용하여 운을 받는 방법에는 다음과 같이 몇 가지가 있다고 한다.

첫째, 말이 적어야 한다.

말이 많으면 대운을 받지 못한다고 한다. 말이 적다는 것은 수동적인 태도이다. 말을 많이 하면 운이 들어오다가 나가 버린다.

둘째, 수식어가 적어야 한다.

수식어가 많으면 말이 길어진다. 결론만 간단하게 말하는 훈련

이 필요하다.

셋째, 찰색(얼굴색)이다.

얼굴빛이 좋아야 운을 받는다. 화를 많이 내거나 근심, 걱정, 욕심이 많으면 얼굴에 나쁜 마음 상태가 반영된다. 마음이 평화롭고 담담해야 얼굴색이 편안하게 나타난다. 운을 받는 사람들은 공통으로 얼굴 색깔이 빛나면서 온화하다고 한다.

넷째, 현관에 들어갈 때 신발을 가지런하게 벗어 놓아야 한다.

신발을 벗어 놓는 상태로 그 사람의 마음가짐이나 수신 상태를 알 수 있다고 한다. 어지럽게 놓여있는 신발은 기본이 되어 있지 않은 것이고, 기본이 되어 있지 않으면 다가오는 대운을 받을 수 없다고 보는 것이 운 전문가들의 주장이다. (조선일보 2007.1.29)

요사채 댓돌 위에 벗은 놓은 스님들의 신발 모습은 가지런하고 정갈하다.

또한 수행하시는 스님들은 일상생활에서 말을 적게 하며, 담박한 생활을 한다. 수시로 염불, 독경, 기도를 하므로 마음이 편안하고 얼굴색이 밝다. 내세엔 대운을 불러올 팔자인 것이다.

일상생활 속 노니 염불도 마음을 편안하게 하고 얼굴을 밝게 만든다. 역시 운을 불러올 수 있다.

인생 3기

인생을 3토막으로 나누어 생각할 수 있습니다.

25세까지는 내 의지대로 살 수 없고, 50세까지는 절반만 내 맘대로 살 수 있으며, 그리고 75세까지는 내 맘대로 살 수 있다. 그 이후부터는 보너스로 사는 것입니다.

그런데 50세 이후 원하는 내 삶을 살기 위해서는 25세부터 50세까지 내 삶을 준비해야 합니다. 제2의 인생을 사는 데 필요한 것들을 백업해 놓아야 합니다. 준비 없이 50세 이후를 맞이하면 생각보다 어려운 삶을 맞이하게 될 것입니다.

50세 이후 내 맘대로 하는 일에는 당구를 치거나, 색소폰 등의 악기를 연주와 노래 배우기, 영어 회화, 한문 통독, 봉사활동, 꽃 재배, 텃밭 가꾸기, 도 닦는 수련 생활, 독서, 체력 단련, 여행, 기타 등등 무엇이든지 상관없습니다. (2003.1.29 뉴스위크 한국판 강효주(53)

준비하는 삶만이 알차고 보람차며 또한 행복한 삶을 만들 수 있을 것입니다.

어느 경제 시사 잡지 여론조사에 은퇴 후의 삶을 알차게 준비하지 못한 사람보다 계획적이고 체계적인 은퇴 후의 삶을 준비한 사람들의 일상적 삶이 더욱 풍요롭고 생기있으며, 보람과 행복을 만

낑하며 산다고 밝히고 있습니다.

어느 은퇴 기업인은 바쁜 직장생활로 외국어 공부를 제대로 하지 못했는데 15개국 언어를 학습하는 목표를 세우고 정열을 불태우면서 보람된 제2의 삶을 누리고 있다고 합니다.

어느 불자는 한 달에 사찰 세 곳을 순례하여 3년 동안 108곳의 사찰을 순례할 계획을 세우고 있다고 합니다.

노니 염불 순례의 좋은 본보기라고 하겠습니다.

백불관 노인의 기도 염불 수행

청나라에 백불관이라는 노인이 있었다.

'백불관'이란 '일체 남의 일에 관여하지 말고 오직 기도, 염불에만 마음을 기울인다'라는 뜻이다.

그는 인생 육십 평생을 되돌아보니 좋은 일보다 나쁜 죄업을 지었던 일이 더 생생하게 기억이 났다. 그래서 고향의 효자암에서 평생 기도 염불 수행만을 열심히 하고 계시는 도원스님을 방문하였다.

"내세에 좋은 곳으로 갈 법문을 일러주십시오."

그러자 스님은 다음과 같이 말했다.

"이 세상에서 아무리 많은 죄를 지었다 해도 그것을 진실하게 뉘우치고 오직 기도 염불에만 마음을 기울이십시오. 염불하는 사람은 많으나 염불 공덕 성취하는 이는 적으며, 또한 왕생극락하는 이는 많지 않습니다.

그것은 염불하기가 어려운 것이 아니고, 오래오래 지속하기가 어렵고, 오래오래 지속하기는 어렵지 않으나 일념을 이루기가 어려운 것입니다. 일념으로 염불을 하여야 염불 공덕을 성취하고 극락정토에 태어납니다."

집에 돌아온 백불관 노인은 일심으로 기도 염불 수행을 하였지만, 지나간 기억, 돈 걱정, 집문서 걱정, 자식 마누라 걱정들로 염불 수행이 제대로 되지 않았다.

그래서 다시 도원스님을 찾아가서 가르침을 구하였다.

"노인장께서는 톱으로 나무를 잘라 봤습니까?

과거는 나무를 자르고 나서 생기는 쓸데없는 톱밥과 같습니다. 소용없는 과거에 마음을 도둑맞지 말고, 향기 나는 나무를 다듬어 보배 궁전을 지어야 합니다."

그리고 노인에게 '백불관'이라는 글자를 써서 주면서 '기도 염불하다가 지나간 일들이 생각나면 무조건 '백불관'이라고 큰 소리로 부르시오."

집에 돌아온 노인은 다른 생각이 나면 무조건 '백불관, 백불관'을 외치며 열심히 기도 염불 수행을 하였다.

그리고 지극한 일념 염불 기도 공덕으로 가는 날을 미리 알아 목욕재계하고 식구들을 불러 갈 것을 고하고 극락왕생하였다고 한다. (염불각자 열전)

살아가는 동안 수많은 죄와 업보를 지었다 하더라도 진실로 뉘우치고 참회하며, 기도 염불 수행을 지극정성으로 하면 생사윤회를 벗어나 극락세계에 왕생할 수 있음을 백불관 노인은 증명하고 있다.

갈 길이 멀지 않은 사람들은 백불관 노인을 본받아 '막속급호아! 막속급호아!' '저승 갈 길이 급하지 아니한가, 급하지 아니한가!' 부르고, 다른 생각이 날 때마다 '백불관! 백불관' 외치며 기도 염불 수행을 하는 것은 노니 염불 수행 방편일 것이다.

모든 이를 받들고 높이는 상불경보살과 유대인 랍비의 격언

법화경 제20품은 상불경보살품이다.

상불경보살은 석가모니 부처님의 전생 인물이었다. 상불경이라는 이름 그대로 누구를 만나도 "나는 언제 어느 곳에서나 항상(常) 당신을 가벼이 여기지 않습니다(不敬), 왜냐하면 그대는 보살의 도를 행하여 반드시 부처님이 될 분이기 때문입니다"라고 외치며 머리를 숙여 합장하고 절하며 돌아다녔기 때문이다.

상불경보살의 이런 행동을 보통 사람들은 그냥 웃으며 그르려니 하고 편안하게 받아들였지만 도둑놈, 도박꾼, 술주정뱅이들은 이놈이 우리를 비꼬느냐며 돌을 던지거나 몽둥이를 휘두르며 해코지를 하였습니다.

그러면 상불경보살은 쏜살같이 돌멩이가 떨어지지 않는 지점으로 도망가서 다시 뒤돌아보며 큰소리로 "당신들을 가벼이 여기지 않습니다. 언젠가는 반드시 부처님이 되실 분입니다"라고 외쳤다. 즉 누구를 만나더라도 긍정하고 공경하고 받들었다.

보현보살의 10가지 대원중에서 '항순중생원恒順衆生願' 항상 모든 중생을 수순하게 받들고 공경하겠다는 보현행원의 결정판을 실천으로 보여준 석가모니 부처님의 전생인 상불경보살 이야기이다.

"누구를 만나도 자신을 가장 낮은 사람으로 여기고, 모든 이를 하늘같이 받들고 공경하리라"라는 달라이라마의 기원문도 바로 상불경보살의 정신을 계승한 말씀이다.

성인의 말씀 중에 잘난 이나 못난 이나 누구를 만나도 한가지 배울 것이 있다는 말도 유사한 형태의 격언이다.

유대인 랍비 쥬다 아시에리는 진정한 현인이었다. 그는 이렇게 말했다.

— 지혜는 천 개의 눈을 지녔다. —

"어떤 사람을 만나더라도 그 사람은 무언가 나보다 나은 점을 가지고 있다고 생각해야 한다. 만약 그가 나보다 연상이라면 당연히 그가 나보다 낫다고 생각해야 한다. 왜냐하면 그가 나보다 선행을 쌓을 기회가 더 많았을 것이기 때문이다. 만약 그가 나보다 젊다면 나보다 죄를 덜 범했겠다고 생각한다.

만약 나보다 풍족한 생활을 누리는 사람이라면 나보다 더 많은 자선을 베풀어 왔다고 생각한다. 나보다 가난하다면 그가 나보다 더 많은 고생했을 것으로 생각한다.

나보다 어질다면 그의 지혜에 경의를 표한다. 만약 그가 나만큼 똑똑해 보이지 않으면 그가 나보다 잘못을 적게 저질렀을 것으로 생각한다."

친구

영국의 어느 출판사에서 독자들에게 '친구'의 정의를 공모하여 선발된 말이다.
- 기쁨은 곱해 주고, 고통은 나눠 갖는 사람.
- 우리의 침묵을 이해하는 사람.
- 많은 동정이 쌓여서 옷을 입고 있는 것.
- 언제나 정확한 시간을 가리키고 멈추지 않는 시계.

하지만 1등은 "친구란? 온 세상이 내 곁을 떠났을 때 나를 찾아오는 사람"이 당첨되었다.

고대 이집트인들은 진정한 친구를 가리켜 '아킵'(Akib)이라고 불렀다. 이 말은 "내 가슴 가장 깊은 곳에 들어와도 되는 사람"이라는 뜻이 있다.

가슴속 가장 깊은 곳을 친구, 아킵에 열어 보이는 사람은 "넓고 너그러운 마음"을 얻을 수 있다.

고대 이집트인들에게 친구와 행운이라는 말은 같은 의미를 지니고 있었다. 진정한 친구는 내 가슴의 가장 깊은 곳까지 들어와서 놀라운 기쁨과 달콤한 행복을 선사해 준다.

또한 깊은 마음에서 우러나온 흔들림 없는 우정은 우리들의 가슴을 보다 넓고 너그럽게도 만들어 준다. (세상이 살만한 곳이라는)

험한 세상 다리가 되었던 선심승, 자비승

조선시대에는 국가 권력이 불교를 심하게 탄압하였지만, 말없이 자비행을 실천하던 승려들이 있었다.

그래서 이들을 선심승, 자비승이라고 불렀다. 이들은 우물을 파기도 했고, 다리를 놓고 길을 수리하며, 원院을 세우고 목욕탕을 지었으며, 기와를 굽기도 하였다.

특히 원을 설치하여 운영하는 스님들도 있었다. 원이란 여행자들을 위한 숙박시설이다. 많은 사람이 다니는 교통의 요충지에 날이 저물어 쉴 곳이 없는 곳이나 짐승이나 도둑 떼가 출몰하는 험한 곳에 숙식을 무료로 제공했을 뿐만 아니라 그들을 안전하게 지켜주었다.

세종 4년(1422) 1월에는 도성 네 곳에 구료소를 설치하였다. 탄선 스님은 승려 300명을 인솔하여 구료소에서는 전염병 환자들을 치료하였으며 성을 쌓느라 병들고 다친 군인들과 백성들을 치료하였다.

그해 9월에도 저잣거리에서 걸식하는 백성들을 구제하기 위해 흥복사에 구료소를 설치하고, 탄선 스님에게 그 일을 맡겨 돌보게 하여 많은 사람들의 생명을 보전하고 살아날 수 있게 하였다.

승려 명호는 목욕탕을 지어 병자들을 돌보았다. 한증욕은 병을 치료하는 한 방법이었다.

그러나 목욕탕을 시작하기 전에 그가 죽자, 천우와 을유 등이 그 뜻을 이어 욕실을 증설했다. 사람들이 수없이 모여들었고, 이들은 별도의 보(일종의 재물을 모으는 계모임)까지 만들어 가난한 환자들을 도왔다.

조선 초기 승려 장원심은 한성 거리를 누비고 다녀 아이들도 그 이름을 알 정도로 유명했다. 그는 익살스러울 뿐만 아니라 사심도 욕심도 없었다.

태종 6년 윤7월 6일 자의 실록의 기록이다.

"장원심은 굶주리고 추위에 떠는 사람을 보면 밥을 빌어다 먹이고 옷을 벗어 주었고, 병든 사람을 보면 힘을 다해 구휼했다. 가족이 없는 시체는 손수 묻어주고, 도로와 교량을 수리하게 하는 등 하지 않는 일이 없었다. 이 때문에 마을 아이들도 그의 이름을 알았다."

조선 후기 직지사에 성항이라는 한 스님이 있었다. 머리가 희고 눈썹이 긴 노승이었다.

개인 재산을 털어 곡식을 모으고 험한 곳에 원을 세워 굶주린 백성들을 구제하였다. 그를 만나본 남구만은 한시를 지어서 그의 법력을 칭송했고 "우리들 관리들은 도리어 그대에게 부끄럽다"라고 얼굴을 붉혔다. (법보신문, 2007.12.19)

조선 오백 년 동안 스님들을 8대 천민으로 탄압받았지만 험한 세상의 다리가 되었기에 민중과 더불어 불교가 살아남을 수 있었다고 본다.

　온 세계에 코로나19가 창궐하고 많은 우리의 이웃들이 고통과 불안 속에서 마음을 조리며 하루하루를 힘들게 살아가고 있다. 코로나 현장에서 사투하는 의사, 간호사들이 조선시대 선심승, 자비승 역할을 대신하고 있다. 그들의 노고를 위로하고 작은 도움이나마 줄 수 있는 일을 찾아보는 것도 좋은 일일 것이다.

　얼마 전 대구의료원에 소납과 인연 있는 불교단체가 1톤 트럭 가득 물수건 휴지를 구입하여 기증했다. 이런 일도 작은 선심, 자비심으로 불교도가 나아갈 길이다.

이 새로운 계절을 맞으면서
　― 어느 교수의 독백 ―

　"산다는 것은 그 누구나 일정한 세월 동안에 벌이는 한판 굿일 따름이다"고 어느 시인이 말하였다. 그 굿이 끝나면 우리의 존재는 영원히 소멸한다. 그 절망의 시간 앞에서 스스로가 부끄럽지 않고, 후회스럽지 않으며, 거짓 없이 살고 성실하게 살아간다면 더 없는 성공을 할 것이다.

　이 새로운 계절에 법정 스님의 '무소유' 책을 호주머니 속 깊숙이 넣고 다니며 틈틈이 들추어 보련다. 오솔길에서 만나는 시원한 샘물과 같은 글들, 욕심이나 집착을 냅다 버리고 홀가분하게 살아가는 스님의 잔잔한 글들에서 학문의 순수함 속에 감춰진 나의 이기적 욕망을 삭혀내야겠다.

헤르만 헤세가 붓다의 고행을 그린 '싯다르타'도 챙겨 읽으련다. 살아가면서 만나는 어려운 도전을 "당연한 것으로 당당하게 맞서 극복해야 할 것"으로 여기는 마음 길들이기를 해야겠다.

학창 시절 자주 불렀던 '처음처럼'의 노래처럼 순결한 본래의 마음자리로 돌아가 온 힘을 다해 삶을 살아가 보련다.

"한판 인생의 싸움이 다가올수록 우리 가슴을 처음처럼" 첫사랑의 기억을 떠올리듯, 뜨겁게 두근거리던 처음의 마음으로 살아가 보자.

범음 해조음이 승피 세간음 (관음경)
― 천상의 소리, 파도 소리가 세간의 소리보다 뛰어나다.

몇십 년 전 AFKN 미군 방송에서 우리나라 사찰의 범종 소리를 채록하여 방송도 하고 녹음테이프로 만들어 발행한 적이 있다.

서양의 댕그랑거리는 종소리와는 달리 쿵~ ~하는 진한 가슴을 울리는 동양의 소리가 속진의 때를 씻어 주는 하늘의 소리, 천상의 소리라고 극찬했다.

범패도 그 뜻은 속세의 가락이 아닌 하늘에서 울려오는 가락 -속진의 때를 씻어 주는- 이라는 뜻이다.

그래서 에밀레종 표면에는 "이 소리를 듣고 미혹한 중생들이 속진의 어둠에서 깨어나 원음, 법음, 진리의 음을 통하여 깨달음의 세계를 느끼고 깨우치기를 발원한다"라고 새겨 놓았다.

범음의 범자는 천상, 하늘이라는 뜻이다. 범음을 통해 속세의 욕망은 놓아 버리고 자신의 청정하고 맑고 깨끗한 하늘과 같은 본성을 관조하라는 뜻이다.

해조음은 파도 소리를 말한다. 관세음보살님을 줄여서 '관음'이라고 한다. 즉 소리를 관한다는 뜻이다.

관세음은 중생의 고통을 들어서 구제해 주지만, 능엄경에서 말하는 '이근원통'은 귀를 통해서 듣고 깨우치는 이치이다. 눈, 귀, 코, 입, 몸, 의식 기관 중에서 귀는 사방으로 걸리지 않고 느끼고 감지하고 헤아릴 수 있어 가장 범위가 넓고도 쉽게 접근할 수 있는 수행법이라고 한다. 진정한 삼매는 들음으로써 들어가는 것이다.

관세음보살님의 뛰어난 기도 성지는 전부 바닷가 절벽 위에 있다.

인도 보타 낙가산은 남인도 절해 고도의 바위섬에 있었다고 한다. 중국의 관음성지 보타섬에 불긍거관음원이 있다. 해안가 바위 위에 절을 얹힌 형국으로, 100m가량의 바위 속 U자형 굴 바로 위에 절을 세워 파도 소리가 법당 안 관음상에 잘 들린다.

낙산사 홍련암 법당 중간에는 8cm의 정사각형 뚜껑이 있다. 이 뚜껑을 열고 아래를 내려다보면 깊이 10m 절벽 아래 좁고 긴 바위 사이로 파도가 들락거리고 있다.

왜 해조음을 들어야 하는가?

규칙적으로 철렁거리는 파도 소리를 들으면 마음이 편안해지고 안정이 된다. 과학자들은 말한다. 아기가 엄마 뱃속에서 가장 먼저 듣고 편안함에 잠기는 소리가 엄마의 규칙적인 숨소리, 혈류 소리이다. 그 숨소리와 혈류 소리의 리듬은 파도 소리의 리듬과 비슷하다. 그래서 파도 소리를 들으면 편안해지고 안정감을 느낄 수 있다.

또, 한 가지 더 과학적으로 밝혀진 사실은 해조음이 뇌의 알파파를 활성화한다는 것이다. 가청 주파수(20~20만Hz) 밖의 알파파(8~13Hz)는 사람이 편히 쉬거나 명상에 몰입할 때 많이 나타나는데, 지속되면 정신 집중력이 높아지고 마음의 안정과 평화를 주면서 피로 해소도 빨라진다고 한다.

해조음, 파도 소리를 꾸준히 들으면 알파파가 활성화되고 고요한 삼매의 경지에 쉽게 들어갈 수 있는 것이다.

2천 5백여 년 전 불보살님이 말씀하신 범음(천상의 소리), 해조음(파도 소리)이 세간의 속된 소리보다 뛰어남을 반조하여 코로나19로 힘들고 어려운 현실을 타개해야 하겠다.

답답하고 우울할 땐 해조음, 파도 소리를 들으려고 바닷가로 가야 하겠다.

나무 관음(범음, 해조음)보살 마하살!

세상이 살 만하다고 느끼는 이유

영국 작가 프리스틀리(J.B.Priestley)는 자신의 전집에서 삶의 즐거움을 안겨준 사소한 일들을 하나씩 열거했다.

"달걀과 베이컨을 곁들인 아침 식사를 맛있게 먹는 것, 침대에 누워서 추리소설을 읽는 것, 낮 동안 일하지 않고 빈둥거리는 것, 게으름을 즐기는 것, 또는 어린이들과 장난치며 시간을 즐겁게 보내는 것" 등이다.

로버트 발저(Robert Waler)은 일상의 사소한 행복에 대하여 이렇게 표현했다.

"이른 아침에 마시는 맛이 기가 막힌 네덜란드 산 카카오에서 저는 삶의 재미를 느낀답니다."

'세상이 살 만한 곳이라는 이야기'라는 책에 독일 사람들이 저마다 살 만한 세상이라고 느끼는 사소한 이유를 어느 신문의 청소년 섹션 〈지금(Jetzt)〉에 소개하였던 내용들이다.

이 책에서 세상이 살 만하다는 이유와 공감되는 글을 찾아내어 자신만의 활기찬 삶의 방향이 되길 희망해 본다.

"나른한 오후의 편안한 잠, 햇빛을 받으며 신나게 자전거를 타는 일, 과수원에서 맞이하는 아침, 우편함에서 발견한 반가운 편지 한 통, 잘 익은 복숭아를 맛보는 일, 일을 마무리하고 난 후에 느끼는 날아갈 듯한 기분, 시험이 끝나자마자 공부한 것을 몽땅 잊어버리는 것, 지나온 인생의 행로를 노트에 적어 보는 일, 너무 무겁지 않을 정도의 진지한 태도, 가슴 벅찬 기쁨으로 흥분하기 전 온몸에 돋아나는 까칠한 닭살들, 따뜻한 샤워를 하고 산뜻하게 잠자리에 드는 일, 문득 떠오르는 첫사랑의 아련한 미소, 뿔 달린 망아지처럼 종잡을 수 없는 젊은이들의 열기, 치아 교정기를 떼어내고 자신감 있게 활짝 웃어 보는 일, 비 오는 날 우산을 펴지 않고 일부러 맞아 보는 빗방울, 할아버지 할머니의 넉넉한 품, 좌절감을 격언과 선지식의 가르침 때문에 희망으로 바꾸어 생각하는 것, 매번 모든 것이 전혀 새로워질 수 있다는 사실, 인터넷 스마트폰이 주는 생소한 즐거움, 고난과 실패한 사람들의 성공 극복기, 우연한 만남의 남녀가 우여곡절 끝에 해피엔드로 끝나는 사연의 드라마 영화 한 편, 유행이 한참 지난 엄마의 귀걸이를 착용하고 시내를 배회해 보는 것, 마지막 수업을 빼먹고 친구들과 놀러 나가는 일, 캄캄해질 때까지 애견을 데리고 공원을 산책하는 일, 창문에 녹색의 얇은 종이를 잘라 운치 있는 모양을 내보는 일, 잔잔한 호수 위 멀리 수면에 돌을 던져 통통거리며 만들어지는 물수제비, 산속 배회 중에 피어난 샛노란 야생초꽃의 향기를 맡아보는 것, 자신이 있어야 할 곳을 분명히 알게 된 순간, 과거의 일을 생각하다 가만히 웃고 지나갈 수 있는 것."

비녀에 얽힌 기도
― 작은 선행 공덕 ―

다음 이야기는 작은 선행의 공덕이 가져오는 과보가 만만치 않음을 예시하고 있다.
작은 선행이나 악행이라도 가볍게 여겨서는 안 된다는 법구경의 말씀을 되돌아보게 한다.

♧ 조선시대에 어떤 재상이 있었다.
서생 시절 몹시 가난한 선비가 있었다. 성균관에 시험을 보러 가는 서생은 어린 하인에게 책을 짊어지게 하고 앞장서게 하였다.
어느 현에 이르렀을 때 하인은 긴 물건을 주워 상전에게 드렸다. 자세히 살펴보니 그것은 금동 비녀였고, 값을 헤아리기 어려울 정도로 제작 솜씨가 기묘하였다.

"이것은 필시 어떤 사람이 실수로 떨어뜨렸을 것이니 다시 와서 찾을 것이다."

선비와 상전은 길가에 서서 주인이 찾아오기를 기다렸다. 조금 후 당황한 한 여인이 좌우 주변을 살피고 있었다. 선비는 금비녀의 모양, 제작 방법 등을 여인에게 물어보고 난 후 여인이 이 물건의 주인임을 확인하고 돌려주었다. 여인은 선비의 성씨와 주소를 물었지만 대답하지 않고 그 자리를 떠났다.

훗날 서생은 과거에 급제하여 좋은 벼슬자리를 두루 거쳤다. 이조판서가 되어 묘궁에 행차하는 임금님을 모시고 가다가 어느 고을의 향토 재력가 집에 잠시 쉬기로 하였다.

그 집은 아주 좁아서 안채와 바깥채에서 말하는 소리를 들을 수 있었는데 조금 있으려니 안채에서 기도하는 소리가 들려왔다.

"옛날 이현에서 금비녀를 돌려주신 어르신은 불보살님과 천지신명이 도우셔서 공경이 되게 하시고, 자손들은 번성하고, 수명과 부귀를 더불어 누리도록 가호하여 주시옵소서!"

이조판서가 주인에게 물었다.

"안채에서 기도하는 소리가 들리던데 무슨 일인고?"

주인은 벌벌 떨면서

"무지한 저희 계집이 존위를 몰라보고 귀찮게 했으니 용서 바랍니다. 삼십 년 전의 일입니다. 소인의 처가 임금님의 외척 되는 참판 댁 재상 마님과 친하였는데 재상 마님이 혼수를 장만하려고 소인의 처에게 많은 돈을 주면서 금비녀를 사 오게 하였습니다.

소인의 처가 금비녀를 사 오다가 잃어버렸습니다. 바로 오늘이 금비녀를 잃은 날입니다. 매년 오늘이 되면 술과 떡, 과일을 올리고 불보살님과 천지신명님에게 복을 빌었나이다."

그 이야기를 들은 이조판서는 자신의 출세가 한편으로는 작은 선행의 공덕 결과임을 알고 더욱 많은 선행을 찾아 행하였다고 한다.

또 기도를 계속해 온 그 여인에게는 큰 선물로 보답하였다고 한다. (설화문학총서)

이조 말 금강산 장안사의 사회복지제도
― 영국 이사베랄 바드 비숍 여사 여행기 ―

영국인 이사벨라 바드 비숍(1832~1904) 여사는 금강산 장안사를 탐방하고 "한국과 그 이웃 나라"라는 저서를 저술하였다.

그 책에는 장안사의 요사체에서 백여 명이 넘는 장애인, 고아, 과부, 극빈자, 홀몸 노인들이 승려들과 함께 살고 있는 모습을 보고 동양 복지제도의 놀랍고 신기한 단면을 그려내고 있다.

서양에서는 고등학교만 졸업하면 자식들은 무조건 부모님 품을 떠나 독립하여 산다. 그래서 국가에서는 보육원, 양로원을 지어 오갈 데가 없는 사람들을 보호한다.

서양과는 달리 우리나라와 동양은 오갈 데 없는 자신 주변의 사람들을 친척이나, 이웃, 사찰에서 보호해 주고 가족처럼 같이 사는 것이 오랜 관습이었다.

오늘날에는 동양이나 한국은 보육원, 양로원 같은 복지기관이 없는 복지 사각지대라는 편견을 만들어 내었다.

제도적이고 관리적 차원의 보육원이나 양로원보다는 한 가족처럼 더불어 몸을 맞대고 사는 복지가 훨씬 인간적이고 따뜻한 자비가 넘치는 아름다운 복지제도이다.

비숍 여사는 1894년 2월 23일경 일본 나가사키에서 출발하여 부산에 도착한다. 그리고 3월 1일 서울에 도착하였고, 5월 21일 육로로 금강산 장안사를 관람하게 된다.

"금강산은 아름다움에 더하여 종교적인 분위기를 북돋아 주는 55개의 사원과 암자들이 있다. 그 사원과 암자 중 장안사는 금강산의 3대 대찰의 하나이며 가장 오래된 고찰이었다.

절 정문을 지나고 시냇물을 건너 홍살문 –한국에서 왕실 수호를 상징하는 '붉은 화살문'–을 통과하자 어느새 장안사 경내로 들어와 있었다.

장안사에는 크고 작은 건물들, 종각과 비석, 참배객들의 조랑말을 위한 마구간, 승려들의 숙소와 요사채, 절의 하인들과 신참 승려들을 위한 숙소, 큰 부엌, 낡은 접객실, 여승방 등이 있었다.

그 이외에도 절름발이, 청각장애인, 시각장애인 그리고 과부, 고아, 극빈자, 병약한 노인 등 고통과 괴로움에서 신음하는 사람들을 돌보는 숙소가 따로 있었다. 이들 식객은 1백여 명에 달했는데 사찰로부터 대접을 잘 받는 것으로 보였다."

살아서 지옥의 고통을 받는 일

어떤 사람이 죽어 염라대왕 앞에서 행적을 조사받았다. 염라대왕 밑에서 서기역을 맡은 최판관도 여러 해 이 일에 종사하다 보니 극락, 지옥, 축생 중 어느 곳으로 갈 것인지 어림짐작으로 알고 있었다.

이 친구는 마음씨를 곱게 쓰지 못한 터라 지옥에서도 초입 아니면 구렁이나 다른 무엇으로 환생시켜 주려나 했는데 의외의 판결이 나왔다.

"그놈을 인간으로 환생시켜 주어라."

"뭐 이런 고얀 놈을?" 하고 망설이는데

"선비로 태어나게 해 줘라!"

"아니 더 더구나 선비로?"

뒤이어 조건이 제시된다.

"그놈에게 아들 5형제만 점지 시켜 줘라!"

최판관은 그만 기가 차 붓대를 놓고 일어선다.

"대왕께서는 오늘 무슨 판결을 그렇게 내리십니까?"

염라대왕은 한참 껄껄껄 웃고 나더니

"이놈아! 가난한 선비가 아들 5형제를 공부시키자면 뭐 지옥에 떨어진 것보다 나은 줄 아느냐?" (허풍쟁이와 바람쟁이)

어떤 친구 아들이 등록금이 최고로 비싼 사립대학에 들어갔다기에 치하했더니 "불행히, 합격했어"라는 말과 비슷한 느낌이라고 할까?

조선 초기 상진 대감의 처세 이야기

조선 초기 상진이라는 대감은 성품이 너그럽고 후하여 일생동안 남의 허물을 말하지 않는 것으로 유명하였다. 그가 그러한 인생관을 확립하게 된 일화가 해동 설화집에 전해 온다.

상진 대감이 대과에 급제하여 벼슬을 부여받고 귀향하는 노상에서 소 두 마리를 부리며 밭에서 일을 하는 농부에게 여담 삼아 "어느 소가 일을 잘하느냐?"고 물었다.

그러자 농부는 무슨 큰 비밀이라도 알려 주듯 조심스럽게 다가와서 귀에다 대고 속삭였다.

"작은 놈이 오히려 낫습니다."

상진 대감이 왜 그런 걸 귀엣말로 속삭이냐고 되묻자 농부는 정색을 하고

"저 짐승의 마음도 사람과 마찬가지여서 평가하는 말을 듣는 경우, 잘한다고 하며 좋아할 것이요, 못한다고 하면 화를 내는 까닭이지요"라며 대답하였다.

이에 상진 대감은 깨닫고 농부에게 넙죽 절하며

"귀하는 숨은 군자이십니다. 삼가 가르침을 받들겠습니다."

그 후 상진 대감은 남의 단점보다는 장점을 말하고, 모든 일을 긍정적으로 인식하는 자세로 일관하여 도량이 넓기로 유명한 황희 정승에 버금가는 넉넉한 마음의 영의정으로 후세에 이름을 남기고 있다.

영혼의 실제 (미국 뉴욕 하인즈 빌 사건)

1848년 3월 31일 미국 뉴욕주 하인즈 빌이라는 마을에 실제로 있었던 일이다.

독일계 '폭스'라는 사람이 이 마을로 이사를 왔다.

어느 날 폭스가 식사할 때 갑자기 문 두드리는 소리가 나서 나가보니 아무도 없었다. 또 문을 두드리는 소리가 나서 나가보면 아무도 없었다. 폭스는 큰 소리로 "누군지 할 말이 있으면 집으로 들어오라!"고 외쳤다.

그러자 밖에서 누군가가 이야기를 하였다.

"자신은 사람이 아니고 영혼인데, 생전의 이름은 '로스'이고 자신의 시신이 이 집 지하에 암매장되어 있으니 찾아 장례를 치러 주세요"라고 부탁하였다.

폭스 일가는 믿기지 않아 경찰에 신고하고 지하실을 파보니 시신이 발견되었다. 그래서 장례를 치루어 주었다. 경찰에서는 이사 온 지 얼마 되지 않는 사람이 어떻게 정확하게 시신을 찾았는지 의심하고 경찰서로 연행하여 문초하였다.

그날 밤 '로스'라는 영혼이 나타나 장례까지 지내 주었는데 이런 고생을 시켜서 미안하다며 자기를 죽인 살인범은 앞집에 사는 '죠지 백'이라고 알려 주었다.

폭스씨는 이 사실을 경찰에 알렸고, 경찰은 혹시나 하며 조사해 보니 사실로 밝혀졌다. 이때가 바로 1848년 3월 31일이다.

그 이후로 이 이야기는 미국 전역에 퍼져 나갔고 이 사건을 계기로 1851년 영국 캠브리지대학에 심령학회가 조직되었다.

그로부터 백이십 년이 지난 1972년 12월 미국 로체스터에서 열린 국제학회에서 "하인즈 빌" 사건을 기념하기 위한 기념비를 세우기로 결의하였다.

이 기념비는 지금 뉴욕시 73번 가에 높이 8m의 웅장한 모습으로 서 있다.

(영혼 심령 이야기 – 그물에 걸리지 않는 바람처럼)

마치 사건의 분위기가 밀양 아랑각 –억울하게 죽은 처녀 아랑–의 고을 원님에 대한 영혼의 하소연과 비슷한 분위기이다.

기어 (비단결같이 꾸미는 말)중죄 금일 참회 일화

옛이야기 소찬에 나오는 일화이다.

꾀 많은 수재가 죄를 심판받기 위해서 염라대왕 앞에 갔는데 이때 염라대왕이 속이 불편하여 방귀를 뀌자 그는 즉시 '방귀 찬송'을 지었다.

"높으신 금빛 엉덩이로 보배 같은 향기를 피우셨네. 그 소리는 관현악 같고 또한 향기는 난향 같아라. 신하 된 몸 그 아래서 그 소리와 향기에 몸 둘 바를 몰라라!"

염라대왕이 흐뭇하게 듣고 수재의 수명을 10년 더 연장하여 이승으로 돌려보냈다.

10년 후 수재는 다시 지옥에 떨어졌다. 그런데 그는 의기양양하게 거들먹거리며 심판 받기 위해 염라대왕 앞으로 걸어갔다.
"저자는 누구인데 저토록 자신만만한가?"
저승 판관이 대답했다.
10년 전에 '대왕님을 위해 방귀 찬송'을 지었던 그 수재입니다.
아첨꾼은 언제, 어디서나 재빠르게 시류에 영합합니다.
비단 같이 꾸미는 말(기어) 중죄 거듭 참회합니다.

민자건 일화

최근 창녕에서 계부가 9살 난 의붓딸을 철사로 발바닥과 발가락을 지지며 학대하여 구속되었다. 또 속이 못된 여인이 재혼하여 전 남편을 죽이고 전처 소생의 아들을 살해하여 우리 주변을 시끄럽게 하였다.

공자님 시대에 자기가 낳은 자식이 아니라고 학대한 민자건 일화가 있다.

민자건의 아버지는 아내를 잃고 홀아비 생활하다가 후처를 맞이하였다. 후처는 한동안 민자건을 극진히 사랑하다가 아들 둘을 낳자 계모의 본색을 드러내어 민자건을 핍박하였다.

어느 날 민자건의 아버지가 수레에 짐을 가득 싣고 언덕을 오르게 되었다. 후처의 두 아들은 땀을 뻘뻘 흘리는데, 민자건은 벌벌 떨고 있었다. 그래서 민자건의 아버지는 집에 돌아와 옷을 조사해 보니 두 아들은 햇솜을 가득 넣은 옷을 입었고, 민자건은 갈대 속을 넣은 옷을 입고 있었다.

민자건의 아버지는 화가 나 후처를 친정으로 내쫓았다. 문밖에서 아버지의 말을 듣고 있던 자건은 "아버지 그렇게 하셔서는 안 됩니다.

아버님께서 한번 참으시면 저 혼자 떨면 될 것입니다만 만일 아버님께서 노여움을 내신다면 두 동생과 그리고 새어머니까지 모두 떨게 됩니다. 부디 이 일을 덮어두시고 새어머니를 용서하여 주십시오."

무릎을 꿇고 간청하는 자건을 보고 후처는 자신의 잘못을 깊이 뉘우치고 화목하게 가정을 일구어 나갔다고 한다.

그 후 민자건과 부친이 함께 공자님께 나아가 수학하고 큰 제자가 되었다고 한다.

반짝이는 다이아몬드 북두칠성

톨스토이 전집에 있는 북두칠성 이야기다.

옛날에 극심한 가뭄으로 우물과 강물이 말라 죽어가는 짐승이 부지기수였다.

병으로 누워 계시는 어머니를 위해 한 소녀가 물통을 들고 황야로 나갔다. 소녀는 물을 찾다가 지쳐 풀 위에 쓰러져 잠이 들었다. 배가 고파 눈을 뜬 소녀는 곁에 놓인 작은 물통을 발견하였다.

소녀는 엉겹결에 물을 마셨다. 정신을 차린 소녀는 어머니께서 기다리고 계신다는 것을 깨닫고 급히 길을 가다가 강아지에 걸려 넘어졌다.

그러나 다행히 물은 쏟아지지 않고 온전히 남아 있었다. 목말라 굶주린 강아지에게 물을 조금 주니 나무 물통이 은으로 바뀌었다.

집에 돌아온 소녀는 어머니에게 물을 건네니 "나는 괜찮다. 그보다 너나 마셔라"며 어머니께서 말씀하시자 은 물통이 다시 금 물통으로 변하였다.

소녀는 기뻐 마시려고 한 순간 허름한 차림의 길손이 나타나 "미안하지만 물 한 잔 주시지 않겠습니까?"라고 하는 것이었다.

소녀는 잠자코 물통을 길손에게 넘겼다. 방문객이 마시는 물통에서 흘러 내린 한 방울 한 방울의 물은 반짝이는 다이아몬드가 되어 요술처럼 조용히 하늘로 올라가 별이 되었는데 그 별이 일곱 개의 다이아몬드로 된 북두칠성이다.

스트레스와 질병의 상관관계

강한 스트레스를 받은 후에는 어떤 병이나 질환을 앓는 경향이 있다고 증명하고 있다.

동양 한의학의 고수인 성인들은 다음과 같이 말하고 있다.

너무 분노하고 화를 자주 내면 간을 다치고, 너무 비탄과 슬픔에 잠기면 폐를 상하게 한다. 또 너무 기쁨과 희열에만 몰입하면 심장을 다치게 하고, 공포와 두려움에 자주 빠지면 신장을 해치게 된다고 말하고 있다.

워싱턴대학의 토마스 혼즈 박사와 라헤 박사는 "마음의 의학"이라는 책에서 스트레스가 질병을 유발할 확률을 다음과 같이 분석하고 있다.

- 배우자의 사망 : 100%
- 이혼 : 73%
- 별거 : 65%
- 형무소 입소. 감옥생활 : 63%
- 가족 한 사람 사망 : 63%
- 결혼 : 50%
- 실업, 해고 : 47%
- 임신 : 40%
- 가까운 친구 사망 : 37%
- 부부싸움 빈도 변화 : 36%
- 1만 달러(1,000만원) 이상 차용 : 1%
- 직위, 직책 변화 : 29%
- 자녀의 자립 : 29%
- 처가 집 식구와의 다툼 : 29%
- 자녀 입학, 졸업 : 26%
- 상사와의 언짢은 일 : 23%
- 신앙생활의 변화 : 19%
- 가족 모임의 빈도와 변화 : 15%
- 휴가 : 13%
- 법률상의 가벼운 위반 행위 : 11%

평상시에 기도, 염불, 독경, 사경, 108 참회, 참선을 틈틈이 닦아 나가면 일상의 삶에서 부딪히는 스트레스와 마음의 장애에 흔들리지 않아 마치 바위가 몰아치는 태풍에도 끄떡없이 견고히 자기 위치를 지켜나가는 것과 같다고 하겠다.

산처럼, 대지처럼 마음을 견고히 하여 일상생활에서 부딪치는 스트레스를 잘 극복하고 질병을 이겨내어 밝고 활기차며 행복한 삶을 영위해 가야 하겠다.

불교도 행복의 비밀
― 뇌 속에 숨어 있었네 ―

중앙일보에 실렸던 기사이다.

♧ 평상심을 추구하는 불교 신도가 보통 사람보다 훨씬 큰 행복감을 누리며 산다는 가설이 과학적으로 입증됐었다고 영국의 일간지 더 타임스가 보도하였다.

미국 위스콘신 의대 연구팀들이 수년 동안 불교 수양을 해온 신도들을 대상으로 뇌를 단층 촬영한 결과 마음의 평온과 행복감을 증진시키는 대뇌엽 특정 부위, 즉 '행복 중추'의 활동이 보통 사람보다 훨씬 더 활발한 것으로 증명되었다고 전했다.

연구진은 독실한 불교도의 '행복 중추'가 끊임없이 전기 신호를 발산하며 활발한 활동을 보이는 것은 평정과 자기만족을 중시하는 불교도들의 생활 태도와 관련이 있다고 분석했다.

더 타임스는 "공포와 욕망을 느끼는 뇌의 다른 부위 활동은 불교도들의 경우 정상인보다 낮았다." "불교도의 행복감이 큰 이유는 외부 환경의 자극에 일희일비하지 않는 생활태도가 뇌 활동에 영향을 끼친 결과이다"라고 지적했다.

그물에 걸리지 않는 바람처럼, 소리에 놀라지 않는 사자처럼, 희노애락을 뛰어넘는 불교인의 평정과 자기 극복의 자세 속에서 행복의 열매는 알차게 맺힌다고 하겠다.

한번은 웃는 염소, 한번은 우는 염소

아함경에 나오는 전생 인과응보의 이야기이다.

바라문이 신전에 제사를 지내기 위해 염소 한 마리를 제단에 올려 놓았다. 잠시 후 칼로 염소의 목을 자르려고 하는 순간 염소가 크게 웃더니 이내 크게 울었다.

바라문은 평시에 겪어보지 못한 일이라 염소에게 물어보았다.

"왜 갑자기 웃고? 왜 또 갑자기 우느냐?"

염소가 대답했다.

"내가 499번째 전생의 과보로 염소 몸을 받았는데 이번에 죽고 나면 다음 생엔 인간의 몸을 받아 환생하니 너무나 기뻐서 웃었고, 한편으론 나를 죽이는 그대도 수많은 살생의 과보로 다음 생애에는 나의 전철을 밟으니 안타깝고 불쌍해서 크게 울었다."

그 말을 들은 바라문은 겁을 먹고 염소를 죽이려는 제단 의식을 중지하였다.

그러자 염소는

"내가 지은 과보는 다 하지 않아서 다른 죽음을 받을 것이다"는 말을 하였다.

아니나 다를까 저녁 무렵에 맑은 하늘에서 날벼락이 내려쳐서 염소는 벼락을 맞아 죽고 말았다.

바라문은 느낀 바가 많아 뉘우쳐 참회하고 제단을 떠나버렸다.

죽으면 돈을 저승까지 싸갈 것도 아닌데

종교단체에서 장례 봉사활동을 하는 한옥동 장의사는 고인들을 보내면서 어떻게 살아야 하는지 생각해 본다고 한다.

아무리 돈이 많은 부자일지라도 문상객 하나 없는 상가가 있고, 돈이 없어도 많은 사람이 와서 애도하며 안타까워하는 상가가 있어요.

또 장례식장에서 망자의 친구나 친지들이 망자를 욕하는 소리를 들으면 선하게 살아야 한다는 생각이 들죠. 이럴 때마다 나는 '죽으면 돈을 저승까지 싸 가지고 가지도 못할 것인데 돈에 집착하지 말고 나를 위해 진심으로 울어줄 사람을 남기고 가야겠다'는 생각을 하곤 합니다.

"가장 안타까운 순간은 여물지도 못한 어린 망자의 손과 발을 염습할 때였다"고 합니다.

선(명상, 참선)으로 21세기를 건너다.

아이폰 창시자인 스티브 잡스는 일본 조동종 사찰의 스님으로부터 참선을 배우고, 절에서 결혼을 올렸다.

그는 참선의 단순미, 직관력, 창조력을 발휘하여 아이폰을 만들어 온 세상 사람들을 놀라게 하였다.

미국 프로 농구 NBA LA 레이커스가 1999년, 2000년 시즌에 이어 2001년에도 참피언 결정전에서 우승하였다. LA 레이커스의 감독이었던 필 잭슨 감독은 1992년, 1994년에도 우승하여 뉴스 위크지로부터 "승부라는 분별심을 떠난 선적(명상, 참선) 무심의 기량을 발휘하였다"라는 평가를 받았다.

미국 스포츠 평론가들은 "선(명상, 참선)에 심취한 필 잭슨 감독이 선 훈련을 통한 순리와 중용 그리고 조화를 강조한다는 점에 주목하고 있다."

선(명상, 참선)은 21세기를 살아가는 현대인들이 반드시 수용해야 할 덕목 중 하나가 되었다.

프랑스에서는 선을 응용한 패션이 등장하고 있다. 그 단순미와 전체미를 아우르는 우주적 합일의 영원성 때문이다.

♤ 선에서는 어떠한 것도 용납하지 않으면서 모든 것을 포용하고 있다. ♤

♤ 물이 흐르는 게 아니라 다리가 흐른다. ♤

♤ 산이 물 위로 걸어간다. ♤

♤ 선은 직관이다. ♤

"무엇이", "어째서"라는 구차스러운 과정을 철저히 배제한다. 그래서 사물 자체를 바로 본다. 그것은 실상을 보는 것이다. 그래서 선의 직관력은 21세기를 관통하는 에너지가 될 것이다.

불자들도 선이 가진 장점을 가정, 학교, 직장, 사회생활에 활용하여 이웃과 사회를 선도하는 세계인이 되어야 할 것이다.

벼슬이 오를 때마다 재산을 줄인 정승

조선 민속 예화집에 나오는 이야기이다.

조선 11대 중종 때 김정국이라는 정승이 있었는데 그의 재산은 평범하였다. 소신은 "벼슬을 살면 깨끗해야 한다. 벼슬을 살면서 재산을 늘리는 것은 허가받은 도둑질이다"라고 말했다.

정승은 벼슬이 한 등급 오르자 즉시 작은 집으로 옮겼다. 부인은 정승에게 물었다. "왜 집을 옮깁니까, 우리가 양심껏 살면 그만이지, 찾아올 손님도 더 많아 집이 좁을 텐데요?"

"좁은 집은 관리비가 적다. 벼슬이 높으면 봉급은 많아진다. 손님은 좁은 집에서 더 정성껏 맞이하면 되지요."

정승은 벼슬이 오를 때마다 집을 줄여 나갔다. 가족들뿐만 아니라 친지, 이웃들까지도

"굳이 이렇게까지 안 해도 되는데 왜 이러십니까?"

"벼슬이 자꾸 오르니 어찌합니까? 백성들은 자꾸 의심하는데, 벼슬 얻고, 명예를 얻고, 돈까지 얻으면 백성들의 손가락질을 받아 나라를 위해 일하려는 꿈을 펼칠 수가 없습니다. 그러니 처음부터

재물에 욕심이 없다는 것을 보여주어야 합니다."

정승이 지방으로 발령이 나자

"이제 외지로 벼슬 나가니 논밭을 줄입시다."

부인이 대답하기를

"우리집 전답이야 두어 마지기 뿐인데"

"우린 벼슬을 받아 살아가니 설마 굶어 죽기까지 하겠소?

서울에서 벼슬할 때는 사람들이 호화로운 집에 사는지 집에 관심이 많았는데 지방에 가면 논밭으로 평가합니다.

또 백성들을 직접 대하니 더욱 조심해야지요."

그는 조선의 청백리 중 한 분으로 그의 행적은 오늘날의 모든 고위 공직자들에게 모범을 보여주었다고 하겠다.

부처님의 하루 일과

이정상 박사는 스리랑카 나라타(Narata) 존자의 "붓다와 그의 가르침"에 서술된 부처님의 일과를 다음과 같이 요약하였다.

부처님은 빈틈없는 가르침으로 하루를 보내셨다. 부처님은 하루 1시간 비파사나 선정에서 잠을 주무시고 아침, 저녁 2시간 동안 많은 중생들에게 자비를 베푸시고 자비의 광명을 방사한다. 또 스스로 무소유 행으로 이곳저곳을 탁발하며 거룩한 진리를 가르치기 위해 편력하셨다.

1. 새벽

이른 아침을 뺀 3단계로 새벽 시간을 나눌 수 있다.
가. 첫 번째 시간(2~3시) : 경행을 하신다. 이것은 가벼운 육체적 운동도 포함된다.
나. 두 번째 시간(3~4시 사이) : 비파사나로 마음 챙김을 하며 오른쪽으로 누워 주무신다.
다. 세 번째 시간(4~5시) : 아라한의 삼매에 들어 열반의 적멸 상태를 이룬다.

2. 이른 아침과 오전

이른 아침인 오전 5~6시에는 대자대비 삼매에 들어 중생들에게 자비를 방사하며 중생들의 가슴을 어루만져 풀어 주신다. 이때에는 당신이 도와 줄 수 있는 사람을 불안佛眼으로 보고 찾아가서 도와주신다. 정신적으로 도움이 필요하고 초대받지 않아도 사악하고 청정하지 못한 사람은 찾아 가지만, 청정하고 덕이 있는 사람은 부처님을 친견하러 온다. 그리고 오전 중에 탁발을 나간다.

3. 오후

비구들에게 담마인 진리를 가르치고 필요하다면 누워서 잠시 비파사나 마음 챙김과 더불어 낮잠을 주무신다. 그리고 일어나는 즉시 대자비 삼매에 들어 천안天眼으로 살핀 후 자비를 베푼다. 특히 수행을 위하여 홀로 외딴 곳에 있는 비구나 정신적 향상이 필요한 사람을 도와 준다.

4. 초저녁

오후 6~10시 사이에는 수행자인 비구들의 가르침에만 한정한다.

5. 중간 밤중

밤 10시~새벽 2시 : 천상에 있는 천인들에게만 가르침을 편다. 그들은 천안으로 부처님께 접근하여 법에 대하여 질문을 한다.
상응부 경전 여러 곳에서 천인들이 부처님께 법을 듣고 가는 모습이 실려 있다.

숙종과 이관명 일화

부처님께서 공직자의 처신이 어떠해야 함을 다음과 같이 말씀하셨다,
♧ 나라를 위해 공직에 있더라도 탐욕하지 말아야 하고, 잔인하지 않아야 하며, 승진에만 매달려서도 안 될 것이며, 오욕락에 빠지거나 청탁에 개입해서는 안 된다. 바른 마음으로 벼슬을 잘 한다

해도 다만 지옥의 죄만을 벗어나게 된다는 사실을 명심하라.

한국 고전문학에 있는 조선 숙종 때의 이야기이다.

당하관 벼슬에 있던 이관명이 어사가 되어 영남지방을 순찰하였다. 그리고 왕궁으로 돌아와 숙종과 마주 보게 되었다.

숙종이 물었다. "그대가 돌아본 영남지역은 어떠하든가?"

이관명은 후궁의 소유로 되어 있는 섬에 대하여

"통영현 관할 섬 하나가 대궐 식구 한 분의 소유로 되어 있습니다. 그런데 관리의 수탈이 얼마나 심한지?"

그 섬은 숙종이 총애하는 후궁에게 준 것이다. 대면 중 숙종이 갑자기 화를 내면서 옆에 있는 철여를 들어 내리치니 앞의 책상이 박살났다.

"내가 그 조그만 섬 하나를 후궁에게 준 것이 그렇게도 불찰이란 말인가?"

이관명은 조금도 흔들림 없이

"그 일로 저를 그리 탓하신다면 물러나겠습니다. 파직하여 주십시오."

"그만 둘테면 그만 두시오!"

임금은 승지에게 당장 전교를 쓰라고 한다.

"전 수의어사 이관명에게 부제학을 제수한다."

"또 한장 쓰라. 부제학 이관명에게 홍문제학을 제수한다."

"또 한 장 쓰라. 홍문제학 이관명에게 호조판서를 임명한다."

"경의 충간으로 내 잘못을 깨달았소, 법 앞에 모두가 평등하오. 그와 같은 신념 변치 말고 일해 주기 바라오!"

아랫 사람의 바른말을 받아들여 주는 조선 왕의 모습을 오늘날의 대통령들이나 고위 공직자들도 본받아야 될 일이라고 생각되어진다.

붓다 경영의 길을 걸어간 이들

오래전 중앙일보에 '끝없는 약육강식', '80대 20의 사회' 등으로 상징되는 현대 자본주의의 폐해를 극복하기 위해 불교 이념을 경제에 접목하는 경영자나 경제 전문가들이 늘어나고 있다고 기사화되었다.

일본의 카메라 회사 캐논(CANON)은 관음觀音에서 유래하였다. 창업 이념도 불교의 상생 개념에서 따온 공생共生이다. 회사는 물론 종업원, 고객, 협력업체, 대리점 모두의 이익을 추구한다.

롯데 캐논 김천주 이사는 "광학 기계업체로 출발한 중소기업이 글로벌 기업으로 성장하기까지는 공생 정신이 성장의 동력이 됐다"라고 하였다.

벤처에서 대기업으로 성장한 교세라 그룹 이나모리 회장은 첨단 경영보다는 〈종업원에 대한 끝없는 신뢰〉, 〈기업의 사회에 대한 헌신〉 등 불교 경영을 실천하면서 승승장구해 일본인들로부터 존경을 받고 있다.

티벳 불교에 감화된 마이클 로치는 1981년 다이아몬드 판매업체인 앤디 인터내셔널 다이아몬드사의 창립 멤버로 들어가 〈금강경〉에 담긴 붓다의 지혜를 경영 현장에 접목, 마음을 비우고 부를 나누는 경영 원칙을 실천하였다. 직원 4명으로 출발한 이 회사는 로치가 은퇴할 즈음엔 연간 1억 달러 매출을 달성하는 대기업으로 성장하였다.

6조 혜능 대사의 선문화가 가져온 변화
— 혁신적인 불교 운동 —

원효 스님은 왕실과 귀족 중심의 불교를 서민불교로 정착시키는 불교운동을 전개하였다. 스님은 저자거리로 나가서 6자 염불 즉 〈나무아미타불〉을 읊조리면 누구나 극락을 갈 수 있다고 하여 서민들이 쉽게 불교를 신앙하도록 하셨다.

그와 마찬가지로 중국 당나라 시대 때 6조 혜능 대사가 일으킨 불교운동도 소수의 특권층, 귀족층, 지식인층에 머무르던 불교를 일반 서민들도 신앙할 수 있도록 하는 활동이었다. 따라서 6조 혜능 스님이 불교사에 차지하는 위치는 매우 크다.

이은윤 선생은 〈육조 혜능 평전〉에서 불교사에서 차지하는 6조 혜능 스님의 위치를 다음과 같이 고찰하고 있다.

혜능의 출신 성분이 지리적(영남), 민족(야만족), 출신(몰락 관리), 계층(평민), 문화(무식) 등으로 형용된 것은 혜능의 선이 정치적 성향을 띠고 있음을 보여주기 때문이다.

1. 소수 변방 야만족의 선 문화

지리적으로 변방인 영남지역은 (지금의 중국 남부 광주 지역) 야만족, 촌놈의 문화이지만 당나라 수도 장안의 정치, 경제, 사회, 문화적 우월성보다는 불교적 평등론에 기초하여 평등과 개인의 존엄성을 중시한다.

2. 빈민, 노동자의 선禪 문화

홀어머니 밑에서 나무꾼 생활을 한 혜능의 최하층 생활은 중국 하층민의 사회를 대표하면서 혜능을 '평민 사상가'로 특징 짓고 있다.

평민 문화의 자립, 자력 정신과 쾌속성은 혜능 선의 핵심적인 특징인 자기 스스로 불도를 이루고(自成佛道), 자기 스스로 깨닫고(自悟自手), 몰록 즉시 깨달아 스스로의 성품을 본다(頓悟見性) 등으로 표출되었다.

3. 문맹의 선禪 문화

〈단경〉은 "선적 깨달음은 언어 문자를 통해 획득하는 지식과는 전혀 다르며 관계없음"을 분명히 밝히고 있다. 혜능의 불교 인연도 나무꾼 생활 중에서 어느 집 담 너머로 들려오는 금강경 구절 "응당 머무른 바 없이 마음을 낸다"는 구절에서 마음을 깨우쳤기 때문이다.

4. 돈오頓悟의 선禪 문화

돈오의 쾌속성과 민첩성을 분명히 드러냈다. 소외계층의 부처를 이루려는 성불의 열망, 곧 인간의 존엄성과 평등권을 내세로 머문다거나, 오랜 시간을 요구하는 절차적인 수행에 의탁할 수 없다는 현실에 부응함.

5. 자주·자립·자력의 선禪 문화

5조 홍인 대사로부터 인가받고는 방앗간에서 방아 찧는 생활, 사냥꾼과 어울렸고(3~17년) 그로 인해 더욱 노동자의 심리를 이해하였다.

황실의 부름조차 건강을 이유로 거절하였고, 자급자족의 소농경제 체제 속에서 살아가는 농민들의 자립, 자력 정신은 6조 혜능선의 선 사상 형성에 깊은 연계성을 가졌다.

조르비즘(조르바주의)

자유의 삶을 뜻하는 조르비즘(조르바주의)이란 신조어가 나온 지도 꽤 오래 되었다. 몇십 년 전 서구 사회는 그리스인 조르바의 걸림 없는 대자유인의 삶을 본받자는 의미로 조르비즘을 거론하기 시작했다고 한다.

조르비즘은 니코스 카잔자키스의 소설 '그리이스인 조르바'라는 소설 주인공 조르바의 걸림 없이 살아가는 대자유인의 삶에서 나왔다.

조르비즘이란 〈일상의 모든 사물에 처녀성을 부여하는 것, 바로 그것이다. 처녀림으로 들어가는 마음으로 모든 사물을 경이의 마음을 가지고 대하는 것이다.〉

조르바는 우리 곁에 있고, 삶이 무료하고 지쳤을 때, 그리고 '이게 삶의 전부인가?'고 싶을 때마다 새롭게 만나는 우리의 친구이다.

그리스인 조르바는, 60대의 조르바와 그에 매료된 서른 다섯 살 젊은 두목이 광산업에 뛰어들었다가 몽땅 망해 버린다는 얘기이다. 소설 속의 젊은 두목은 기상천외의 사람이었다. 단테, 말라르메를 줄줄 외우고, 불경 읽기에도 열심인데 젊은 시절 구도의 길을 걷던 카잔자키스 자신 모습이다.

그는 조르바를 만나 삶이 180도로 바뀐다. 카잔자키스는 조르바를 호머, 베르그송, 니체, 부처와 함께 자기 삶의 다섯 스승이라고 털어 놓았다.

대자유인 조르바는 자유의 삶을 뜻하는 조르비즘(조르바주의)이란 신조어를 만들었다. 그는 니체의 초인과 닮았고, 〈모눈종이 위의 삶〉을 벗어난 동양의 방외지사인 도인, 선사와 다를 게 없으니 가슴 뛰는 삶의 위대한 표상이다. 치우친 사람들이 갖게 마련인 여하한 관념을 거부한 채 광부 생활을 포함해 저잣거리의 삶을 살아온 인간이다.

소설가 이윤기는 '조르바는 대기와 바다 등을 마치 처음 접하듯 대합니다. 즉, 모든 사물에 처녀성을 부여하는 것이죠. 창조적 단

순성은 바로 거기서 나옵니다.'

그것은 딱딱하게 굳어진 기존 인식에 폭탄 한 방을 터뜨려 세상을 새롭게 바라보려는 혁명아 같은 마음을 말한다. 만년의 카잔차키스가 흠모했던 부처의 마음이 그것이다.

선은 서양에서 웰빙 바람을 타고 젠(Zen)이라는 일본식 이름으로 상품화 되고 있지만 선禪불교의 핵심 정신은 간단하다. 모든 사물에 처녀성을 부여한다는 것, 일명 조르바즘과 상통한다.

덕지덕지 붙어 있는 고정관념을 헌 옷 벗듯 떨쳐내 자유를 얻는 상태가 바로 조르바즘인 것이다.

사주 팔자란? 운명이란?

'꼬방동네 사람들', '어둠의 자식들'을 쓴 작가이며 전 국회의원(68세 때)인 이철용의 고백이다.

(왜 난 장애인인가? 왜 아버지를 어릴 때 여의고 뼈저리게 가난한가?)

나는 사주쟁이를 찾기도 하고 사주 공부도 하여 인생의 의미를 해명해 보려고 하였다. 사주쟁이에게 내 팔자를 물었더니 사주가 아주 좋다고 하다가, 내 현실을 보고는 장애인이 될 팔자라고 하여 사주를 믿지 않게 되었다.

평소에 바른 언행과 바른 몸가짐을 가지고 분노를 절제하며, 다른 사람을 사랑하고 배려하며, 친절히 대하고 베푸는 것이 사주보다는 삶에 더 많은 영향을 준다.

사주팔자는 운명에 영향을 미치는 절대적인 기준이 아니라는 것이다.

몸이 즐거우면 마음이 즐겁다. 마음이 살아나면 의식이 깨어나고, 의식이 깨어나면 행동이 따라오고, 행동은 습관을 변화시킨다. 그리고 습관이 바뀌면 운명도 바꿀 수 있는 힘이 생긴다.

운명의 운은 움직일 운運이다. 즉 운명은 움직일 수 있다는 말이다.

인생은 아름다워
― 그리고 웃음으로 위대해질 수 있다는 것 ―

김동호씨(76세)의 고백이다

1988년 이순(60세) 무렵, 칸 영화제 작품 (올해 칸 영화제 대상은 한국 영화 기생충) 로베르토 베르니 감독의 '인생은 아름다워'라는 영화를 보았다. 나는 이 영화에서 아무리 어렵고 고달프며, 괴롭고 가장 절망적인 삶의 순간에도 웃어라! 는 삶의 방법을 깊이 느끼고 배웠다.

티베트 고승들은 이렇게 웃을 수 있고, 울 수 있음을 외쳤습니다.

내가 태어났을 때 나는 울었고, 주위의 모든 사람은 웃었다!
내가 죽음을 맞이할 때 나는 웃었고, 주위의 모든 이들은 울었다!

삶의 근본, 자신의 본성을 체득한 이는 두려워할 것도, 절망할 것도 없음을 알고 오히려 웃을 수 있다는 것을 보여주는 이치이다. 또한 그것이 부처님 가르침의 핵심이다.

나무! 웃자, 웃자. 크게 웃자. 슬픔 절망 속에서도 크게 위대하게 한바탕 신나게 웃자. 웃자, 사바하!

여행 전문가(마니어)의 여행이란?

여행 마니아인 전 서울대 법대 학장 안경환 교수의 여행에 대한 정의를 들어보자.

- 젊은이는 얻기 위해서 떠나라.
  늙은이는 뭐든지 비우기 위해서 여행을 떠나라.
  버리다 보면 저절로 얻게 되는 것이 여행이다.

- 아울러 '내가 알고 있는 것이 꼭 옳은 것은 아니다'라는 열린 마음으로, 그리고 내가 가진 돈과 명예, 지위 따위를 접어 두고 여행을 즐기게 된다면 견문과 홀가분함이란 여행의 묘미를 흠뻑 맛볼 수 있을 것이다.

• 처음 해외 여행에 나서는 젊은이들에게 인도 여행을 권했다.

편하지만은 않을 인도를 둘러본 후부터는 모든 여행에 자신감을 가질 수 있다.

신혼 여행을 떠나는 이에게는 동남아의 작은 섬들을, 은퇴 후 새로운 삶을 준비하는 이에게는 네팔과 뉴질랜드, 호주로 떠날 것을 권한다.

'커피 마시는 시간을 아까워하지 말라'는 격언이 있다.

커피 한 잔을 마시는 동안은 마음의 휴식을 취하고, 마음을 가다듬고, 삶의 찌꺼기를 씻어 내고, 마음이 쉬는 소중한 여가 마당이다.

영국인들에게 오후의 홍차! 라는 말이 있듯이 오후 4시, 4시 30분이 되면 일을 모두 접고 1시간 정도 휴식 시간을 가지며 가정, 직장, 세상의 모든 잡사를 논하며 오늘 하루 마음의 찌꺼기를 씻어 낸다고 한다.

여행, 커피, 차 마시는 시간을 아까워하지 말라.

돈이 많을 때는 시간이 없고, 시간이 많을 때는 돈이 없다. 돈과 시간이 많을 때는 건강이 좋지 않다.

인기 가수 이선희의 고백 - 고성 염불

나의 아버지는 대처승(결혼한 승려)이었다. 서울 논현동에 소재한 언덕배기 절에 살 때 나는 고성 염불(큰 목소리로 하는 염불)로 기도를 하시는 아버지를 따라 기도를 한 덕에 목청이 탁 트인 것 같다.

어린 시절 학교 일과를 끝마치고 집으로 돌아갈 때 친구들은 시내로 갔으나 나는 언제나 산으로 갔다. 어느 날 친한 친구를 초대했는데 아빠가 스님이라는 소문이 나면서 친구들로부터 왕따를 당했다.

왜소한 체구의 가수 이선희는 어릴 때부터 절에서 열심히 고성 염불을 한 덕분으로 풍부한 성량과 청량한 음성으로 고음의 목소리를 낼 수 있었음을 알 수 있다.

고성 염불은 십종 공덕 즉, 잠이 오는 것을 쫓고, 수행 중 선신이 옹호하고, 악마가 두려워하며, 삼매가 앞에 나타나고, 모든 부처님이 기뻐하고, 용맹정진이 되고, 나중엔 서방정토에 왕생하는 등 열 가지 공덕이 있다.

세 가지 조건이 갖추어지면 사회적으로 성공하는 데 유익하다고 한다.

첫째, 눈에 총기가 있어야 하고
둘째, 웃음이 소탈해야 하고
셋째, 목소리가 힘 있고 우렁차야 한다.
 고성 염불로 수행 정진하면 위의 세 가지 조건이 모두 갖추어지게 될 것입니다.

우리의 장한 한국 어머니

 20여 년 전 미국 보스턴 문수사에 백인 노부부가 흑인 아버지와 한국 어머니 사이에서 태어난 혼혈아인 대학생 처녀를 데려왔다.
 그리고 한국에서 온 편지를 번역해 주기를 부탁했다. 편지는 서툰 글씨로 다음과 같이 쓰여 있었다.

 '영자야 미안하다. 용서해 다오!
 너무 가난하여 너를 키울 수가 없어 미국으로 두 살 때 입양 보낸 네 어미다. 너의 아버지는 흑인 군인이었으며 귀대 명령을 받고 미국으로 귀국한 후 지금까지 소식이 끊겨 찾을 길이 없구나.
 너의 아버지 나라 미국은 부자 나라라고 하니 미국에서 사는 것이 너를 위한 길이라 생각되어 입양을 보냈다. 가난도 가난이지만 우리나라에선 검은 피부색의 혼혈아는 따돌림을 받는 시대였으므로 어쩔 수 없이 너를 위해 보냈단다. 그 후로 네 어미는 온갖 허드렛일을 다 해가며 살다 보니 이젠 가난은 면했으나 그 대신 건강을 잃었다. 너와 헤어질 때의 찢어지는 아픔이 병의 씨앗이 되었는지

위암이라는 진단을 받았다.

 너에게 용서를 빌고 죽어야 눈을 감을 수 있겠는데 비행기를 탈 수 없어, 이렇게 편지로 용서를 구한다.'

 6·25 전쟁 1~2년 동안 종군기자로 활약한 우리나라의 유명 일간신문 기자가 뚱뚱보 미국 여기자와 기차를 타고 지방으로 내려가게 되었다.

 새벽녘에 기차가 지방 역을 지나는데 흰 모시 저고리를 입은 여인이 장독대에 청정수를 올려놓고 비는 모습을 보고 여기자가 '무엇을 하고 있느냐?' 물었다. '한국의 어머니들은 매일 새벽 남편, 자식, 가족들의 행복을 위해서 저렇게 물을 떠 놓고 천지신명님께 빌며 기도한다'라고 한국 기자가 설명해 주었다.

 그러자 뚱뚱보 여기자는 '나 같으면 뚱뚱한 내 살을 먼저 좀 빼 달라고 빌 텐데'라고 말하자 한국인 기자는 '한국의 어머니들은 자신만을 위한 기도는 하지 않는다. 평생 남편, 자식, 가족들이 잘 되기 위한 걱정에 자기를 희생한다. 자기를 위한 기도와 남을 위한 기도 어느 것이 좋을지 모르나 우리 한국의 어머니들은 평생 그렇게 살아오셨다'라고 말했다.

 서구화된 오늘날 한국 젊은이들에게 장독대 위에 물을 떠 놓고 새벽마다 기도했던 한국의 위대한 어머니의 모습이 어떻게 비칠까 궁금해진다.

세상을 떠나며
― 최인호 인기 작가(별들의 고향, 상도, 임상옥, 해신)

인생은 괴로우나 아름다운 것이라고 이야기하던 작가 최인호 씨는 침샘암이 생겨서 68세로 유명을 달리했다. 세상을 떠나기 10일 전에 최인호 씨는 김유정이 쓴 편지를 발견했다.
'참말로 다시 일어나고 싶다.'
'김유정의 그 편지를 읽을 때마다 나는 펑펑 울었다.'

최 작가는 가톨릭 신자였지만 불교 서적을 읽다가 경허 선사를 알게 되었고 선사의 일대기 '길 없는 길'을 출판하기 위해 자료를 수집하러 전국의 사찰을 찾아다니다가 불교에 심취하게 되었다고 한다.
생전에 최인호 작가는 여름마다 '우울증'이 오면 스님이 되고 싶다는 생각이 들었다고 한다.

'조그만 암자로 들어가 온전한 내 모습과 싸우며 죽기를 각오하고 생사를 초탈하여 윤회에서 벗어나고 싶다. 모든 욕망을 버리고 눈 덮인 히말라야 설산으로 가 아무도 만나지 않고 아무도 모르게 수도하다가 아무도 모르게 죽어 가는 은둔의 수도자가 되고 싶다.'

천주교 신자였지만 불교를 사랑한 작가 최인호.

종교의 틀에 자신을 가두지 않고 구도의 끝은 하나라는 생각으로 살았던 사람이다. 어떤 종교를 믿던 지금 내가 하는 일을 사랑하고, 지금 함께 있는 이들을 사랑하며, 이 순간의 삶을 감사히 여기며 살아가는 것이 우리 모두의 길이다. 일찍이 유명을 달리한 최인호 작가의 명복을 기원한다.

인생을 바꾸는 삶의 예의, 태도, 품격 - 매너

프랑스 로스차일드 남작 부인은 유년 시절 의붓아버지 밑에서 매우 불우한 생활을 하였다. 공장, 인쇄소, 단역 배우, 뮤직홀 댄서…

어려움 속에서도 희망을 잃지 않고 열심히 살아가던 어느 날 파리 소극장 대기실에서 먼지를 뒤집어쓴 채 팽개친 책 '매너'를 발견하였다. 그녀는 그 책을 통하여 열심히 매너 공부와 습성을 길러 나갔다.

10여 년 후, 사귀던 청년의 어머니로부터 초대를 받았다. 그녀는 책에서 배운 대로 말과 행동을 하여 청년의 어머니 눈에 들어 가문 높은 귀족 집의 남작 부인이 되었다.

매너가 사람을 만든다.

지식이 매너를 만나면 지혜가 되고, 교양이 매너를 만나면 품격이 된다.

호화 매너는 상대방을 존중하고 자신도 존중받아 피차 인간존엄성을 확보하여 사람답게 사는 것이다. 매너는 존중과 감동을 통한 상대와의 진정한 소통이다.

'매너는 기품이다.'
'표정을 아름답게 가꾸는 것에서 시작하자.'
'목소리에 늘 웃음을 머금어라.'
'나를 낮추고 상대방을 높인다.'
'농담에도 매너가 있다.'

매너는 국경을 초월한 패스포트(여권)이다. 당신이 다양한 지식과 권위 있는 사용권(자격증)을 가지고 육대주를 누비며 많은 인물들과 교류한다고 하더라도 매너의 중요성을 모르고 있다면 그저 평범한 여행객에 지나지 않는다.

채근담에 비록 가난한 집 여인일지라도 머리를 가지런히 빗어 묶고, 떨어진 흰 무명옷이지만 깨끗이 기워 입고 정갈하게 다듬질해 입으며, 부엌을 항상 깨끗이 청소하고, 우물에 가서 양동이 물을 길어오는 여인의 모습에는 기품과 품격을 내뿜는다고 기술되어 있다.

제멋대로 행동하는 사람들이 넘쳐나는 세상에 매너는 어린이, 청소년, 성인, 남녀 할 것 없이 배워야 할 필수과목이라 생각된다.

눈물을 흘렸던 감동적인 순간들

나는 '닥터 지바고'라는 영화를 보면서 창가에 내린 눈에서도 아름다움을 느끼는 주인공에게 무한한 동정을 보내며 나도 모르게 깊이 눈물 속으로 빠져들었다.

전쟁의 와중에 가녀린 감수성에 무한한 상처를 받은 그가 밖에서는 늑대들이 울부짖는, 폐허가 된 듯한 집에 돌아와 밤중에 책상 위의 먼지를 걷어내고 앉아 시를 쓰는 장면에서 나는 드디어 또 눈물을 흘렸다.

또 '사운드 오브 뮤직'이란 영화를 보고 눈물을 흘렸다. 자기를 잡으러 온 병사들이 문밖에서 기다리고 있는데 주인공은 가족과 함께 '에델바이스'란 노래를 부르는 장면이 기억된다.

나의 아내도 어떤 책에서 읽은, 간디가 영국인으로부터 따귀를 맞으면서도 묵묵히 인내하는 장면에서는 눈물을 흘렸지만……
(무명 수필가)

영적으로 성숙하기 위해서는 피와 땀과 눈물의 세 요소가 필요하다고 한다.

눈물 젖은 빵을 먹어보지 않은 자와는 인생을 논하지 말라는 격언도 있다. 눈물은 그냥 슬픔의 표현만이 아니다. 마음의 안정을 일구어내는 심리 치유의 신령스러운 영약이기도 하다.

지성은 그가 흘려본 눈물만큼 성숙한다. 어느 바위 아래에서 졸졸졸 샘솟는 옹달샘이 목마름을 달래주는 젖줄이라면, 사람들 가슴속 어딘가에 숨겨진 맑은 눈물샘은 인간성의 목마름을 씻어주는 생명의 젖줄이다.

하늘에서 비가 내리지 않는다면 온 지구가 멸망할 운명처럼, 사람에게 눈물이 없다면 죽은 사해와 같고, 삭막한 사막 같은 삶이 될 것이다.

No Problem(문제 없어!) 명상법

'타인이 누구인가를 묻기 전에 나 자신이 누구인가를 반문해 보는 장소가 인도였다고 말한다'라는 방랑자 류시화 씨는 자신이 터득했던 문제 없어(문제 없음) 명상법을 소개한다.

인도에서 '문제 없어'라는 말은 차를 놓쳤거나, 숙소를 마련하지 못했을 때, 여권을 잃어버리는 위기 상황이 왔을 때조차도 걱정하지 말라는 인도인의 낙천적이고 윤리적인 사고방식을 말한다.

귀중한 물건을 잃어버리거나 배우자가 죽었어도 '그 물건과 배우자는 원래의 자리와 위치로 돌아간 것뿐'이라고 생각하며 마음의 평화를 잃지 않는다는 것이다.

노 프로브럼! (문제없어)라는 명상법은 출구가 막혀 답답하고 해결 방법이 없는 현실에서 탈출하고 싶을 때 필요한 명상법이라 생각된다. 무리를 해서라도 한 번 정도 익숙한 곳으로부터 결별하고, 더 높은 도약을 위해 휴식과 노 프로브럼! (문제없어) 명상 시간을 가져보는 것은 마음의 평화와 안정을 얻는 좋은 방법이라고 생각된다.

영화배우 리처드 기어의 불교 사랑

정신에 관한 관심이 많아 나는 스스로 불교에 이끌렸다. 선불교 수행을 통하여 내 마음이 어떻게 움직이고, 몸이 어떻게 기능하는지 이해했다.

나날이 내 마음을 바라보는 리듬이 생긴 것이다. 그러한 관조는 아주 고통스러웠지만 수행 습관을 만들어 주었다. 1980년대 달라이라마를 친견했을 때는 자비심을 발견했으며 그 후 나는 티베트 불교에 심취했다.

나는 아무리 바빠도 하루 1시간 이상 수행한다. 공간은 확대되고, 시간도 늘어난다. 아이들이 생겼을 때 이제는 수행이 끝났다고 생각했지만, 오히려 더 많은 시간이 생겼다.

좋은 아빠, 좋은 남편이 되는 것 역시 중요한 수행이다. 이 모든 것을 불교의 수행으로 바꾸는 방법을 몰랐다면 나는 정작 미쳤을 것이다.

나는 30년 동안 반야심경의 공의 도리를 이해하려고 노력했는데 아직도 잘 모른다. 그렇지만 우리는 꾸준히 노력하고 수행해야 한다. 모든 중생이 불성을 가지고 있다는 부처님의 원래 마음으로 돌아가야 한다.

인기 영화배우 리처드 기어는 고교 때부터 불교에 관심이 많았다. 26살에 영화 배우로 데뷔하였고, 29살에 불교에 입문한다. 처음엔 '참선회' 명상을 통해 불교에 심취하게 된다. 리처드 기어는 29살에 네팔 여행을 한 후 티베트 불교에 관심을 가지게 되었고, 31살인 1980년 초 인도에서 달라이라마를 만난 후부터 티베트 불교에 깊이 빠지게 된다.

그 후 출가까지도 생각했지만, 달라이라마께서는 세속에서 해야 할 일이 많이 있으므로 출가를 만류했다. 미국 뉴욕에 큰돈을 기부하여 티베트 불교 센터를 건립하고 불교 포교에 매진하며, 에이즈 환자, 난민 돕기 등의 봉사활동을 열심히 하고 있다. 10여 년 전 우리나라를 방문하여 서울 조계사를 참배했다.

세종대왕이 맏딸 정소공주의 죽음을 맞아 제문 지음

왕은 말하노라.
정해져 있는 목숨은 어쩔 수 없으나, 부녀간의 지극한 정리는 끊을 수가 없구나. 슬프다! 너의 일생은 연약한 여식으로 자라났다.
자태가 단정하고 맑으며, 품성은 곧고 아름다우며, 손을 이끌고 다닐 때부터 효성스러움이 너의 행실이었다. 나이는 어렸지만, 어엿한 성인과 같았다. 어찌 어린 나이로 하찮은 병에 걸려 좀 더 살지 못하고 이렇게 일찍 간단 말인가?

나의 보살핌이 부족했던가? 기도가 부족했던가? 어찌 이 지경에 이르렀는가? 찢어지듯 마음이 아프고 슬프니 눈물이 가슴을 적시어 내는구나.

너의 영정에 제문을 올려 위로하오니 너의 넋이 알음이 있거든 내 이 말뜻을 알리라!

세종 6년(1424년 갑진년) 2월 25일. 세종대왕은 맏딸인 정소공주를 13살의 어린 나이에 병으로 잃었다. 처음 얻은 자식이라 사랑이 더욱 각별했다.

정소공주가 죽자, 공주가 타고 놀던 그네를 바라보며 세상을 다 잃은 것 같은 슬픔을 느꼈다고 한다. 딸의 죽음을 애틋하게 여겼고, 슬픔을 너무나도 격하게 느낀 나머지 한동안 정사도 돌보지 않았고, 지병인 소갈(당뇨병)과 안질인 눈의 병을 악화시키는 결과를 낳고 말았다. (요즘으로 치면 스트레스성 당뇨. 망막증) 왕이지만 자식을 안타까워하는 부모의 애틋한 마음이 묻어난다고 하겠다.

세종대왕은 세종 25년, 27년, 28년 연달아 다섯째 아들 광평대군, 일곱째 아들 평안대군, 사랑하는 소헌왕후를 떠나보내고 나서는 신하들과 성균관 유생들의 반대에도 불구하고 궁궐 안에 내불당이라는 법당을 설치하였다. 자신의 슬픈 마음을 달래고 먼저 간 왕후와 자식들의 명복을 빌기 위하여 설치하였다.

한글 창제 후 한문을 한국어로 번역한 책 중 불경이 90% 넘고, 나머지 10%가 유교 경전이나 기타 관련 책인데 그 이유는 아픈 가족사가 있었기 때문이다.

만인지상의 왕이라도 딸과 가족들을 떠나보내야 하는 슬픔과 애틋함은 우리 범부와 다를 바가 없다. 또한 부처님께 기도하고 명복을 빌고 불공을 드림으로 자신의 슬픔을 위로받았을 것이다.

나무 아미타불!

행복이란 바로 그런 것이 아닐까?

내가 주관하는 세미나를 수강하던 40대 여성이 어느 날 세미나가 끝난 뒤 나를 찾아와 '오늘 아침에 남편이 제 칫솔에 치약을 찍어 주었어요'라고 행복하게 말하며 함박 웃음을 지었다.

그때 나는 '진정으로 행복한 사람이구나'고 생각했다. 나는 그녀가 이 세상의 모든 행복을 누리고 있을 정도로 즐겁게 살고 있다고 생각한다.

행복이란 바로 그런 것이 아닐까? (무명 교수)

육영수 여사께서 영부인으로 계실 때 서울 모 여성잡지 기자가 다음과 같이 질문을 했다.

"육 여사께서는 지금 청와대 생활이 가장 행복하십니까? 아니면 다른 때가 더 행복하셨습니까?"

"지금 청와대에서의 풍요로운 생활보다는 50년대 초반, 6·25 피난 시절 2군사령부 앞에서 살 때 비록 집은 좁지만, 박정희 대통령이 월급을 타오면 서문시장과 칠성시장에 가서 밥그릇, 냄비, 접시 하나하나 신혼살림을 사 모으면서 근혜를 업고 키우던 때가 가장 행복했던 것 같습니다."

행복의 비둘기는 사소했거나 고생했던 일상들이 바로 옆에서 살아가던 시절인 것 같다.

웃고, 울고, 체념하고, 방치하며, 달관해서 넘어가는 결혼 고개

결혼한 부부들은 다음과 같은 일곱 고개를 넘어야 한다.

- 첫째 고개 : 환상의 고개.
  신혼부터 3여 년에 걸쳐 갖가지 어려움을 헤쳐가면서 웃고 울며 넘는 눈물 고개이다. 얼마 전 탤런트 구혜선·안재현, 송혜교·송중기 부부가 이 고개를 넘다가 파탄이 났다.
- 둘째 고개 : 타협의 고개.
  결혼하여 3~7년 동안 생활하면서 서로 간에 드러난 단점들을 타협하는 마음가짐으로 넘는 권태기의 고개이다.
- 셋째 고개 : 투쟁의 고개.
  결혼 후 7~15년을 사는 동안 상대방을 알고 난 후 피차가 자신과 투쟁하며 상대를 포용하는 현기증 나는 비몽의 고개이다.
- 넷째 고개 : 결단의 고개.
  결혼 후 15~20년이 지나면서 상대방의 장단점을 현실로 인정하고 보조를 맞춰가는 돌고 도는 헛바퀴 고개이다.
- 다섯째 고개 : 따로 고개.
  함께 살면서 정신적으로 별거나 이혼한 것처럼 따로따로 자기 삶을 체념하며 넘는 아리랑 고개이다.
- 여섯째 고개 : 통일의 고개.
  있었던 모든 것을 서로 덮고 새로운 헌신과 상대방을 위해 남은 생을 바치며 사는 내리막 고개이다.
- 일곱째 고개 : 자유의 고개.
  결혼 후 30년이 지난 후에 나타나는 완숙의 단계로 노력하지 않아도 이해하며 행복을 나누는 고개이다.

'결혼을 해도 후회하고, 안 해도 후회한다'라는 어느 철학자의 말이 생각난다. 수행이나 결혼생활이나 어렵기는 다 마찬가지이다. 우리 속담에 무자식이 상팔자라 했으니 경제 사정이나 취직 등 어떤 이유로든 결혼을 하지 않은 청년들은 스님, 신부, 수녀님과 더불어 상팔자 인생을 누리고 있다고나 할까?

중국 운남성 대리(따리)에서는 신랑 신부가 결혼하면 동네 사람들이 축하의 민속춤을 춘다. 그 춤을 추는 사이에 신랑, 신부에게 3

잔의 차가 나오면 이를 마신다. 그 차의 맛은 단맛에서 쓴맛, 달지도 쓰지도 않은 밋밋한 맛이 있다.

결혼생활이란 이 세 가지 맛의 희로애락임을 각오하고 잘 살아가라는 가르침일 것이다.

마카리에 할머니처럼 저 하늘 별이 되어서.

♤ 괴테의 '빌헬름 마이스타'에 나오는 마카리에 할머니의 죽음.

독일의 어느 마을에는 마을 사람들의 생존과 생활 문제, 남·여 애정에 문제가 생기면 마카리에 할머니를 찾아갔다. 마카리에 할머니는 이 마을 주민들의 인생 고민 해결사였다.

마카리에 할머니는 누구에게나 삶의 고민에 대하여 해결 방법을 알려주고 용기를 주어 삶을 잘 살아갈 수 있도록 해 주었다. 시인 괴테가 생각한 할머니는 지혜로서 삶을 영위해 가는 슬기의 화신이었다.

고령으로 할머니가 세상을 떠나자, 그녀의 정신적 혜택 속에 살아온 한 청년의 꿈속에 마카리에 할머니가 의자에 앉은 채로 하늘로 올라가시어 주변을 에워싸고 있는 수많은 별 사이에 좌장의 큰 별이 되어 노니는 것을 보고 감동하였다.

꿈속 감동을 간직한 채 창문을 열고 꿈속에서 보던 마카리에 할머니의 별을 찾으며 '아! 아!' 감탄사를 연발하고 있다.

마을 사람들의 인생 고민 해결사로, 또한 지혜의 좌장으로서의 마카리에 할머니는 분명히 세상을 떠나셨지만, 할머니를 숭배해 온 청년은 꿈속에서도 생시에서도, 점점 더 고도화하는 아름다운 눈부심을 느끼고 찬탄할 따름이다. (미당 서정주 시인 수상록)

우리 주변에는 '웰 다잉'(잘 죽는 삶, 아름다운 인생 마무리)의 삶이 유행하고 있다. 웰 다잉은 유언장도 미리 준비하고, 재산도 잘 분배하며, 생명유지 포기 의료의향서도 써놓아, 어떤 잡음도 남기지 않고 떠나가려는 운동이다.

마카리에 할머니처럼 사람들의 마음속에 감탄하는 감동을 심고 가는 것이 아름다운 죽음일 것이다.

육신은 죽었지만 사람들의 가슴에 정신적 영향력이 크나큰 매력으로 울릴 수 있는 그런 죽음이야말로 아름다운 웰 다잉이 될 것이다.

관상, 골상, 심상(마음의 상)

송나라 범문공이라는 사람이 관상을 잘 보는 이에게 가서 자기가 나라의 재상이 될 수 있는가 관상을 봐 달라고 했다. 관상쟁이는 범문공을 가만히 보더니 재상이 되지 못하겠다고 하였다.

얼마 후에 그는 다시 관상가를 찾아가 의원은 될 수 있겠느냐고 물었다. 그 당시 의원의 신분은 아주 낮았다. 그래서 관상쟁이는 왜 의원이 되려 하느냐고 묻자?

"도탄에 빠진 백성들을 건지기 위해서 재상이 되고 싶었는데 안 된다고 하니 병고에 시달리는 사람이나 돕고 싶어 의원이 되고자 한다"라고 말했다.

그때 관상쟁이는 '당신은 재상이 되겠소'라고 말했다.

범문공은 어리둥절하여 '당신이 얼마 전에는 안 된다고 말하더니 이제 와서 재상이 된다고 하니 어떻게 된 거요?'라고 되물었다.

관상쟁이는 웃으면서 '관상이란 색상이 먼저이고, 둘째는 골상이며, 셋째는 심상인데, 당신의 골상은 시원치 않아 재상감이 아니지만 심상(마음을 쓰는 상)을 보니 재상이 되겠다'라고 설명해 주었다.

그 후 범문공은 재상이 되어 나라를 잘 다스려 백성들을 편안케 했다.

관상이란 얼굴의 인상을 본다는 것이다. 얼굴의 첫인상은 남녀 간 선을 본다든지, 취직, 입사 시험 면접을 볼 때 많이 좌우되니 중요하다.

♤ 성 안내는 그 얼굴이 참다운 공양구요, 부드러운 말 한마디 미묘한 향이로다. ♤

위의 문수보살 게송은 불교의 심상 수행인 마음을 다스리는 법을 잘 나타내 준다.

작고하신 삼성 이병철 전 회장도 신입사원 선발 면접시험 때에 은밀히 명문 관상가를 옆에 두고 신입사원을 채용하는 데 참고했다고 한다.

옛날부터 관상보다는 골상이요, 골상보다는 심상이 우선이라고 말했듯이, 마음의 상인 심상을 잘 가지는 일이 무엇보다도 중요하다.

그래서 유명 관상쟁이도 범문공을 처음에는 재상이 안 된다고 했다가 심상을 보고는 다시 말을 바꾸어 재상이 된다고 말했다.

심상을 잘 다스리는 법은 바로 불교의 핵심이다. '일체유심조' 즉 일체 모든 것이 자기 마음 짓는 대로 된다고 분명히 말하고 있다. 심상을 잘 가지는 일, 열심히 닦을 수밖에 없다.

관상, 골상, 심상(마음의 상) (2)
― 채택의 운명을 바꾸는 공덕행

중국 춘추전국시대에 채택이라는 사람이 있었다. 그는 학식이 풍부하고 경륜도 출중하였으나 얼굴이 못 생긴 탓에 관직의 문턱에서 번번이 탈락하였다.

그는 하늘이 내린 최고의 관상쟁이라고 소문이 난 낙양의 소양을 찾아가 많은 돈을 주고 자신의 운명을 봐달라고 부탁했다.

소양은 돈을 챙기고 나서 '갈비웅견에 목불인견이로다'라고 말하며 고개를 설레설레 흔들었다. '납작코에, 어깨는 곰처럼 툭 솟아 나왔으니, 차마 바라볼 수가 없다'라는 뜻이다.

채택은 화가 치밀었으나 분을 삭이며 조용히 다시 물었다.

'그렇다면 저는 앞으로 아무 일도 할 수 없겠습니까?',

'그 얼굴로 무엇을 하겠소?',

'제 수명은 얼마나 남았겠소?',

'40년은 무난할걸세.'

채택은 벼슬을 포기하고 시골로 낙향하기 위해서 전 재산을 정리하던 중 큰비가 와 많은 사람들이 죽고 이재민이 생겼다. 이때 채택은 수재민을 위해 자기의 전 재산을 아낌없이 내놓았다.

그의 선행과 자애로움이 사방으로 펴져 초나라 소왕의 귀에까지 들어갔다. 소왕이 채택을 만나보니 학식과 경륜이 뛰어나서 나라의 재상으로 삼았다고 한다.

채택의 얼굴 생김새는 못생겼으나 사람을 도운 공덕행으로 운명이 바뀌어 나라의 재상이 된 것이다. 주역에서 적선지가에 필유여경이라! (착한 선을 많이 짓는 집엔, 필경 경사스러운 일이 생긴다)고 하였다.

초나라 최고의 관상쟁이가 '너는 안돼! 끝났어!'라고 지목했던 사람도 공덕행을 짓고 학문을 닦아 마음을 잘 다스리고 견문을 넓혀 운명이 뒤바뀌게 되었음을 알 수 있다.

나폴레옹 일화
― 친절과 배려는 행운을 줄 수도 ―

프랑스 황제에 즉위한 나폴레옹은 민정 시찰을 하기 위해 사복으로 변복하고, 부관 한 명만 데리고 시내 작은 호텔에 투숙했다.

이튿날, 체크아웃을 할 때 궁에 지갑을 놓고 온 사실을 깨달은 나폴레옹은 주인에게 반나절만 기다려달라고 부탁했다. 그러나 주인은 당장 돈을 내놓으라고 윽박지르며 나폴레옹을 곤경에 빠뜨렸다.

곁에서 이 광경을 목격한 호텔 직원이 투숙비를 대납해 주어 나폴레옹 일행은 욕을 면했다.

반나절 후 호텔에 나타난 나폴레옹은 자신이 황제임을 밝히고 '황제의 명령으로 당신이 매입한 값 그대로 이 호텔을 매입하여 우리를 도와준 직원에게 이 호텔을 넘기겠소'라고 명했다.

살면서 목전의 이익에만 심취하여 남에게 베푸는 배려와 친절을 팽개치는 사례가 많다. 그 결과 엇갈린 운명의 소용돌이 속에서 발을 구르고 가슴을 치는 일이 비일비재하다.

일상생활에서 친절과 배려는 남을 기쁘게 하고 행복감과 웃음을 선물한다. 또한 그것은 공덕을 불러오기도, 행운을 가져다주기도 한다.

정승 상진대감 음덕(몰래 짓는)의 공덕
― 15년이나 더 오래 살다.

조선 명종 때 한양에 홍계관이라는 소문난 점쟁이가 살았다.

홍계관은 정승 상진 대감의 평생 길흉사 및 죽는 해, 죽는 날까지 점쳐 두었다. 그의 점은 털끝만치도 틀리지 않고 들어맞았기에 정승 상진 대감은 3년 남았다는 죽음을 편안히 맞이하고 싶어 영어로 웰 다잉(잘 죽기 위한 삶)을 준비했다.

송나라 주신중의 죽음의 계책인 사계를 하나씩 차근차근 준비했다. 죽음이 억울하지 않으며 두렵지 아니하고, 아깝거나 아쉽지 않고, 안타깝지 않도록 유언과 가훈을 남기어 만반의 준비를 다 하고 죽음을 기다렸다.

그런데 그는 죽지 않았다. 홍계관을 불러 점이 맞지 않은 것을 꾸짖자 "아마도 대감이 언젠가 남모르게 베푼 음덕으로 수명이 연장된 것이 분명합니다"라며 혹시 베푼 음덕이 없는지 생각해 보도록 권했다.

상진 대감은 궁궐에서 금잔 두 개를 주었는데 이것은 임금의 수라를 관장하는 대전의 별감이 자제 혼사에 쓰려고 궁궐 밖으로 반출하려다 잃어버린 것임을 알게 되었다.

이 일이 알려지면 별감이 사형당할 것을 알고 물건을 제자리에 갖다 놓아 숨겨주는 음덕 공덕으로 15년을 더 살았다고 한다.

부처님 말씀에 죽어가는 사람을 보면 피하지 말고 구하고, 병든 환자를 구호하면 공덕이 크다고 했다.

송나라 주신중은 사람이 살아가는 방편의 계책(생계), 몸을 잘 수호하는 계책(신계), 가정사를 잘 꾸려나가는 계책(가계), 늙는 계책(노계), 죽는 계책(사계) 등 인생 오계설을 제시하였다.

죽는 계책(사계)은 다음과 같다.

첫째, 질병이나 사고로 요절하여 천수를 누리지 못한 것에 대한 억울함.

둘째, 정든 처자식이나 권속, 친지를 떠나 캄캄한 저승을 혼자서 헤맬 소외와 고통에 대한 두려움.

셋째, 이승에서 누린 공명, 권세, 재산, 즐거움을 남겨 두고 가는 안타까움.

넷째, 지금 하고 있거나, 하고자 하는 일을 이루지 못하고 중도에 좌절해야 하는 아쉬움.

다섯째, 제대로 살지 못하고 있는 자손들을 두고 가야하는 안타까움이라 했다.

죽음의 계책 즉 웰 다잉은 각자가 잘 세워놓아야 한다. 종교인이라면 그 계책을 남모르게 짓는(음덕) 공덕행도 지녀야 함을 기억해야 한다.

암행어사 박문수 과거 시험 일화

　어사 박문수는 32세 때 세 번째 과거시험에 도전하기 위해 한양으로 향했다. 그의 어머니께서는 한양 가는 길에 반드시 안성 칠장사에 들러 나한님께 찹쌀 유과를 공양 올리고 과거시험 합격 기도를 하고 한양으로 올라가라고 부탁했다.
　박문수는 어머니께서 만들어주신 찹쌀 유과를 칠장사 삼성각 나한님께 공양 올리고 과거시험 합격을 기원한 후에 잠깐 잠이 들었다.
　비몽사몽간에 한 노인이 나타나 "어디에 무엇 하러 가느냐?"고 물었다.
　"과거시험 보러 한양에 간다."
　"과거는 이틀 전에 끝났는데 정신이 없군"하며 웃더라는 것이다.
　깜짝 놀라 "글제가 무어라고 합디까?"고 묻자
　"떨어지는 노을빛 낙조"라며
　"아마 이게 장원 시라지"하고는 시 한 구절을 읊었다.

"지는 해는 푸른 산에 걸려 붉은빛을 토하고
　찬바람에 까마귀는 흰 구름 사이 날기를 그쳤더라.
　나루터를 묻는 손은 말채찍이 급한데
　절을 찾는 스님도 지팡이가 바쁘구나.

　놓아 먹이는 풀밭엔 소 그림자가 길고

남편을 기다리는 대위엔 아내의 쪽 그림자가 낮더라.
푸른 고목 시내 남쪽 길엔~~~"

노인은 글귀 한 짝을 잊었다며 홀연히 떠났다.
박문수가 깨어보니 꿈이었다. 이틀 후 한양에 도착하여 과거 시험장에 앉았는데 내걸린 과거시험 글의 제목이 "낙조"였다. 꿈에 노인이 외워 준 시구를 그대로 옮겨 적고 맨 마지막 구절을 "단발 초동이 피리 불며 돌아오더라"라고 마무리를 지었다.
시 감독관은 이 끝 귀가 생기발랄하고 발전성이 있다고 평하고 장원급제로 합격시켰다. 이 시가 '박어사 장원 시'로 널리 알려져 전해 온다.

입시기도 영험의 대표적 사례이다.
어사 박문수 집안은 대대로 큰 벼슬을 한 가문이었다. 그러나 박문수가 여섯 살 때 할아버지가 돌아가지고 여덟 살 때 아버지가 돌아가시어 홀어머니 밑에서 어렵게 자랐다. 어려서부터 총기가 있고 활달하며 기지와 유머가 풍부했다고 한다.
어머니의 깊은 불심으로 나한님께 기도하고 과거시험 답을 알았으니 지극정성으로 기도한 공덕이 헛되지 않음을 알 수 있다.
박문수는 절대적인 대중의 인기에도 불구하고 강직한 성격으로 바른말을 잘하여 관직에는 기복이 많았다. 아주 청렴하며 강직하여 타협을 모르는 성격 탓으로 끝내 정승 반열에는 오르지 못하였다.

그가 죽자, 영조 대왕은 어사의 공로를 높이 평가해 시호를 내렸다.

새롭게 시작하기 명상법

틱낫한 스님은 베트남전에 참전했던 미국 군인들을 대상으로 명상 수련회를 열었다.

한 참전 군인은 자신의 소대 동료들이 게릴라에 의해 다수가 살해당하였다. 살아남은 병사들은 동료의 죽음에 대한 분노로 게릴라를 죽일려고 폭약을 넣은 쿠키를 길가에 뿌려 놓았다. 하지만 정작 쿠키를 주워 먹은 것은 베트남 아이들이었고, 폭약은 순식간에 아이들의 목숨을 앗아가 버렸다. 부모들은 아이들을 살리려고 하였지만, 그들이 할 수 있는 일은 아무것도 없었다.

폭약이 든 쿠키를 먹은 아이들이 고통스럽게 죽어가던 모습은 그 참전 군인의 마음에 깊이 각인되었고 그 기억으로 20여 년이 지난 지금까지도 어린아이들과 같은 공간에 있지 못한다. 그는 마음속 괴로움의 지옥에서 하루하루를 살고 있었다.

나는 그에게 "새롭게 시작하기"라는 수행법을 가르쳐 주었다. 이 수행은 절대 쉽지 않다. 수행 과정에서 수치심을 느끼게 될지도 모르지만, 문제가 되지는 않는다.

나는 그에게 이렇게 말했다.

"그날 대여섯 명의 아이들을 죽였다고요? 그것 때문에 지금 우리 옆에서 죽어가는 또 다른 아이들의 생명은 외면하고 있는 겁니까?

세계 곳곳에서는 이 시간에도 전쟁, 기아, 질병으로 수많은 아이가 죽어가고 있습니다. 과거에 죽였던 그 아이들에 대해서는 죄책감을 느끼면서 지금, 이 순간 죽어가고 있는 아이들에 대하여 생각을 해 본 적이 있습니까?

당신의 건강한 신체와 정신은 지금 남아 있는 그 아이들을 도울 수 있습니다. 부디 마음속의 자비를 일깨우고 당신에게 주어진 몇 달 혹은 몇 년 남은 생애를 지금 당신 옆에 있는 아이들을 돕는 데 사용하십시오."

그는 내 말에 동의했고, 이 수행을 통해 자신의 죄의식을 떨쳐낼 수 있었다. (자비의 힘. 파멜라 블룸)

용수보살께서 말씀하셨다.

"그대가 작은 죄의 인과응보에만 빠져 있으면 반드시 큰 인과응보를 받는다. 반대로 많은 엄청난 죄를 지었더라도 그 인과응보를 뛰어넘는 엄청난 선행, 공덕을 짓는다면 죄의 굴레에서 벗어날 수 있다.

비유하면 작은 밥그릇에 담긴 물에 소금을 조금 넣으면 넣은 만큼의 짠맛이 나지만, 한 가마니의 소금을 갠지스강에 빠뜨리면 전혀 짠맛을 느낄 수 없다."

화엄경에 일체유심조라는 가르침이 있다. 즉 모든 것은 마음이 만들어 낸다는 의미이다. 어떤 마음가짐을 가지느냐에 따라 죄와 수치심을 일으키기도 하지만 부끄러운 업보에서 벗어날 수도 있다. 이것이 불가사의한 종교의 위력이다.

절에서 놀고 지킨 공덕, 노니 염불 공덕과 더불어서 수승하다.

조선시대 하동 고을 현감이 아자방으로 유명한 지리산 칠불암에 들렀는데 아무도 그를 반갑게 맞아주지 않았다.

현감이 아자방을 가만히 살펴보니 여러 명의 승려가 선방에서 수행하고 있었는데 그 모습이 가관이었다. 코 골며 조는 승려, 연신 꾸벅꾸벅 앞뒤로 흔들며 조는 승려, 한쪽 다리를 방석 위에 걸치고 하품하는 승려 등이 있었다.

현감은 벌로 12~13살 정도 어려 보이는 동자승을 불러내어 수행 잘하라고 시범 삼아 곤장 7대를 때렸다. 그리고 절에 양식이 별로 없는 것을 알고 3년 치 양식을 하사하였다.

고을 현감의 전생은 칠불암을 지키는 개였다. 어느 날 절에서 공양 제사상을 올리는데 개가 떡 한 조각을 물고 도망을 갔다. 원주 스님이 개를 잡아 와 7방을 때리고 그 떡을 그 개에게 주었다.

그 개가 절을 지킨 공덕으로 인간 몸을 받아 하동 고을 현감으로 부임한 것이다. 전생에 떡 한 조각 몰래 먹은 빚으로 7방을 맞았는데 이 세상에 고을 현감이 되어서 승려들에게 곤장 7대를 되돌려 주고 몰래 먹은 떡 빚을 갚기 위해 3년 먹을 양식을 절에 시주하였다. (백성욱 박사 어록)

노니 염불 공덕도 수승한데 하물며 절을 지켜준 공덕의 수승함은 더욱 크다. 삼악도인 축생의 몸을 받아 개가 되었지만, 절과 인연을 맺어 절에서 놀며 절을 지킨 공덕으로 내세에 인간 몸을 받아 고을 현감까지 되었으니 대단하다고 하겠다.

　서당 개 삼 년이면 풍월을 읊는다고 했으니, 10년 이상 부처님을 모시며 도량을 지킨 개의 공덕도 수승할 것이다.

　이런 영험담을 보노라면 할 일이 없는 불자들은 노니 염불 공덕을 짓거나 수시로 사찰을 방문하여 청소 보시도 하고, 절을 찾는 사람에게 접대를 잘하면 내세엔 큰 인과응보를 맞이할 것이다.

참된 사업가(CEO)의 길

　일본의 에도시대 문인이며 화가인 와타나베 가장에게 어떤 상인이 찾아와 참된 사업가의 길에 대하여 부탁하자 다음과 같이 써 주었다.

1. 사원보다 먼저 일어날 것.
2. 열 냥 내는 손님보다 열 푼 내는 손님을 더 우대할 것.
3. 물건을 산 사람이 그 물건이 마음에 들지 않는다고 바꾸러 왔을 때는 처음보다 더 정중하게 대할 것.
4. 번창할수록 더욱 검소할 것.

5. 지출은 한 푼에서부터 기재할 것.
6. 개점 시절의 고통을 잊지 말 것.
7. 동업 상인이 이웃에 오면 우의를 두텁게 하고 서로 격려할 것.
8. 관리가 새로 부임해 오면 3년간 식량을 보내 줄 것.

참된 사업가의 길을 몇 마디 말로 정의할 수는 없겠지만 일본인 와타나베 가장의 참된 사업가의 길은 오늘날에도 시사하는 바가 크다.

위의 세 번째 사례가 20여 년 전 서울 안암동 고려대 앞에서 일어났다. 대학 앞에서 액세서리 가게를 운영하는 김씨는 가게가 잘 운영되지 않아 근근이 버티어 가고 있었다.

어느 날 여학생이 가게에 들러서 액세서리 상품을 사 갔는데 다음 날 어제 사간 액세서리가 마음에 들지 않는다며 다른 것으로 바꾸어 달라고 하였다. 그러자 김씨는 친절하게 액세서리를 교환해 주며 배웅까지 해 주었다.

그 후 김씨 가게에는 많은 여학생들이 액세서리를 사러 몰려들었다. 그 이유는 액세서리를 교환해 간 여학생이 "그 가게 정말 친절하고 교환해도 더 친절하게 대해 주었고 다른 집보다 좋은 물건이 더 많다"는 입소문을 고려대 여학생들 사이에 퍼뜨렸기 때문이었다. 그 후 2~3년 만에 김씨는 큰돈을 벌어 가게 옆 빌딩을 사고 부자가 되었다.

사업이 잘 될 때는 항상 최악의 시기를 준비하라는 말을 명심하고, 잘 될수록 초심을 잊지 말고 더욱더 검소하게 살아 (호화 사치에 빠지지 말고)라는 말들도 꼭 명심해야 할 사항이다.

화엄경의 동종선근설同種善根說
― 같은 종류의 선근을 심은 사람이 만날 확률 ―

화엄경에 동종선근설이 있다.
선근의 시간 정도에 따라 나타나는 인연은 다음과 같다.

1. 1천 겁 선근 – 같은 나라에 태어남
2. 2천 겁 선근 – 길 동행
3. 3천 겁 선근 – 하룻밤을 같이 자고
4. 4천 겁 선근 – 같은 나라 시와 군에 태어나고
5. 5천 겁 선근 – 한 마을에 태어남
6. 6천 겁 선근 – 남, 여 간 만나 하룻밤 동침하고
7. 7천 겁 선근 – 동갑이 되고, 친구가 되며
8. 8천 겁 선근 – 화락한 부부가 되고
9. 9천 겁 선근 – 형제가 되고
10. 1만 겁 선근 – 부모와 자식이 되고
11. 1만 1천 겁 선근 – 우리 불법 가운데서 만나 스승과 제자가 됨

만복 중에서 다음 세 가지가 최고의 만복입니다.

만병통치萬病通致, 만수무강萬壽無康, 만사형통萬事亨通입니다.

부처님 가슴 명치 부분에는 길상 만萬자의 표시가 있습니다.

항상 만 중생을 걱정하고, 만 중생의 고통을 제거해 주시고, 만 중생의 행복만 바라는 염원의 표시입니다.

우연과 필연
　-야구 공과 골프 홀의 사연-

10여 년 전, 강원도 산골의 한 사찰에서 스님과 불자들이 합심하여 사회인 불자 야구단을 만들었다. 그러자 일부 사람들이 "목탁소리 들리는 절에서 웬 야구를 하느냐"며 비난하였다. 그러자 스님은 다음과 같이 응답하셨다.

"사람들은 야구공 실밥 108개와 불교의 108번뇌가 일맥상통함을 잘 모르는 모양인데 우리 불교에서는 당신들이 야구할 때마다 로얄티를 받아도 괜찮단 말이야."

야구공의 표면에는 216개의 바늘구멍을 통하여 108개의 솔기가 촘촘하게 자리 잡고 있다. 투수는 108개의 실밥이 얽힌 공을 잡고 공을 던지는 순간 머릿속에는 스트라이크 아웃이냐! 안타, 홈런을 쳐내느냐! 죽느냐? 사느냐? 하는 번뇌가 머릿속 가득 맴돌 것이다. 108개의 솔기로 만들어진 야구공을 잘 다룸은 108 번뇌를 잘 제거하려는 수행 방법과도 같은 것이다.

　골프장의 홀 지름이 4.25인치인데 미터법으로 환산하면 108mm이다. 골프 애호인들은 홀의 지름이 왜 108mm가 되었는지 궁금해 한다.

　내기 골프를 할 때에는 돈을 따느냐, 돈을 잃느냐 심하게 번뇌하게 된다. 인간들의 심리 상태인 108번뇌를 스포츠로 형상화한 것이 108mm 홀이 아닌가 생각되어진다.

　불교 법수法數인 108과 관련된 공이나 홀을 사용하는 야구장이나 골프장에서 홈런이나 홀인원을 할 때마다 불우 이웃이나 불교 발전을 위한 특허 사용료를 받아내야겠다.

　야구와 골프 경기에 나선 선수들의 심리 상태와 108 솔기의 야구공 및 108mm의 홀이 가지는 상징성이 너무도 묘하다.

폴란드 아우슈비츠를 방문한 달라이라마의 소감

　유럽 여행 중 600만 명의 유대인을 학살한 폴란드 아우슈비츠 나치 강제 수용소를 방문하게 되었다.

　이야기도 많이 듣고 관련된 책들도 많이 읽었지만, 직접 마주하니 충격과 공포 그 자체였다. 수천 명을 태워 죽인 가마를 보고 있노라니 완전히 공포와 혐오감에 휩싸였다.

　끔찍한 증언과 증거를 통하여 살육당한 희생자들에 대해 애도를 표하였으며, 비인간적인 냉혹함에 말을 잃었다.

　방문객 센터 안에 있는 박물관에는 기운 자국이 있는 작은 신발이 한 무더기 쌓여 있었다. 어린아이들과 가난한 사람들 것임을 짐작할 수 있었다.

순간 울컥한 슬픔이 밀려왔다. 도대체 이런 사람들이 어떤 위협적인 사람이었단 말인가?

박물관 앞에서 비극의 희생자와 가해자를 위해 '모두 저주와 고통에서 벗어나서 행복하기를! 그리고 다시는 이런 일이 되풀이되지 않기'를 기도했다.

사람들은 이타적 행동도 할 수 있지만, 또한 남을 해치거나 저주, 고통을 안겨주거나 살인자나 박해자가 될 가능성도 있다.

이 땅에 이런 비극이 다시는 발생하지 않도록 내가 행할 수 있는 모든 것을 실천하겠다는 다짐과 맹세를 했다. (달라이 라마)

영화 쉰들러 리스트에는 독일 간수들이 장난삼아 아우슈비츠 수용소에 수용된 유대인에게 총으로 쏴 죽이는 장면이 있다. 희롱과 놀이, 재미 속에서 고귀한 생명체가 죽어가는 처참한 몰골을 영상화한 것이다.

천태 지의 대사는 법화경을 인용하여 인간의 마음은 수행하지 않으면 하루에도 수십 번이나 지옥, 축생, 아귀, 아수라의 세계에서 인간, 천상, 성문, 연각, 보살, 부처님 세계를 오간다며 일심 10법계를 얘기하였다.

아우슈비츠의 참상은 인간 마음속의 지옥, 축생, 아귀, 아수라(싸움 세계)를 현실에서 적나라하게 구현한 참상이다.

팔푼이 철학
― 난세를 살아가는 지혜 ―

90년대 후반 IMF가 터졌을 때, 깊은 산속에서 수행만 하시던 어느 노스님이 다음과 같은 말씀을 남기셨다.

"나라와 기업, 개인 모두 부도와 파산 등으로 곳곳이 망했다고 야단이다. 참으로 살아가기 힘든 난세가 아닐 수 없다."

"이런 난리 통에 살아남을 방법이 무엇이겠는가?

팔푼이가 되어 살아야 한다. 40평 집에 살 수가 있지만 33평집에 살아남는 20프로 2푼은 남을 도우며 공익을 위한 일에 쓰고, 일부는 떼어서 미래를 위해 저축해야 한다"는 것이다.

낮은 단계의 차량 운행으로 2푼을 아껴 저축도 하며 남을 돕는 공덕을 지어야 한다고 하셨다.

가정이나 직장, 사회생활에서 항상 2푼을 아끼는 팔푼이로 살아가자는 것이다. 그렇게 절약하여 알뜰히 살아간다면 어떤 재난이 닥치거나 난리가 나도 거뜬히 살아남을 수 있다는 것이다.

어둔한 팔푼이가 아닌 근검절약을 실천하며 이웃을 돕는 지혜로운 삶을 사는 팔푼이 철학이 아닐 수 없다. 남들은 팔푼이라며 무시하고 얕잡아 보아도 주체적인 삶을 영위하면 어떠한 난국에도 꿋꿋하게 살아갈 수 있는 지혜로운 삶이 될 것이다.

제4장

중생구제 보살서원 끝없으리

교리, 참선, 염불, 명상, 수행 등

인도의 저녁 무렵 승가 의식

7세기 후반에 의정 스님(635~713)은 인도를 다녀오시고 〈남해기귀내법전〉이라는 인도 순례기를 남겼다.

그 순례기 제4권 32장에 인도 승가의 저녁 예불 의식을 다음과 같이 기술하고 있다.

인도의 비구들은 매일 저녁 무렵에 탑을 돌며 부처님 공덕을 찬탄하고 난 뒤 〈삼계경〉을 읽는다고 한다. 이 경은 마명 보살이 지은 것인데 부처님과 가르침과 승단을 찬양하고, 세상이 덧없음을 알고 또한 공덕을 쌓으며, 부처님을 믿으려는 맹세를 다짐하는 내용으로 되어 있다.

의정 스님은 중국의 승려들은 부처님의 명호를 부르고 절만 올리는 의식으로 부처님 공덕을 찬양, 찬불하는 의식을 하지 않는다고 하시었다. 따라서 부처님 공덕을 찬탄한 150개의 구절로 된 〈150 찬불송〉을 중국으로 가져오게 되었다고 고백하고 있다. 〈150 찬불송〉은 마질리제타 존자가 지었으며 지금도 남아있는 경전이다.

〈150 찬불송〉 한두 구절을 살펴본다.

베푼 은혜 천지보다 깊어도
그걸 배반하고 깊은 원수를 맺는다.
부처님은 그 원수를
가장 큰 은혜로 본다.

원수는 부처님을 해롭게 해도
부처님은 원수를 섬기기만 한다.
상대는 부처님 허물만 보는데
부처님은 그를 은혜로 갚는다.

원효대사가 〈나무아미타불〉을 읊조리며 저잣거리로 뛰쳐나간 까닭은?

원효대사의 후반기 인생은 요석궁에 들어가 파계 행을 하고, 소복을 입고 무애 거사, 복성 거사를 자처하며 속세의 여염집으로 깊숙이 뛰어들었다.

나무아미타불을 읊조리면서 왼쪽 세 번, 오른쪽 세 번, 팔의 옷자락을 떨쳐내며(고통의 삼계를 떨쳐낸다는 표시이다) 무애 춤을 추고, 또 등을 땅 가까이 구부리고(만 중생을 받들고 섬긴다는 표시이다) 빙글빙글 돌며 이리저리 발을 내디뎠다. (윤회를 벗어난다는 표시이다)

왜 이런 행동을 연출했을까?

여기에 대한 대답이 스님이 지은 〈금강삼매경론〉에 나온다.

"뜻이 깊은 심원한 교리를 총명한 자는 곧 깨달을 수 있지만, 일반 민중은 그 뜻을 알기 어렵다. 대중을 위해서는 적은 말과 간략한 글이 필요하다.

근기가 둔한 사람에게는 게송을 외우게 하고 항상 생각하여 마침내 모든 불법을 두루 알게 하는 것, 이를 여래의 선교 방편이라

한다."

그리고 이런 말을 덧붙였다.

"큰 비가 오면 우산이 필요하지만, 옷을 깁는 데는 바늘이 필요하다. 크고 작음에 기대지만 그 근본은 하나이다."

스님은 불교의 심원한 교리를 이해 못 하는 일반 대중, 서민들을 교화하기 위해 〈나무아미타불〉을 읊조리며 다녔다.

나무아미타불!

법조法照 스님의 5회五會 염불

당나라 법조 스님은 766년 4월 15일 남악의 미타사 미타대에서 90일 동안 반주도량을 결사하고 아미타불 염불을 수행했다. 염불하던 14일째 홀연히 한 경계가 열려 아미타불이 계신 곳에 이르렀다.

아미타불 부처님께 예를 올리자, 아미타불 부처님께서 환한 미소를 지으시며 법조 스님께 다음과 같이 말씀하셨다.

"값으로 따질 수 없는 보배로운 묘법은 바로 5회 염불 법문이니라. 이 염불 법문으로 저 혼탁하고 악한 세계를 부흥시켜라. 이 5회 염불법은 말법시대 중생의 근기에 맞을 뿐만 아니라 그들을 능히 감득시킬 수 있으니, 이 염불을 잠시 듣고 생각하면 모두 다 발심할 것이니라.

'무량수경'에 극락세계의 7보수(보배 나무)는 맑은 바람이 불어오면 다섯 가지 음악 소리가 나온다.(淸風時發出五聲)라는 구절이 있나니 그 다섯 가지 음악 소리가 5회 염불이니라.

이 5회 염불법에 따라 아미타불의 명호를 부르게 되면 그 인과응보로 모두가 나의 국토에 태어나느니라.

또한 미래 일체중생이 5회 염불을 만나게 되면, 가난하고 고통스러운 것이 다 제거되고, 아플 때 약을 얻는 것과 같고, 목마를 때 물을 얻는 것과 같고, 굶주릴 때 밥을 얻는 것과 같으며, 벗은 몸이 옷을 얻는 것과 같고, 어두운 곳에서 밝음을 만난 것과 같고, 바다를 건너려 할 때 배를 만난 것과 같고, 보물 창고를 만난 것과 같아서 반드시 안락을 얻게 되느니라.

왜냐하면 능히 염불하면 이 생애에서 고해를 뛰어넘고, 물러남이 없는 불퇴전의 경지를 증득하고, 속히 6바라밀과 일체 종지를 갖추어 성불함으로써 수승한 즐거움을 얻게 되기 때문이니라."

5회 염불법은 다음과 같다.

제1회 : 〈나무아미타불〉을 천천히 낮은 음성으로 노래한다.

제2회 : 〈나무아미타불〉을 천천히 약간 높고 맑은 음성으로 노래한다.

제3회 : 〈나무아미타불〉을 느리지도 급하지도 않게 끊임없이 노래한다.

제4회 : 〈나무아미타불〉을 점점 급하게 부르되 중요한 부분에 힘을 넣어 노래한다.

제5회 : 〈아미타불〉 네 글자만을 앞뒤 간격 없이 더욱 빠르게 노래한다.

맥직거驀直去~쏜살같이 가라.

맥직거의 의미는 '쏜살같이 가다', '곧 바로 가라'이다.

목적을 성취하기 위해 온 힘을 다하여 몰두하는 경지이다. 즉 목적을 향하여 물러나지 않는 수행, 몸과 목숨을 아끼지 않는 수행, 이익이나 명예를 구하지 않는 수행, 항상 중생을 다 구제 하려는 큰 서원을 품고 목적을 성취하기 위하여 굳건히 살아간다는 의미가 있다.

미국에서 널리 부처님 법을 펴시다가 입적하신 중국 국적의 선화 상인 큰 스님은 평생 다음과 같은 〈맥직거〉의 정신으로 살아가셨다.

선화 상인 큰 스님은 "모든 공양 중 부처님 법을 널리 펴는 법공양法供養이 으뜸이다"라고 하시면서 수십 년을 하루 같이 부처님 법을 널리 펴는 홍법弘法에 노력하였다.

또한 "나의 원력은 한숨이라도 숨 쉴 힘만 있어도, 경을 강의하고 법을 설할 것이다"라고 하였다.

우리 불자들은 큰 스님의 정신을 이어받아야 할 것이다.

나(에고)를 버리는 수행 - 나무 명상

달라이라마께서 법상에 오르시어 다음과 같은 말씀을 하셨다.
"세계 언어의 대부분에는 단음절어가 하나 있는데 그것이 바로 〈나〉입니다. 다만 일본만 (와타시~나) 단음절이 아닙니다."

이 단음절어(영어로 I, 중국어 我, 한국어 나)는 우리가 얼마나 "나" 즉 자아(에고)에 집착하고 있는지를 보여줍니다.

남을 아끼고 배려하는 이타적 품성이 발휘되려면 이 집착을 없애야 합니다.

어머니(엄마)를 지칭하는 세계 언어의 공통점에는 '마'라는 음절이 들어갑니다. 마더, 마마, 엄마, 모자 관계, 모녀 관계를 보십시오.

2~3세기에 인도에서 생존하신 아리야데바 존자는 용수보살의 수제자로서 대승불교의 기본 논서를 집필하신 분이시다.

존자는 진리를 깨우치는 3단계로 아공我空, 법공法空을 다음과 같이 가르치셨다.

"처음에는 일체의 부정적인 행위를 끊어야 한다.
그다음에는 자아에 대한 집착을 끊어야(我空) 한다.
나중에는 견해이든 개념이든 극단의 것(法空)을 모두 끊고 버려야 한다."

수생 식물인 연꽃, 수련, 그리고 미나리 등은 환경오염을 막을 수 있는 제일 효과적인 식물들이라고 한다. 이들 식물의 공통 특성은 속이 텅 비어 있다. 즉 〈나〉가 없다는 것이다.

또 티베트인들은 무아無我, 나를 없애는 수행 방법으로 가끔 〈나무 명상〉을 활용한다고 한다.

숲속 고요한 장소에서 나무를 끌어안고 나무와 같이 이산화탄

소 등 나쁜 공기는 빨아들이고 산소와 같은 좋은 공기를 내뿜는 마음을 다짐한다는 것이다.

나무를 끌어안고 크게 호흡하면서 들숨으로 공기를 들어 마실 때는 모든 중생의 나쁜 업장, 죄업, 고통은 내가 끌어안고, 날숨으로 내 뿜을 때는, 나의 공덕, 불보살님의 모든 공덕은 일체 중생에게 베풀어 준다라고 한다.

나에 대한 집착, 번뇌, 괴로움이 치솟을 때는 조용한 숲속에 들어가 나무를 껴안고 나무 명상을 한 번씩 해보자.

대비주(신묘장구대다라니) 수행의 실천 방법

3·1운동 33인의 한 분이신 용성 선사는 성철 큰스님의 은사인 동산 스님의 은사가 되신다.

용성 선사는 고운사에 계시는 영민 수월 큰스님(수덕사 쪽 경허 스님의 상좌 수월 스님 아님)을 찾아가서 "어떻게 해야 화두를 깨우칠 수 있습니까"라고 물으니 수월 스님은 "지금은 마장이 넘치는 말세라 금방 깨우칠 수 없다. 우선 천수다라니 대비주를 10만 번 독송하고 수행해 보라"는 가르침을 주셨다.

용성 스님은 8~9개월 만에 10만 독을 마치고 산속 암자에서 1주일 화두를 들어 본래면목을 깨우쳤다고 한다.

묘법 스님은 '오대산 노스님의 인과 이야기'에서 대비주 다라니 수행법으로 무상무념의 경지를 얻어 깨우치기를 희구하고 있다.

용성 스님께서 대비주 수행법으로 깨우침을 얻었으니 우리 불자들도 열심히 대비주 수행으로 깨닫기를 바란다.

"다라니를 독송하는 방법은 횟수를 정하여 독송하며, 독송이 일찍 끝나면 횟수를 늘리고 속도를 점점 빠르게 한다. 그렇게 숙련이 되면 망상이 들어올 틈이 줄어들게 된다.

시끄럽거나 집중이 잘 안되는 곳에서는 소리내어 독송하고 그 소리에 마음이 들어가게 하여야 한다. 다라니를 외우는 소리를 들으면서(이근원통耳根圓通) 수행하거나 큰소리로 더욱 빠르게 하면 다른 곳에 관심을 두지 않아 잡념이 들어올 틈이 없어지게 된다. 다라니를 독송하면서 마음을 집중하고 주의 깊게 들으려고 노력해야 한다. 그 소리를 주의 깊게 관하다 보면 무념에 들게 된다. 무념에 드는 열쇠는 이근원통에 있다.

다라니 독송을 지속적으로 하게 되면 독송하는 횟수가 빠른 속도로 늘어나게 되어 입으로 소리를 낼 수 없을 정도로 속도가 빨라지게 된다. 그러다가 더욱 빨라지면 전광 화석처럼 빠른 속도로 자동으로 독송이 이루어진다.

이쯤 되면 애써 하지 않고 지켜만 보게 되는데, 마치 축음기의 판이 자동으로 돌아가듯 그렇게 계속 이어진다. 독송하는 방법이 자리를 잡으면 다라니는 계속 돌아가고 다라니가 몸을 끌고 다니며 일하고, 다라니가 주체가 되어 음식을 먹고, 행주좌와나 꿈속에도 계속 이어진다.

이 주력의 힘(선정력)은 이후 화두를 들거나 관을 하거나 어떤 대상으로 명상하든 망상 없이 자기에게 주어진 명상의 주제를 끌

고 갈 힘이 생기게 되고, 어떤 수행을 하더라도 쉽게 오매일여悟昧
一如가 되어, 짧은 기간에 깨달음의 성품 각성이 일어나게 된다.

또한 무슨 일을 하든 그 힘의 밑천으로 세상을 자신감과 포용으로 대하며 살아가는 에너지가 스스로 끊임없이 생겨남을 알 수 있게 될 것이다. 무엇이든 다 녹여버릴 수 있는 용해제와 같은 자비심이 저절로 방사됨에 기쁨과 행복의 환희감은 날로 확장되어진다."

한석봉 일화

한석봉은 조선 4대 명필가 중 한 사람이다.

한석봉은 글씨를 잘 써 명나라에 외교문서를 많이 써서 보냈다고 한다. 글씨를 잘 쓴 까닭에 현령으로 특별 채용되어 지방을 다스리러 나가기도 하였다.

어느 날 한석봉이 시장 기름집 앞을 지나가게 되었다. 기름을 사러 온 어떤 어린아이가 가게에는 들어가지 않고 "기름 사러 왔어요, 기름 주세요"라고 하니 그 주인도 나가보지도 않고 가게 정면 위층 다락방에서 "기다리시오. 잘 준비하시오"라면서 기름을 부었다.

어린아이는 자기가 가져온 항아리에 한 방울도 흘리지 않고 받아 가는 것을 본 한석봉은 크게 깨우쳐 서예 공부에 매진하여 명필이 되었다.

어느 두 스님의 기원

우룡 스님의 〈불교의 수행법과 나의 체험〉이라는 책은 2005년도에 발간되었다. 스님은 이 책에서 기원祈願에 대하여 다음과 같이 말씀하셨다.
"나는 주변 사람들에게 다음과 같은 원을 세우도록 부탁드립니다.
'세세생생 지은 모든 잘못을 참회합니다.'
'나와 인연 있는 영가들이 밝은 나라에 가서 태어나소서!'
'살아 있는 내 가족들이 모두 다 건강하시고 모든 일 순탄하소서!'
이렇게 축원해 드리라고 부탁합니다.
축원이 비록 처음에는 소극적이지만, 끊이지 않고 꾸준히 하면 더 향상되고 더 발전하고 싶은 어떤 원이 세워지게 됩니다."
대만 불광사 성운 스님의 기원 발전 사례는 다음과 같다.
성운 스님은 아침 예불 후 축원해 드릴 때 먼저 자기 부모님과 조상님, 속가 가족의 안녕을 빌었더니 뭔가 마음이 허전하였다. 그 후는 도량의 신도님과 사회의 안녕을 빌었더니 그것도 좀 마음에 서운했다고 한다.
그래서 다음엔 나라와 세계 평화까지 더불어 기원했는데 그것도 좀 아쉬운 허전한 마음이 생겼다고 한다.
그리하여 나중엔 가족, 사회, 국가, 세계 평화 기원과 더불어 유정有情, 무정無情, 일체중생이 더불어 성불하고 행복하기를 기원하였더니 마음에 허전한 구석이 없어지고 안락했다고 고백하였다.
두 스님의 기원 발전 과정은 수행을 해나가면서 차츰차츰 마음이 밝아지고, 크게 되는 상태를 잘 보여주는 사례라고 하겠다.

이 세상에는 자기 것만 챙기거나 자기 가족만을 챙기는 사람들이 많다. 그러나 종교인은 일상의 바쁜 생활 속에서도 아침, 저녁 부처님 전에 예경, 찬탄, 참회, 공양, 기원을 함으로써 차츰차츰 어두웠던 미혹의 마음자리가 밝아지고 나와 더불어 보이지 않던 이웃과 고통받는 일체중생의 모습이 떠오르게 된다.

처음에는 자신과 가족에서 출발하여 〈원공법계 제중생 자타일시 성불도〉(원컨데 법계의 모든 중생, 나와 남이 동시에 성불하게 하시옵소서!) 일체 유정, 무정 모든 중생이 성불의 길로 나아가는 것이 불자들 기원의 종착역일 것이다.

그러나 자기와 가족들의 행복을 비는 소극적 기복도 무시해서는 안 될 것이다.

과도한 욕심은 재앙을 스스로 불러 들인다.

대 문장가 유몽인의 〈어우야담〉에 나오는 이야기이다.

연운의 자는 태공太公이고 거부 장자이다.

그에게는 미모가 뛰어난 무남독녀의 딸이 있었다. 그는 딸에게 걸맞은 미남자를 구하기 위해 화공을 채용하여 걸출한 미남자 몽타주를 그리도록 하였다. 그리고 몽타주를 대문에 걸어 놓고 "꼭 이렇게 생긴 남자가 있거든 찾아 오라, 사위로 삼겠다"라고 선언하였다.

그 이후 대문 근처에 하인을 세워 감시하였으나, 모두 실망하고 돌아갔다.

어느 날 수염을 길게 드리운 노인이 지나가다가

"도련님이 여기는 웬일로 와 계십니까?"

"왜 아무런 대답이 없으신가 했더니, 이런 제기랄 그림자이구나! 그렇기도 하지만 너무나 신통해 우리 집 도련님을 너무나 쏙 빼닮은 것이."

감시하던 하인은 주인에게 쏜살같이 달려가서 알렸다. 주인은 하인에게 그 노인의 뒤를 밟게 하여 어디에 사는 누구인지를 알아보도록 하였다. 그리고 혼담을 청하여 정혼이 되어 예를 치를 단계에 이르렀다.

그런데 신랑 집안은 부자이지만 정작 신랑 될 사람은 한쪽 눈이 멀고, 다리 하나는 절며, 팔 하나를 쓰지 못하고, 얼굴은 검고 또한 심하게 얽어 혼사마다 실패하였다.

신랑 집에서는 돈으로 하인, 동네 사람들의 입막음을 해놓고 아들을 장가 보냈다.

혼인 당일 신랑에게 화장을 짙게 하고, 목발을 짚게 하고, 팔이 보이지 않게 옷을 겹쳐 입혀 초례를 마쳤다. 신랑이 신방에 들어와 각시와 상우례를 올리려고 할 즈음 갑자기 사랑채 지붕 위에서 불꽃에 싸인 거인이 나타났다.

"네 이놈 장자야 나오너라! 나는 동쪽 늪을 오랫동안 지켜온 화룡인데, 나 혼자 있기가 외로워 너희 딸을 배필로 삼으려고 하였더니 남에게 주었으니 이 심술보나 맛봐라!"

"신랑의 한눈을 멀게 하리라!"

신랑은 비명을 지르며 눈을 감싸고 방바닥에 뒹굴었다.

"네 놈의 한 발을 절게 하리라!"

"분이 이것으로 풀릴 줄 아느냐!"

"네 놈의 팔을 비틀어 놓겠다."

"어이 후련하다. 그렇기로서니 네 놈의 얼굴을 그냥 둘 줄 알았더냐. 너의 얼굴을 얽게 하고 검게 칠을 하노라!"

집안에 난리가 나자 장모가 지붕을 향해 빌고 비니 화룡은 위협하는 자세를 취하다가 지붕 위로 사라졌다.

신부 가족들은 기가 막히었다.

"화룡도 그렇지 어떻게 사람을 이 꼴로 만들어 놓는가?"

"그래도 애야! 화룡에게 시집가는 것보다는 낫지 않느냐? 용과 산다면 물속에 빠져 목숨을 바쳐야 하니까."

신부 가족들은 화룡에게 시집가지 않고 못 생기고 장애인인 사람을 사위로 맞이한 것에 대하여 위안을 삼았다.

용문 석굴 봉선사 비로자나불 얼굴

당 고종은 672년 이군찬에게 4년간의 공사를 시켜 675년 용문 석굴 봉선사를 완성했다. 그리고 679년 봉선사 비로자나불 석불 앞에서 성대한 완공식을 거행하였다. 황후인 측천무후도 사찰을 완공하는데 자신의 화장품 비용 2만 관을 희사하였다.

용문 석굴 봉선사 비로자나불 석불石佛 얼굴에 얽힌 일화가 있다.

어느 날 당 고종이 황궁에서

"측천무후의 단정한 모습이 보살의 자태와 닮았다"라고 칭찬하였다.

그러자 측천무후는

"백년 후에는 한 줌의 썩은 뼈가 될 것"이라고 울면서 대답하였다.

당황한 당 고종은 황후를 위로한다고

"무후의 모습을 종이에 그려 보관하면 된다"라고 위로했다.

측천무후는

"종이는 오래 보존할 수 없다"라며 더욱 화를 내었다고 한다.

당 고종이 난감해하자 무후는 용문 석굴의 불상을 자신의 모습과 닮게 만들자고 제안하였다.

화공으로 하여금 무후의 얼굴을 종이에 그리게 하고 그것을 근거로 비로자나불 석불의 얼굴 모습을 완성하였다.

그리하여 봉선사 비로자나불 얼굴 모습이 전형적인 당나라 미인의 얼굴을 닮아 풍만한 자태를 띠고 있다.

당나라 미인의 기준은 오늘날과 같이 호리호리하고 각선미가 날씬한 여인이 아니라, 풍만하고 뚱뚱해 보이는 여인상이었다.

양귀비도 몸이 풍만하여 걸음을 걸을 때 쿵쿵 나는 소리를 숨기려고 발가락에 발찌를 끼고 다녔다고 한다.

아소카 대왕이 가장 존경한 부처님 제자

우바굽다 존자의 이끌림으로 불교 성지를 순례하던 아소카 대왕은 사위국 기원정사에서 사리불 존자, 목련, 마하가섭, 박구라, 아난 존자의 탑에 예배하였다. 특히 아난 존자 탑에 정중한 공양을 올리자 이상히 여긴 신하들이 "왜, 아난 존자의 탑에는 다른 탑들보다 더 정중한 공양을 올립니까?"고 물었다.

그러자 왕은 "존자님의 말씀에 따르면 아난 존자는 부처님을 옆에서 모셔 그 모든 가르침을 기억하고, 부처님 입멸 뒤 경전을 집대성한 분이라 들었습니다. 부처님의 육신이 비록 입멸되었다 하더라도, 그 설법이 아직 남아 우리를 인도해 주고 있는 것은 모두 아난 존자의 덕택입니다. 그래서 아난 존자의 탑에 각별한 공양을 올린 것이다"고 하였다.

그리고 대왕은 아난 존자를 기리는 게송을 읊었다.

"부처님의 법신이 세상에 있어 항상 설법을 베풀어 주심은 아난이 이룩한 공덕이니라. 부처님의 등불 세상을 밝혀 캄캄한 무명無明의 어둠을 없애 버림은 아난이 이룩한 공덕이니라. 부처님 지혜의 바다를 모두 샅샅이 가지고 있는 자는 복된 자이다.

아난은 부처님을 가까이 모셔 한번 들은 것은 잊지 않고 후세에 영원히 전하였노라.

아난의 공덕을 무엇에 비길 수 있겠는가?"

죽음 명상

태국의 어느 사찰 요사채 입구에는 미스 태국에 선발된 아름다운 여인 사진이 전시되어 있다고 한다. 그리고 요사채 넓은 방 중앙에는 미스 태국의 시신 해골이 누워있다고 한다.

무상관, 백골관 수행법은 탐욕과 욕망으로 삶을 살아가는 범부들에게 확실한 깨달음을 일깨우는 '죽음 명상'이다.

죽음 명상을 수행하면 오늘, 지금, 이 시간, 매 순간을 열심히 살아야 하는 이유를 깨우칠 수 있다.

몇 시간, 며칠 후에 죽는데 바둑을 즐기고 오락과 술에 빠져 희희낙락할 시간이 없다. 재산과 비밀통장을 정리하고 유언장을 쓰고, 생활 주변을 깨끗이 정리해야 할 시간만 남았다.

미국인인 나딘 스테어씨의 〈인생을 다시 산다면〉이라는 글은 죽음 명상을 닦는 사람들의 가슴에 와 닿을 것이다.

"실제적인 고통을 많이 겪을 것이다. 상상 속의 고통은 가능한 피하리다. 여행도 더 많이 다니고, 석양을 더 자주 구경하리라. 산에도 자주 가고 강물에서 수영도 많이 하리라. 오랜 세월을 앞에 두고 하루하루를 살아가는 대신, 이 순간만을 맞으면서 살아가리라."

내가 인생을 다시 살아간다면 초봄부터 신발을 벗어 던지고 늦가을까지 맨발로 지내리라. 춤추는 장소에도 자주 나가리라. 회전목마도 자주 타고 데이지꽃도 많이 꺾으리라.

신심信心

화엄경에 "믿음은 도道의 근원이요 공덕의 어머니다"라는 말씀에 앞서 다음과 같은 신심을 찬탄하고 있다.

"신심이란 부처님의 가르침과 모든 공덕을 받을 수 있는 깨끗한 손이다. 신심은 사람들의 마음을 풍요롭게 하며, 탐내는 마음을 없애며, 교만한 마음을 제거하며, 겸손하고 공경하며 받드는 것을 가르친다. 그리하여 지혜로써 빛나고 행동은 밝아지며, 어떠한 역경에도 좌절하지 않고 바깥 사물에도 집착하지 않으며, 유혹에 빠지지 않는 굳건한 힘을 얻게 한다.

신심은 길이 멀어서 지치게 될 때, 격려하며 부처님께서 자신의 앞에 계신다는 생각을 심어주며, 부처님께서 항상 감싸주고 있다는 생각을 갖게 한다."

교토 시내에 있는 정토 진종의 제일 큰 사찰 대웅전은 법당이 500평이나 되는 엄청난 규모이다. 법당 상량식을 할 때 무거운 대들보를 위로 당겨 올릴 단단한 밧줄이 필요했다. 그 밧줄을 철물점에서 구하지 않고 신앙심이 강한 여신도들의 머리카락을 잘라 길이가 50m 쯤 되는 팔뚝만한 굵기로 만들어 법당 상량식 공사에 사용했다고 한다.

여신도들의 머리카락으로 만든 밧줄이 부처님의 도량을 장엄하고 수호하는데 얼마나 많은 신명과 신심을 다 바쳤는지 알 수 있다.

지금 우리 불자들의 신심은 어떠한지 되돌아 봐야 할 것 같다.

어느 비구니 스님의 출가 인연

수락산 석림사의 비구니 보각 스님의 출가 인연은 다음과 같다.
"소학교를 겨우 졸업하고 병원에서 간호사로 일하였다. 마침 불교계에 정화의 바람이 불어 비구와 대처가 싸워 다친 많은 스님들이 내가 일하던 병원에 실려 왔다. 그중 한 스님이 내게 권해준 부처님 일대기 '팔상록'을 읽고 신심이 솟아났다.
싸움 통에 갈비뼈 부러진 스님, 피 흘리는 스님, 살 찢어진 스님, 싸우다가 다친 스님들을 보는데도 그렇게 좋아 보일 수 없고 나도 삭발하고 싶다는 생각이 들었다. 스님네들이 어떤 이유로 싸웠는지는 내가 알 바 아니었고, 단지 나에게 편히 대해주고 말씀도 많이 들려주고, 읽을 만한 책도 갖다주시는 참으로 고마운 분들이었다."
그 후 은사가 되실 상민 스님께 출가하겠다고 하니 다음과 같이 말씀하셨다고 한다.
"중노릇하기가 무척 힘들다. 승려가 되면 먹고 싶은 것도 맘대로 먹지 못하고, 옷도 철 따라 맘대로 못 해 입는다. 모든 생활이 자유롭지 못할 터인데 그래도 출가하고 싶으냐?"

생활 속에서 불법 실천

현대불교는 생활불교, 실천불교를 지향한다.
우리 할아버지, 할머니 세대에서는 초파일, 동지, 기타 등 일 년에 서너 번 정도 절에 가는 것이 종교 활동의 전부였다. 농경 위주의 사회에서는 그럴 수도 있겠지만 생활 자체가 복잡다단한 현대에는 타 종교와 경쟁도 해야 하니 일상화된 종교 활동을 멈출 수 없다.

대만 불광사 성운 스님은 불자들이 생활 속에서 부처님 법을 닦는 것이 진정한 값어치가 있고 훌륭한 종교 생활임을 설파하고 있다.

"오늘날 법의 등불을 전하는 것은 신성한 사명이다. 독경, 염불, 참선하는 것도 불법이고, 바르게 알고 바른 믿음을 갖는 것도 불법이다. 발심하여 서원을 세우는 것이 불법이고, 인내하고 겸양하는 것이 불법이다. 존경, 포용이 불법이고, 지계 선정도 불법이다. 청정, 중도, 무상, 무아가 불법이다. 기쁘게 나누고 보시하는 것이 불법이고, 사무량심, 6 바라밀, 사섭, 은혜에 감사하는 마음, 인연, 인과응보, 이 모두가 부처님의 가르침이다.

세간을 떠난 부처님의 가르침은 없다. 산 자를 먼저 제도하고 그다음 죽은 자를 제도해도 늦지 않다. 인간불교, 생활불교가 급선무이다."

만주 수월 스님의 하심下心 겸손의 가르침

청담 스님이 젊은 시절 만행 중에 만주에 상주하시는 수월水月 큰 스님을 친견했다. 그때 수월 스님은 청담 스님에게 겸손, 하심下心 법을 일러 주었다.

"수행자의 삶이란 어둠 속에 갇혀있는 중생들에게 희망의 등불을 전하는 것이다. 그러기 위해서는 인욕을 해야 하고 하심을 해야 하지. 만물에 불성佛性이 있어 하루살이 같은 가냘픈 생명에게도 대자대비심을 지녀야 진정한 수행의 길을 갈 수 있어. 자신을 보다 아래로 마음을 깎아내릴 때 진정한 자기 모습을 볼 수 있다네. 명심하게. 청담 수좌!"

주역 64괘 중 흉함이 없이 효爻가 모두 길하다고 되어 있는 괘는 겸謙계 뿐으로서 만사형통의 도로서 군자에 비유하여 유종의 미를 거둘 수 있다고 하였다.

미국의 국부인 B.프랭클린이 제시한 훌륭한 도덕적 삶의 13개의 덕목 중 가장 중요한 덕목은 자신을 낮추는 겸손이었다.

겸손과 마음을 낮추는 하심. 이것은 보살도의 길을 지향하는 대승 불자들이 닦아야 할 가장 근본적인 수행이다.

어느 불교 거사님의 불심

주세규(1971) 거사는 대학을 졸업한 후 2년간 금융기관에 근무하였다. 그 후 10년 넘게 학원 강사를 하였다.

기독교를 신앙하였는데 서점에서 우연히 중국 스님 인광 대사의 가언록 〈화두 놓고 염불하세〉라는 책을 읽고 감동하여 불교에 귀의했다고 한다.

불교에 귀의한 후, 불교 서적 1만 권을 법공양하겠다는 원을 세웠고, 평생 염불하며 법문을 널리 선양할 것을 맹세하여 다음과 같은 원을 세웠다.

1. 법계의 중생들이 서방정토에 왕생하기를
2. 저의 선망 조상님들과 부모님 왕생하기를
3. 고통과 원한 속에서 무참히 도살당한 무량한 축생들이 삼악도를 여의고 삼보에 귀의 왕생하기를
4. 고통받는 중생들이 고통을 여의고 행복하기를
5. 무시 이래 제가 지은 악업은 소멸하기를
6. 억울하게 죽는 이, 원한 속에 죽는 이, 비명횡사하는 이, 자살하는 이가 없기를
7. 부처님 염불 법문 널리 퍼져 믿고 따르고 수행하여 다 함께 극락왕생하기를

결혼 · 인생 지참금

결혼을 앞둔 사람들에게 혼수라는 결혼 지참금이 필요하다.

이항아씨는 〈아름다운 처녀들에게〉라는 책에서 결혼하는 사람들에게 정신적 결혼 지참금을 꼭 가져갈 것을 부탁하고 있다. 그렇게 되면 결혼에 성공할 확률이 훨씬 높기 때문이다.

"결혼은 요행도, 꿈도, 환상도 아닌 차가운 현실이고 생활이다. 같이 참여하여 개척해야 할 황무지이며 경작해야 할 농지이다.

진홍 주단을 깔아 놓은 평탄 대로를 찬란한 공작처럼 입장하여 아무런 노력도 없이 제 인생의 공허를 보상받으려는 사람은 삶의 주인도 능동자도 될 수 없다.

결혼은 사랑이 변신한 무덤도 아니며 기화요초로 찬란한 낙원

도 아니다. 신랑 신부가 함께 열고 함께 풀며 함께 참고 함께 만들 각오로 받아들인 자리여야 한다. 뭉게구름이 항상 떠 있다가 비바람 치며, 끝없이 넓고 푸른 바다가 갈등과 의심, 고통의 풍파로 요동친다.

그래서 결혼 지참금이 필요하다. 즉 사랑과 신념과 성실이 가장 큰 결혼 지참금이다."

우리 인생살이는 어떠한가?

어느 사이에 높은 지위는 비굴한 신세로 변하며, 가을바람의 낙엽처럼 아름다움은 추하게 바뀐다. 높이 쌓아 놓은 재산도 남의 것을 빌린 것처럼 흐트러져 버리며, 꿀벌이 아무리 열심히 꿀을 모아도 맛있는 꿀은 사람이 다 먹어버린다. 인생의 지참금이 꼭 필요하다.

일본 진언종을 창종한 불공不空 스님은 멸인봉도滅人奉道 즉 사사로운 나를 죽이고 진리를 받들고 참됨을 받들며 부처님 법을 받드는 삶으로 돌아가는 인생 지참금을 설파하셨다.

황성주 시인은 기도와 명상을 인생 지참금으로 권했다.

"깊은 기도와 명상을 하면 내적 치유가 가속화되고 풍부한 감성을 가지게 된다. 기도와 명상을 통하여 영적 통찰력과 분별력을 얻게 된다. 지혜로운 자가 된다. 그리고 기도와 명상은 영적 전투력을 회복하게 된다. 결단할 수 있는 용기가 생기고 승리의 확신이 생긴다. 영적으로 담대해지고 두려움이 없어진다.

기도와 명상은 우리의 냉철한 지혜, 뜨거운 가슴, 열정적 의지, 지·정·의를 새롭게 해준다."

대비주천수다라니 수행만 하신 수월 음관 스님 법문

대전 대흥사 혜양慧陽 스님은 독립군 연설원으로 활동하다 몸을 다쳐 만주 수월 음관 스님께 치료받은 뒤 출가하였다. 혜양스님은 수월 음관 스님의 평소 법문을 다음과 같이 일러주신다.

〈도 닦는 것이 무엇인고 허니, 마음을 모으는 거야. 별것 아녀. 이리 모으나 저리 모으나 무얼 하든지 마음만 모으면 되는 것이야. 하늘천 따지를 하든지, 하나 둘을 세든지, 주문을 외우든지 어떠하든 마음만 모으면 그만인 거야. 나는 순전히 천수대비주신묘장구대다라니로 달통한 사람이여.〉

우리 불자들도 대비주천수다라니로 마음을 모아 자신의 마음자리를 밝혀 도를 깨치는 선연의 계기를 심고 자신과 이웃과 중생을 제도하는 참된 삶의 길을 열어가야 하겠다.

명나라 고승 지욱智旭 선사 대비주 10만 독 다짐

명나라 말에 지욱 선사는 감산 덕청, 운서 주굉, 자백 진가 스님과 더불어 4대 고승으로 추앙받았던 분이다. 부모님이 자신을 낳기 전 대비주천수다라니를 외워 태어났고 이처럼 숙세의 깊은 불법 인연이 있었으나 불교를 비방하다가 어느 날 운서 주굉 선사의 〈죽창 수필〉을 읽고 크게 잘못을 뉘우치고 발심 출가하여 참선과 교학, 염불 수행, 대비주천수다라니를 열심히 수행하여 고승 대덕이 되었다.

우익 지욱 스님의 "이제 대비주천수다라니 10만 번을 외워 지니리니!"라는 글에는 다음과 같은 신앙 서원의 글귀가 적혀있다.

〈다라니의 미묘한 위신력과 다라니 외우는 이, 구함을 따라 원하는 바 모두 이루게 하네. 나는 본디 부모님의 다라니 기도로 태어났으니 어릴 때 나는 엄숙히 재계 지니어 꿈속에서 관음보살님과 서로 말씀을 나누었네. 나는 팔에 향을 태우고 대비신주를 10만 독송하여 모든 악업 참회하고 모든 소원 성취하려 다짐하네.〉

대비주천수다라니 수행하는 불자들도 10만 독송하여 업장 소멸하고 모든 소원 이루며 참된 지혜를 밝혀야 하겠다.

경봉 스님의 생활 법문

통도사 경봉鏡峰 큰 스님은 극락암에서 한 달에 한 번 일반 불자들을 위한 생활 법문을 하셨다. 전국 각지의 선남선녀들이 법회에 참석하기 위해 극락암으로 모여들었다.

스님은 상근기 활구活句 법문도 빠뜨리지 않으셨는데 그 일부이다.

"부처·법·승이 무엇인고?"

"벼·보리·콩이다. 이 도리를 알겠는가?"

경봉 큰 스님의 생활 법문 요체 몇 개를 모아 봤다.
- 젊은이들은 이 세상에서 〈나〉는 〈남〉을 위해서 무엇을 얼마나 좋은 일을 했는가를 반성해 보고, 또 이 세상을 얼마나 살다가 어디로 갈 것인가를 생각해 봐야 한다.
- 사람은 분에 넘치게 생활해서는 안 된다. 분수를 지켜 살아가면 갑자기 큰 불행을 만나더라도 놀라지 않고 용기를 갖고 헤쳐 나가며 잘 살 수가 있는 것이다.
- 생엿을 손으로 만지면 손에 묻고, 옻칠하자면 손에 묻으니, 생엿을 만질 때는 밀가루를 바르고, 옻칠할 때는 참기름을 바르고 만지면 붙지 않는 것처럼 6근 (안·이·비·설·신·의), 6식(識)으로 말미암아 눈·코·귀·혀·몸뚱이·의식으로 6가지 도적을 만들어(6賊) 탐내고, 빼앗고, 시기하고, 성내는 때를 묻히기 전에 마음을 비울 줄 아는 지혜가 있으면 그것에 물들지 않는다.
- 사람은 왜 늙는가? 마음에 병이 있으므로 가슴이 답답하고 머리가 아플 것이다. 이 병이 늙음을 재촉한다.

청나라 황제 옹정제의 불심

청나라의 영토가 가장 넓고 문화가 찬란히 꽃피었던 시기를 강건성세라 한다. 강희제부터 옹정제 건륭제까지의 3대 133년의 통치 기간을 말한다.

청나라의 황제들은 체두변발을 하였다. 앞머리만 삭발하고 뒷

머리만 길러 세 갈래로 땋고 끝자락에 댕기를 매었다. 만주족들은 자신들은 문수보살의 아들·딸이며, 반은 승려이고 반은 속인(반승 반속)이라고 주장하여 머리를 절반만 삭발하였다. 또한 목에는 108염주를 걸었는데 염주의 동서남북에는 불상을 모신다. 염주 알은 압록강과 두만강에서 채취한 진주로 만들었는데 그 이유는 백두산의 후예임을 잊지 않기 위해서이다.

황제의 모자에는 금불상을 모시고 있는데 이는 관세음보살이 이마 위에 아미타불을 모신듯하다. 그리고 모자 꼭대기 상륜에는 압록강 진주로 만든 오층탑을 모신다.

옹정제는 아버지 강희제가 조성해 준 원명원 정원 이름을 따 법명을 원명 거사로 사용하였다.

원이법신 명이보조라!
원만하니 법신이 저절로 드러남이요, 밝으니 널리 비치도다.

북경의 라마사원 옹화궁은 옹정제의 생가이다.

명나라를 정벌하고 중원으로 진출하면서 나라 이름을 청으로 바꾸고 민족 이름을 만주족으로 바꾸게 된다. 만주란 문수보살의 범어 이름 만쥬수리를 줄인 말이다. 만주족들은 문수보살처럼 지혜롭고 용맹하다는 뜻에서 부친 것이다.

옹정제는 뛰어난 학자로 불경을 번역하고 많은 어록과 불경 해설서를 편찬하였다. 또한 불심이 깊었으며 선정을 체험하였고, 고승들과 많은 교류를 하였다.

재위 기간 중 관치를 혁신하였고, 당쟁을 진정시켰으며 국고를 튼튼히 하였다. 강희제에게 황위를 물려받을 당시 청나라의 국고는 은 8백만 냥 정도였다. 옹정 6년 만에 국고를 4천만 냥으로 늘리었다.

옹정제는 자신의 불심 경지를 게송으로 읊었다.

보살은 청량한 달과 같이 항상 궁극적인 경지인 필경공에게 노니나니,
수없이 긴 세월 소원을 이루기 위해 앞으로만 호탕하게 나아간다.

사물의 본질을 비어 있음, 공으로 보라.

수행자의 법력이 깊어져 선정의 자재를 얻으면 불 위에 방석을 놓고 앉으면서 땅이 되라고 하면 땅이 된다고 한다. 왜냐하면 불 속에도 땅의 요소가 있기 때문이다.
용수보살은 대지도론에서 사물의 본질은 비어 있어 공하지만, 보는 사람의 마음에 따라 달리 보임을 이야기하며 사물의 본질, 핵심은 비어 있는 공으로 볼 것을 말하고 있다.
음란한 마음을 품은 이가 아름다운 미인의 앞에 서면 음탕한 마음이 솟구친다. 평범한 아낙이 보면 질투와 미움의 마음으로 홀리면서 시기를 하게 된다. 무관심한 사람이 보면 이익도 손해도 없어 땅이나 나무처럼 별 볼 일 없게 여긴다.

도를 닦는 수행자가 보면 온갖 더럽고 부정한 것들이 육신의 아홉 구멍에서 흘러내리는 더러운 물건으로 본다.

아름다운 미인이 본래부터 깨끗하다면 네 종류의 사람이 다 깨끗하다고 보아야 할 것이요, 더러운 것이라면 네 종류의 사람이 모두 더럽게 보아야 한다.

그러므로 좋고 나쁨, 깨끗하고 더러움은 보는 자의 마음에 있는 것이지, 밖에서 정해진 것이 아님을 알 수 있다.

따라서 사물의 본질을 관하는 자세는 비어 있음, 즉 공으로 보라는 것이다.

공해(구카이) 대사와 알렉산드 대왕의 아랫 사람 배려

일본 고야산에는 진언종 곤고부사라는 절과 기타 117개의 사찰이 있다.

곤고부사는 819년부터 진언종 공해 대사가 창건하여 지금까지 내려오고 있다. 홍법 대사 공해 스님의 소신은 모든 종무원의 월급 및 생활 수준은 세속 기준으로 돈과 재물을 걱정하지 않고 살 수 있는 수준인 중상이나, 상하 수준의 생활을 보장해 주는 것이었다.

오늘날 사찰에서 일하는 공양주나 사무원들의 월급이 최저 임금 기준이나, 중하, 하상 정도임을 생각할 때 선견지명 있는 스님이었다.

알렉산더 대왕이 세계 정복을 떠나기에 전에 장병들이 어느 정도의 재산이 있어야 뒷일을 염려하지 않고 기꺼이 해외 원정길에 오를 수 있겠는지를 조사토록 하였고 조사 결과에 따라 장병들에게 모든 토지와 국가 수입을 나누어 주고 마지막에는 왕실 재산마저 분배해 주었다.

그러자 한 장수가 "대왕님 자신을 위해서는 무엇을 남겨 두시렵니까?"라고 물었다.

그때 알렉산드 대왕은 이렇게 말했다. "세계가 다 내 재산이다."

알렉산더 대왕은 자신의 이익보다는 아랫 사람을 먼저 배려한 결과 그를 믿고 따르는 병사들의 신뢰를 얻어 13년 -20세에 왕위에 올라 33세 요절하기까지의 짧은 기간에 동·서양에서 사상 유례없는 대제국을 이루었다.

한 생각 일어나면 꿈

〈사찰 설화〉의 이야기이다.

추석날 새벽에 한 노파가 절에 안치되어 있는 영감의 영정에 영반을 올리고 돌아가는데 법당 앞 넓은 뜰에서 무엇인가 밟히는 느낌이 들었다. 나이 들어 노안도 있고 사물도 잘 분별하지 못해 개구리를 밟아 죽인 것이 틀림없다고 생각하여 "에구, 가엾어라! 살생하고 말았구나. 나무아미타불!"이라고 염불하였다.

그날 밤 잠자리에 들자, 비몽사몽간에 큰 개구리가 나타나 "이 할미야, 조심해 다니지 않고 나를 죽이다니 맛 좀 봐라!" 하더니 가슴에 올라타 온몸을 물었다.

잠결에 깜짝 놀라 일어난 할머니는 개구리의 시신을 묻어주고 독경이라도 해주려고 새벽같이 절에 올라갔다. 개구리의 시신을 찾았으나 개구리는 보이지 않고 썩은 나무가지가 놓여 있었다.

한 생각 일어나 혼자 개구리로 생각하고, 그러한 마음 작용으로 가위눌림을 당했으니, 그것도 한 생각 일어나니 꿈이었다.

고려시대 신앙 결사結社의 이유와 다짐

신앙 결사結社는 불교 종단의 승풍이 타락하고 어지러울 때 일어나는 종교개혁의 일종이다.

고려 중엽 보조국사 지눌스님(1158~1210)의 〈정혜결사〉와 원묘 요세 스님(1163~1245)의 〈백련결사〉가 유명한 신앙 결사이다.

〈정혜결사〉는 오로지 화두, 참선 수행을 하면서 무너지고 타락한 승풍을 진작시키려 했고, 〈백련결사〉는 승려는 물론 일반 민중이 더불어 참선, 독송, 참회, 염불을 하면서 새로운 승풍을 진작시키려고 하였다.

고려 중엽 〈결사운동〉이 일어난 계기는

첫째, 승려들이 불법을 빙자하여 자신만을 장식하고 명예나 이익에만 치중하고 있으며

둘째, 풍진 세상의 일에만 골몰하여 세속의 정치에 깊이 개입하고 있었으며

셋째, 출가자의 본분을 망각하여, 머리 깎은 사미의 몸일 뿐 장부의 뜻이 없어 위로는 도를 펴는데 어긋나고 아래로는 중생을 이롭게 하지 못하였다. 또한 중간으로는 네 가지 은혜(중생, 국가, 스

승, 부모)를 져버렸으니 진실로 부끄러운 일이었다.

수선사修禪寺 2세 진각국사 혜심(1178~1234) 스님은 상주보기常住寶記에서 승가의 병폐를 다음과 같이 밝히고 있다.

"근래에 조그마한 사원에 거주하는 사람들은, 대부분 처자식을 거느리고 있으며, 머리만 깎은 노복 같은 이들이다. 이들은 토지생산에도 종사하지 않고 사찰도 수리하지 않을 뿐만 아니라, 심지어 경당과 불전을 베 짜는 집으로 삼고, 선실 승방은 우마를 키우는 장소로 만들어 거름 냄새가 항상 넘친다고 들었다. 더군다나 저녁에 불을 밝히고 아침에 향을 사르는 일은 꿈에도 찾아볼 수가 없다."

고려 중엽 신앙 결사 형태는 다음과 같이 진행되었다.

〈타락한 승풍을 진작시키기 위하여 계율을 강조하며, 정치권력에 초연하기 위하여 명예와 권력을 떠난다. 또한 사원의 타락 원인이 부의 축적에 있으므로 이를 예방하기 위하여 철저한 자급자족의 경제 원칙을 세우고, 출가 본연의 자세인 참다운 구도자 상을 제시하기 위하여 새로운 수행의 방향을 설정한다.

이상과 같은 목적을 달성하기 위하여 결사의 도량을 번잡한 도회지가 아닌 깊은 산간에 정하는 것이 일반적인 관례로 되어 있다.〉

통도사 벽안碧眼 큰 스님

양산 통도사는 경봉 큰 스님 입적 후 월하月下, 벽안碧眼 두 큰 스님이 문도들을 지도해 왔다.

지안스님 - 벽안 큰 스님의 시봉인 - 수필집에 벽안 큰 스님의 가풍을 잘 이야기하고 있다.

〈청백가풍靑白家風〉 곧기가 저울대와 같았으며 모든 일에 솔선수범을 하셨다. 예의범절이 당대 제일인자였다. 불과 나이가 9살 많으신 은사 경봉 노스님이 열반하시기 전까지 통도사 상노전에서 극락암까지 매일 2km가 넘는 길을 걸어서 문안 갔다.

팔순의 상좌가 구순의 스승을 모시는 정성은 극진하였다. 벽안 큰 스님 유훈은 〈본립이도생本立而道生〉 즉 근본이 서야 도가 생긴다. 〈눌언민어행訥言敏於行〉 즉 말만 잘하면 소용이 없으며 오히려 말 서투른 사람의 행이 바르고 민첩하다.

왕유의 불심

당나라 시인 왕유는 불심이 깊었는데 그는 유마경에 나오는 재가 거사 유마힐 이름을 따 자신의 호를 왕 마힐이라고 지었다. 두보, 이백과 달리 선禪을 소재로 하여 불교적 분위기의 시를 많이 남겼다.

그는 대조大照 선사 문하에서 30여 년 선을 참구했다고 한다.

구당서에 그의 방에는 아무것도 없었다. 다만 차 끓이는 도구와

경을 보는 작은 책상, 노끈 의자가 놓여 있을 뿐이었다. 일과가 끝나면 처소에 돌아와 향을 피우고 홀로 앉아 참선으로 시간을 보냈다. 아내가 죽자 다시 장가 감이 없이 30여 년을 홀로 살았다고 기술되어 있다.

왕유의 형제는 모두 돈독한 불교도였다. 육식과 마늘, 파 등을 스스로 금했으며, 만년에는 재계를 지켜 무늬가 있는 옷조차 입지 않았다고 기록되어 있다.

백락천白樂天(772~846)의 불심

백락천이 조과 도림 선사와 나눈 불교 대화는 유명하다.

백락천이 도림 선사에게 불교가 무엇인지 물었을 때 도림 선사는 〈나쁜 일을 하지 않고 선한 일을 하는 것〉이라고 말하니 백낙천은 〈세 살 먹은 어린애도 아는 일이네요〉라고 하였다. 그러자 선사는 〈세 살 먹은 어린애도 다 아나 팔십 먹은 노인도 실천하기 어렵다〉라는 대화가 유명하다.

백락천이 817년 47세 때 〈나 불교의 가르침 배우기를 노력하여 평생 마음의 여러 가지 번뇌를 다스릴 수 있게 되었건만, 아직 시문詩文은 항복 받지 못하여 바람과 달을 따라 한가로이 시를 쓴다〉고 하였다.

백낙천은 자기 문집을 여산 동림사, 낙양 성선사聖善寺, 소주 남선원 세 곳에 맡겼다. 그리고 "이 세상에 나의 세속적 저작들은 광어기의 뿐이다. 그러나 원컨데 이 인연으로 내세에는 불법을 찬탄하고 법륜이 영원히 움직이는 인연을 삼고자 할 뿐이다. 삼보께서는 실로 나의 부탁을 들어주시리라고 믿는다"고 하였다.

법인法印 스님의 발원

법인 스님은 천안 태조산 각원사를 창건하셨고, 청동 대불 좌상을 건립하시어 남북통일의 대원을 기원하신 원력이 높으신 스님이시다.

스님(1933~)은 일본 유학(1975년)을 떠나면서 통일 대원의 불사를 이루지 못하면 돌아오지 않을 것을 맹세했다.

승려생활 초기 어느 날에 경주 석굴암을 참배하다가 크게 느끼게 된다.

'신라 김대성이는 어떠한 사람이었기에 석굴암, 불국사라는 큰 불사를 이루었는가?

이 시대에 우리나라의 가장 급한 과제는 무엇인가? 통일 대업이다. 나는 통일 대업을 이루기 위한 천안 태조산 각원사 건립을 발원한다.'

스님은 많은 어려움을 극복하고 통일 대업을 기원하는 거대한 청동좌불상 조성 불사를 이루어 내셨다.

불사가 어려울 땐 항상 〈관세음보살〉을 염했다. 관세음보살 앞에 〈대자대비〉를 덧붙여 〈대자대비 관세음보살〉을 항상 염했다고 한다.

자신의 사형인 선방 수좌 보광스님이 말씀하시기를

"너를 보니 신경질이 많고, 성을 많이 내니 그냥 관세음보살을 불러서는 아니 되겠고 대자대비 관세음보살을 해야 올바른 관세음보살 정근이 되겠다"라는 권유로 스님은 항상 〈대자대비 관세음보살〉을 염하였다고 한다.

청담, 효봉, 영운 스님 일화

현대불교신문(1996년 10월 16일)에 석주 스님과 숭산 스님의 대담에 실린 몇 분 스님들의 일화이다

숭산 스님 : 청담 스님은 〈인욕 제일〉이었습니다. 누가 뭐래도 절대로 화를 내지 않으셨지요. 인욕이라는 큰 도가 몸에 배어 있음을 청담 스님은 많이 보여주셨던 것 같습니다. 그 스님은 누가 찾아가서 이러니저러니 흠을 잡고 욕을 해도 묵묵히 다 듣고 계시다가 끝에 한마디 툭 던지시는데 "그래요, 스님 왜 그러십니까?"였지요 그러면 흥분해서 떠들던 사람이 오히려 부끄러워하기 일쑤였고요.

석주 스님 : 내가 정혜사에 있을 때 효봉 스님이 입승을 보셨고, 나는 그 스님에게서 무서운 감명을 받았어요.

섣달 그믐께였는데 목 아래에다 칼을 세워놓고 정진하시는데 이레를 그렇게 용맹정진을 하시더군요.

숭산 스님 : 영운 스님은 한겨울에도 문을 열어 놓고 참선하시지

요. 추위를 못 이기면 자기 자신을 이길 수 없다고 하면서요.

인간불교를 창도한 대만의 인순印順 큰 스님

현재 대만불교를 주도하고 있는 고웅 대만 불광사 성운 스님이나 화련 자제정사 증엄 비구니 스님은 인간불교를 내세우고 있다.

인간불교란 〈산자를 먼저 제도하고 다음에 죽은 자를 제도한다〉라는 정신으로 죽은 자 즉 망자를 위한 제사도 중요하지만, 우선 살아가는 사람들이 병들고, 헐벗고, 굶주려 있다면 그 일을 먼저 실행하고 나머지 일은 다음으로 미룬다는 진취적인 생활불교 사상이다.

인순 스님은 청나라 말기부터 현대까지 사신 분으로 100세를 사셨는데 2천 년대 이후 입적하셨다.

그리고 무엇보다도 구식 불교를 타파하고 신식 불교를 창도하면서 다음과 같이 부르짖었다.

"불교는 높은 골짜기 천산에 있는 것이 아니다. 사람들이 부대끼며 울고 웃으며 살아가는 인성을 지닌 세간에 있다"라며 인간불교人間佛敎 사상을 내세웠다. 그리고 늘 실천을 강조하였다.

"중생을 이롭게 하는 일은 생각만으로 안 된다. 진정으로 실천해야 한다."

"염불의 염念 자는 생각하며 잊지 않는다는 뜻이니, 그저 입으로만 읊지 말고 마음으로 외우라."

스님은 시간 사용을 소중히 하여 젊었을 때부터 1분 1초도 그냥 허비하지 않았다.

기자가 취재하러 갔을 때 특이한 것은 처소, 서재, 접객실, 부엌, 화장실 등 어느 곳이든 시계가 놓여 있었다.

김호철 경위(경찰관)의 갓바위 참배 구도 여정

1990년대 말 경찰관 김호철 경위는 한가지 소원을 반드시 들어준다는 팔공산 갓바위를 오르게 되었다.

팔공산 갓바위는 선남자, 선여인들이 간절한 한 가지 소망을 품고서 사시사철 참배하는 이름난 기도도량이다.

김호철 경위도 〈갓바위 부처님은 한 가지 소원은 꼭 들어주신다고 하기에 호기심으로 올라갔다〉라고 밝히고 있다.

막상 갓바위 부처님을 친견하니 무슨 소원을 말해야 할지 머뭇거려지고 진땀이 났다. 승진도 하고, 돈도 벌고, 아들도 낳으려는 세속적인 소원도 떠올렸지만, 성철스님의 말씀처럼 〈자기를 위해 기도하지 말고 일체중생을 위하여 기도하라〉라는 말씀이 떠올랐기 때문이다.

조용히 큰 호흡으로 마음을 가다듬고 정법의 길을 추구하는 불자의 자세로 합장하며 갓바위 부처님께 한 가지 소원을 기도하였다.

〈부처님! 저에게 진실을 깨닫고, 진실을 실천하며, 진실을 지킬 힘을 주십시오.〉

이러한 김호철 경위의 기원이 갓바위 부처님을 흐뭇하게 미소를 지으시게 하였는지도 모른다.

원효 스님의 무애행과 인간 이해

원효 스님은 무애행을 통하여 인간이면 누구나 지니고 있는 거룩한 성품, 부처가 될 성품인 불성佛性을 잊지 않고 신분의 빈부귀천에 상관없이 해탈된 자유로운 삶을 살기를 권장하고 촉발하였다.

살아 있는 존재들이라면 모두 다 가지는 생명의 존엄성을 환기함으로써 귀족적 삶을 사는 사람들에게는 욕망의 자제와 절제를 강조했다. 또 평범한 삶을 사는 사람들에게는 좀 더 용기와 신념을 가지고 살아갈 것을 요청했다.

그리하여 원효 스님은 그가 탐구하며 실천한 일심一心과 다툼을 화해시키는 화쟁和諍 사상과 걸리지 않는 자유로운 해탈, 행인, 무애無碍의 실천행을 통하여, 귀족적 고귀한 삶이나 평범한 백성들의 삶 모두가 진리의 본체에서 보면 평등하여 차별이 없고 막힘도 없고 거리낌도 없음을 드러내 보여주었다. (고영섭·한길사)

원효 스님이 보여준 걸림 없는 삶인 무애행은 해탈한 자의 소박한 모습이었다고 할 수 있다. 어떠한 소유나 집착, 명예나 계율이나 지식이나 권위로부터 자유로운 모습의 인간상을 구현하였다고 하겠다. 그리고 자신은 스스로 한없이 낮추며 일체중생을 높이 받드는 소성小性 거사를 자처한 겸손의 대가였다.

하품·중품을 뛰어넘는 어느 노스님 일화

일본의 큰 사찰에 명망이 높은 노스님 한 분이 계셨다. 이 사찰에서는 일주일 동안 개최되는 수련회에 많은 사람들이 모였다.

수련회가 개최되는 동안에 매일 도난 사건이 발생하였는데 마침내 범인을 잡게 되었다. 참석한 대중들은 '저 손버릇 나쁜 양반을 쫓아 버리세요'라고 이구동성으로 요구했음에도 노스님의 재가가 떨어지지 않았다.

사람들은 참지 못하고 '저 사람을 쫓아내지 않는다면 우리가 수련회를 떠나겠습니다'라며 짐들을 꾸리는 것이었다.

지켜보던 노스님은 "그래 떠나라! 저런 사람을 우리 도량에서 용납하고 구제하지 못한다면 저 사람은 영원히 구제받을 수 없다"라고 외치며 그 손버릇 나쁜 사람을 끝까지 감쌌다고 한다.

그 후 수련회에 동참한 일부 사람들은 떠나기도 하였으나 나쁜 사람을 구제하려는 스님의 마음에 모두 감복하고 스님에게 경배를 올렸다고 한다.

(일본 불교 설화)

불경에 "중품인 성문, 연각의 수행자는 누가 욕을 하거나 헐뜯으면 묵묵히 참거나 피해 버린다. 그러나 상품인 보살은 자비를 더하여 친자식같이 사랑하여 갖은 방법으로 제도한다"라고 말하고 있다.

일본 노스님께서 범인에게 베푸시는 자비심은 상품 경계인 보살도의 행동이다. 쉽지 않은 일이다.

티베트 속담에 '나쁜 사람보다도 더 나쁜 사람은 나쁜 사람을 보고 화내는 사람'이라고 한다.

염라대왕의 훈계

저승에 간 어떤 노인이 "저승에 데려올 테면 진작 알려 주어야 하지 않겠소?"라며 염라대왕에게 항의하였다.

그러자 염라대왕이 "내가 자주 알려 왔노라. 너의 눈이 침침해져 가는 것이 첫 번째 소식이었고, 귀가 점점 어두워지는 것이 두 번째 소식이었으며, 이가 점점 빠지는 것이 세 번째 소식이었다. 그리고 너의 몸이 날로 쇠약해짐으로 셀 수 없이 소식을 전해 왔노라"고 하였다.

그러자 어린 소년이 염라대왕에게 항의하였다.

"나의 눈과 귀는 밝고 이도 튼튼하며, 온몸이 건강합니다. 왕은 어찌 나에게는 소식을 전하지 않았습니까?"

염라대왕이 이렇게 대답했다.

"그대에게 소식을 전해왔으나, 그대가 살피지 못했을 뿐이다.

동쪽 마을에 나이 40, 50에 암으로 죽은 자가 있지 않던가? 서쪽 마을에 20, 30에 교통사고로 죽은 자가 있지 않던가? 그 밖에 10세 미만, 두세 살 젖먹이 나이로 죽은 자가 있지 않던가? 어찌 내가 소식을 전하지 않았다 하는가?"

(허풍쟁이와 바람쟁이)

날쌘 말은 채찍의 그림자만 보고도 내달린다.

그러나 눈앞의 이익에만 급급해 살아가는 사람들은 죽음이 닥쳐왔을 때라야 '아이고, 염라대왕님 미리 알려 주셔야지요'라고 항의를 해봐야 소용이 없다.

채찍의 아픔이 꽂힐 때까지 기다리는 말은 둔한 말이다. 이처럼 어려움이 닥쳤을 때 후회하는 것은 어리석은 인생이요, 고통스러운 삶일 뿐이다.

놀고, 먹고 즐기는 시간을 아끼어 노니 염불 수행을 열심히 하면 염라대왕을 만나도 당당할 수 있다.

명나라 연지 주굉 스님의 공과표

중국의 연지 주굉 스님(1535~1615)은 고향 인화에서 청렴한 가문의 후예로 태어났다.

27살에 아버지 상을, 31살에 어머니의 상을 치른 뒤 부인 탕 씨와 찻잔을 마주하고 "은혜란 허망한 것이요, 생사는 누가 대신해 줄 이가 없소, 나는 산속으로 떠나려오, 그대는 스스로 갈 길을 정하시오"라는 말을 남기고 출가하였다. 부인도 그 뒤 출가하여 주금이란 법명으로 효의암에서 살았다고 전해진다.

32살에 출가하여 참선과 염불을 함께 닦는 선정 쌍수 수행하던 스님은 동창이란 곳을 지나가다 깨달음을 이루어 다음과 같은 게송을 남겼다.

"이십 년 전 일이 의심스럽다고 하여
　삼천리 밖에서 무슨 기특한 일을 만나랴?
　선·악이 모두 꿈인걸
　마와 부처가 부질없이 시비하네."

스님은 행각 중에도 모친의 상이 아직 끝나지 않았다며 걸망 중에 항상 위패를 모시고 다녔고, 공양 때에는 항상 모친 위패에 먼저 바치고 먹었다.

스님은 80살에 '죽장 수필'이라는 글 머리말에 다음과 같은 글을 남겼다.

"아! 나 이제 늙었으니 지는 해 또 얼마나 남았겠느냐? 이렇게나마 말하지 않고, 또 어느 때를 기다릴 것이며, 만약 중생을 이익 되게 하지 않으면 다른 어느 때 저들을 구제할 수 있겠느냐? 그래서 이 글을 쓰노라."

주굉 스님은 '스스로 아는 기록'이라는 글에서 세상의 모든 행위를 공(착한 선행), 과(허물, 나쁜 행동)로 나누었다.

또한 공과 표를 만들어 매일 매일, 달마다, 한 해를 맞이할 때마다 결산하였다. 평생 1만 점을 달성하면 소원이 성취되어 극락왕생하고 자손들에게 큰 음덕을 미친다고 하였다.

주굉 스님은 공이 되는 행위를 다음과 같이 네 가지로 분류하였다.
1. 충실하고 독실한 행위
2. 이타적이고 자비스러운 행위
3. 삼보에 이로운 행위
4. 자잘한 선한 행위

각 범주 아래에 각각의 행위에 할당되는 공과 점수가 열거되었다.

(이타적이고 자비스러운 행위의 범주는 다음과 같다)
- 심한 질병에서 회복하도록 도와주는 행위 : 10점
- 가벼운 질병에서 회복을 도와주는 행위 : 5점
- 아픈 사람에게 약을 주는 행위 : 1점
- 아픈 사람을 길에서 집으로 돌아가게 도와주는 행위 : 20점
- 사형받을 사람을 구해 주는 행위 : 100점
- 재생산할 수 있는 동물(개, 소, 말)의 목숨을 구해 주는 행위 : 20점
- 재생산할 수 없는 동물의 목숨 구해 주는 행위 : 10점
- 매와 죽장 맞을 사람을 구해 주는 행위 : 15점
- 작은 동물 도와주는 행위 : 1점
- 매우 작은 동물, 곤충, 벌레를 구해 주는 행위 : 1점

반대로 만일 중병 걸린 사람을 도와주지 않으면 2점 감점, 사람을 죽이면 100점 감점 등 위에 열거한 사항과 반대의 행동은 반대의 점수를 부여했다.

이러한 공과 표의 체계를 믿는 사람들은 매일 저녁 공덕 점수를 누계 내어 총 1만 점이 되면 소원이 이루어진다고 믿었다.

죽을 때에 과가 공보다 많으면 자손이 고통을 받을 것이라고 믿었다.

측천무후의 충국사, 신수 대사 시험

측천무후는 어린 시절에 절에서 비구니 생활도 하였고 당나라 태종과 고종을 모셨다. 그래서 불교를 잘 알았으며, 용문 석굴의 제일 큰 법당인 봉선사도 창건하였는데, 당 고종이 주불 부처님을 측천무후의 얼굴을 닮게 조성하도록 명하였다.

천수경의 첫 게송인

"무상심심미묘법 백천만겁난조우

아금문견득수지 원해여래진실의"

"위없이 높고 깊은 미묘한 부처님 법, 백천만겁이 지나도 만나기 어렵거늘, 내 이제 보고 듣고 지나오니 바라건대 여래의 진실한 뜻에서 빨리 알게 하옵소서"라는 게송도 측천무후가 지은 게송이다.

여자 황제로 즉위한 측천무후는 훌륭한 고승 대덕 스님을 모셨고 국정을 운영할 때 그들의 의견을 듣고 싶어하였다. 즉 나라의 스승이신 국사, 왕사를 모시고 싶었다.

측천무후는 가장 덕망이 높은 충국사, 신수 대사 두 분을 초청하였는데 늘 여왕과 함께 있으려면 여색을 탐해서는 아니 되기에 두 스님을 시험하였다.

"스님들도 때로는 여자 생각이 나십니까?"

충국사 : "우리는 절대로 그런 일이 없습니다."

신수 대사 : "몸뚱이가 있는 한 그 생각이 없을 수 없겠지만 다만 방심치 않을 뿐입니다."

측천무후가 두 스님의 안색을 살펴보니, 충국사는 분별심이 있을 것 같은데 전혀 없다고 하고, 신수 대사는 분별심이 전혀 없을 것 같은 데 있다고 하니 판별이 되지 않아 다시 어려운 시험을 치르도록 하였다.

미모의 궁녀들이 궁궐의 큰 목욕탕으로 두 스님을 안내하고 옷을 다 벗겨 때를 밀게 하여 두 스님을 시험하였다.

측천무후는 목욕탕 꼭대기 유리문 사이에서 이 모습을 살폈다. 절대로 동하지 않는다는 충국사는 몹시 흥분하여 어쩔 줄 몰랐고, 신수 대사는 여여 부동하여 조금도 달라지는 모습이 없었다.

여황제는 "물에 들어가니 길고 짧음을 알겠다!"(입수하니 견장단이라!)라는 게송을 읊조리고는 신수 대사를 늘 곁에 두고 국정의 조언을 받아 가며 나라를 다스렸다고 한다. (고승전)

법화경 비유품 게송을 독송하다 깨우침 얻음
— 백은 선사 —

　일본의 백은 선사(1684~1768)는 큰스님으로 추앙받는 분이시다. 선사는 15살 때 출가하였고 19세 때에 법화경을 읽고 비유와 인연으로 기술되었음을 알았다. 그리고 스스로 말하기를
　"이따위가 무슨 우리 불교의 화엄경과 쌍벽을 이루는 최고의 경전이냐?"면서 그 후로는 쳐다보지도 않았다.
　백은 스님이 31세 되던 우란 분재 백중 때였다.
　영가천도를 위해 독송할 경전이 각각의 스님 앞에 배당되었다. 그런데 백은 스님에게는 쳐다보지도 않았던 법화경이 배정되었다.
　하루 종일 법화경을 독송하고 다시 밤중에 독송하다가 귀뚜라미 소리가 은은하게 울릴 때 법화경 비유품 게송을 독송하게 되었다.

　"지금 이 불타는 삼계는 다 내 것이니, 그 안에 있는 중생들은 모두 내 자식이다. 더욱이 지금 이곳에는 온갖 환란이 많으니, 오직 나 혼자만이 능히 구호할 수 있다."
　이 구절을 독송하다가 마음의 문이 열려 깨달음을 얻었다.
　그리고 스스로 말하기를
　"저 슬피 우는 귀뚜라미를 구제할 사람은 나 소승 백은 선사임을 알겠구나."

"지금 온 세계가 코로나19 환란으로 가득 차 있으니 이 환란을 구제할 사람은 나 부처뿐이니라"하는 부처님의 음성이 들려오는 것 같습니다.

이 어려움을 극복하기 위한 기도를 열심히 해야 할 것 같습니다.

이 고통과 환란이 하루 빨리 사라지기를!
또한 이 환란이 하루 빨리 극복되어
모든 이가 일상의 평화로운 행복한 삶 속에서
웃으며 살아가기를!

나무 대자대비 구고구난 관세음보살!
나무 시아본사 석가모니불!

스님들의 출가 동기

사찰에서는 스님들의 출가 동기를 묻지 않는 것이 예법이라고 한다. 그 이유는 출가 전의 일은 과거의 일이요, 어떤 모습으로 살아왔든 마치 강물이 동네 구정물에서 왔든, 금호강이나 영산강에서 왔든, 큰 강물인, 한강, 낙동강, 양쯔강, 미시시피강에서 왔든 바다에 들어오면 일미, 즉 맑고 깨끗하며 신선하고 청정한 맛이 되기 때문이다.

승단에서는 출가 전의 지위, 신분, 기타 등등의 일로 차별과 배척을 하지 않는다.

부처님 당시에 리바다(Revata) 스님은 지혜 제일 사리불 존자의 동생이라는 말이 있다.

어느 날 비를 피하기 위해 마을 사당인 신사에 들어갔다가 두 귀신이 송장을 가지고 서로 자기 것이라고 다투며 빼앗아 먹는 것을 보고는 사람의 몸이라는 것이 헛된 것임을 알고 부처님께 나아가 제자가 되었다.

리바다 스님은 좌선을 즐기어 마음이 산란하지 않고 바른 마음을 잘 지키므로 제자들 가운데에서 무전도 제일이라고 불리었다.

중국의 어느 큰스님의 출가 동기는 다음과 같다.

어느 날 시장 고깃간을 지나가는데 고기를 사러 온 사람이 "주인장 싱싱한 고기를 한 근 주시오"하니 고깃간 주인이 성을 내며 "제기랄 여보시오, 그럼 딴 고기는 안 깨끗하단 말이요"라고 하면서 팔지 않겠다며 칼을 내던지는 것을 보고 발심하여 머리를 깎았다고 한다.

염불의 유래와 기러기 이야기

잡아함경 염삼보경에 나오는 이야기이다.

인도 서북쪽 변방인 탁가실라로 장삿길을 떠나는 바이샬리 대상들의 공양을 받은 부처님은 그들의 여정에 닥칠 어려움을 극복하는 방법을 말씀하셨다.

"그대들이 넓은 벌판을 가다가 두려움이 생겨 머리털이 쭈뼛하게 일어날 때에는 여래에 대하여 이렇게 생각하라.

♧ 여래는 바르게 깨달으신 분, 거룩한 붓다, 세상에서 가장 존귀하신 세존이시다. ♧

이렇게 생각하면 두려움의 공포가 곧 사라질 것이다.

♧ 부처님께서 설하신 진리의 법 담마는 능히 현세의 번뇌를 떠나, 시기를 기다리지 않고 깨닫게 한다. ♧

이렇게 생각하면 두려움의 공포가 곧 사라질 것이다.

♧ 세존의 제자들인 청정한 승가는, 착하고 진실하며 바르게 나아간다. 이 세상의 큰 복의 밭인 대복전이시다. ♧

이렇게 생각하면 두려움의 공포가 곧 사라질 것이다."

초기 경전인 아함경에 나오는 염불, 염법, 염승의 이야기이며 중생의 두려움과 고통을 없애주는 방편의 수행 방법으로 염불 수행이 등장하는 것이다.

길을 가면서 헛된 망상과 의혹에 사로잡혀 두려워하기보다는 부처님, 진리, 승가를 생각하는 힘으로 마장을 극복하고 올바른 삶을 영위해 나가는 노니 염불의 원조라고 하겠다.

찬집백연경에 나오는 기러기 이야기이다.

오백 마리의 기러기가 무리를 지어 날아가다 바라나시 연못 부근 숲속에서 대중들과 함께 부처님의 설법을 들었다. 그렇지만 사냥꾼의 그물에 갇혀 모두 죽고 말았다.

그러나 부처님 설법을 우연히 한번 들은 인연으로 도리천에서

장대하며 찬란한 빛을 내뿜는 8살 정도의 하늘나라 어린이로 태어났다.

숲속에서 부처님이 설법을 하시자 갑자기 광명이 넘치며 8살 정도의 동자들이 나타나 부처님 설법에 귀를 기울였다.

아난 존자가 궁금하여 부처님께 광명을 뿜어내는 동자들이 갑자기 나타난 연유를 물으니 그 동자들의 전생인 기러기 이야기를 해주셨다.

그러자 아난 존자는 다음과 같이 말하였다.

"저 날짐승까지도 부처님의 음성을 듣고 진리의 깨달음인 도과를 얻었거늘, 하물며 사람으로 태어나 부처님 법을 만나 믿고, 배우고, 닦는다면 그 공덕은 얼마나 크겠는가?"

높고 깊은 부처님의 법 백천만겁이 지나도 만나기 어렵거늘, 제가 이제 듣고 보고 지니오니, 원컨대 무한한 공덕으로 어서 빨리 여래의 진실한 뜻 깨우치게 하옵소서!

천수경 첫 게송이 생각난다.

원숭이들이 못에 비친 달을 건지려 한 것도
연극 배우가 가짜 비구니 역할을 한 것도 공덕

(연비산 산공 착영)

비유인연경에 나오는 이야기이다.

가섭불 재세시에 사람들이 부처님께 공양을 올리는 것을 본 오백 마리 원숭이들이 자신들도 부처님께 공양을 올리기로 하였다.
 원숭이들은 색다른 공양을 부처님께 올리기로 의논을 하였다. 그것은 못에 비친 물속의 달을 건져 부처님께 바치는 것이다. 원숭이들은 나무에 올라가서 서로 손을 맞잡고 길게 늘어뜨려 물속의 달을 건지려고 애쓰다가 모두 물에 빠져 죽었다.
 물속의 달을 건져 부처님께 공양하려던 오백 마리의 원숭이들은 죽어 수행자로 태어나 부처님의 훌륭한 제자가 되었다고 한다.
 어느 할머니는 연극을 평생 자기 본업으로 삼았다.
 자신의 본심은 전혀 깎을 마음 —스님이 되고자 하는 마음— 이 없는데 연극에서 주로 비구니 역할을 많이 맡게 되었다. 그러나 연극에서 본심은 아니지만 비구니 역할을 많이 한 공덕으로 죽은 후 부처님 시대에 다시 태어나 훌륭한 제자가 되었다고 한다.
 물속 달을 건져 부처님께 공양을 올리려던 원숭이들이나, 자기 본심과 전혀 다르게 연극 속에서 비구니 역할을 한 것도 큰 공덕이었다면, 정성을 기울여 열심히 수행 정진하고, 진심으로 공양을 바친 공덕의 과보는 상상하기 어렵다고 하겠다.

가사 흑풍 취기 선방
― 가사 흑풍, 폭풍이 그 배를 몰아치더라도 ―

 관음경 사구절 게송이다.
 검은 폭풍이 몰아쳐 타고 가는 배를 내려치더라도 관세음을 염하는 그 힘으로 폭풍을 벗어난다는 말이다.

관음 영험록의 이야기이다.

중국 우상국이란 재상이 도력 높은 자옥 선사를 찾아갔다. 우상국과 자옥 선사는 흑풍에 대하여 말을 주고 받았다.

"스님, 관음경에 나오는 흑풍이란 무엇을 말하는 것입니까?"

자옥 선사가 대답하였다.

"소위 한 나라의 재상이라는 자가 그것도 모르니 참으로 멍청한 바보라고 할 수 밖에!"

그러자 우상국은 버럭 화를 내며

"내가 그것을 모르기로서니 감히 한 나라의 재상을 이렇게 모욕할 수 있는가?"

그러자 자옥 선사는 손뼉을 치면서 껄껄껄 웃으며

"하하하! 그 모욕한다고 지금 나에게 화내고 있는 그대의 마음 상태가 바로 흑풍이요!" 성내고, 분노하고, 저주하고, 시기하고, 악담하고, 비방하는 등.

우리가 살아가는 가정과 직장, 사회와 학교 주변엔 항상 흑풍이 몰아치고 있다.

코로나 19로 인하여 대구의 코로나 19라는 악담의 흑풍도 우리나라 곳곳에 넘쳐나고 있다.

오직 수행과 관세음을 염하는 기도의 힘으로 자신을 누르고, 자신을 통제하고, 자신을 버리며, 진정한 자신을 돌이키는 통찰력 깊은 불자의 길로 나아가야 할 것이다.

낙산사 관음굴(홍련암) 푸른 새(청조) 이야기

　낙산사 산내 암자 홍련암은 의상 스님이 관세음보살을 친견하신 관음굴 위에 지은 암자이다.

　의상 스님은 이곳에서 밤낮 7일 동안 기도를 하자 바다 위에서 한 떨기 붉은 연꽃이 솟아났고, 꽃 속에서 관세음보살이 현신하였기에 암자 이름을 '홍련암'이라 하였다. 홍련암에는 많은 영험, 이적들이 계속 나타났다.

　1185년(고려 명종 5년) 독실한 불교 신도인 병마사 유자량(1150~1229)이 관음굴 앞에서 분향하고 예배했을 때 청조(푸른 새)가 꽃을 물고 날아와 갓 위에 떨어뜨렸다.

　관음굴에서 지극정성으로 예배하면 청조가 나타난다는 전설이 실제로 일어나자 유자량은 크게 감격하여 다음과 같은 시를 남겼다.

　　바다 벼랑 높고도 아득한 곳
　　그 가운데에 낙가봉.
　　대성은 머무름 없이 머물고
　　보문은 닫아도 닫히지 않네.
　　밝은 구슬은 내가 바라는 바 아니지만
　　청조와 이 사람은 상봉했네.
　　오직 바라옵나니 큰 물결 위에서
　　친히 둥근 달 같은 모습을
　　뵈옵게 하옵소서.

또한 1683년(조선 숙종 9년) 관음굴 불상을 개금할 때 한 알의 밝은 구슬이 공중에서 내려오는 이적이 있기도 했다. 이를 목격한 석겸 스님은 사리탑을 건립하고 탑 이름을 공중사리탑이라 하였으며, 1694년에는 공중사리탑비를 세우고 탑을 세우게 된 유래를 적었다.

근대에는 통도사 극락암 경봉 스님이 이곳에서 관음기도를 시작했는데 13일째 되던 날 기도 참선 중에 바다 위를 걸어 다가오는 관세음보살을 친견하고 큰 정진력을 얻었다고 한다.

스님은 이러한 인연으로 낙산사 원통보전과 홍련암 편액을 쓰기도 하였다.

달라이라마 하루 일과표

1. 새벽 3시~3시 30분. 잠에서 깨면 부처님을 염송하고 용수보살이 쓰신 예경 기도문을 암송한다. 누운 채 합장하고 반쯤은 잠이 덜 깬 상태에서 공경하는 마음으로 기도함.
2. 불교 수행자이며 승려인 저는 하루 종일 좀 더 이타적이고 자비로운 마음을 내어 남들에게 도움이 되려고 노력합니다. 그 다음에는 체조를 합니다. 걷기 좋게 깔아 놓은 융단 위를 걸어 다닙니다.
3. 다섯 시쯤 아침 식사를 하고 나면, 시간을 정하여 몇 차례의 명상을 하고, 오전 8시나 9시까지 소리를 내어 기도합니다.
4. 그 다음에는 습관대로 신문을 읽습니다. 약속이 있을 때에는

접견실로 가기도 합니다. 특별히 다른 일이 없을 때는 불교 경전을 읽습니다. 예전의 스승님들로부터 배운 경전도 다시 읽으며 공부하고, 최근에 나온 책들을 읽기도 합니다.

5. 그런 다음 남들을 위한 명상을 하는데, 이때 남들을 위하는 마음을 '보리심'이라고 합니다. 또 공에 관한 명상도 합니다. 매일 수행 중에서도 이 '보리심 명상'과 '공에 대한 명상'이 가장 중요합니다. 하루 종일 살아가면서 이 명상들의 도움을 받기 때문입니다.

  어떤 어려운 일이나 슬픈 일, 안 좋은 일이 있어도 명상을 하면 마음이 깊은 안정을 찾게 됩니다. 정말 내부에서부터 마음을 지탱해 주는 명상이지요.

6. 점심 후 다시 접견실로 가서 약속한 분들을 만납니다. 이때는 대부분을 최근 중국에서 망명 온 티벳 분들을 만납니다.

7. 오후 5시경 차를 마십니다. 불교 승려인 저는 저녁을 먹지 않습니다. 정말 시장할 때면 부처님께 양해를 구하고 비스켓 하나 정도만 먹습니다. 그리고 난 후 기도와 명상을 합니다.

8. 7~8시 사이에 일찍 잠자리에 듭니다. 보통 7~8시간 정도의 수면을 취합니다. 잘 때가 가장 좋은 순간이죠. 완전히 긴장이 이완된 상태이니까요.

황금을 보고 독사다! 라고 외침

어느 날 부처님과 아난존자가 길을 가다가 황금을 발견하였다. 그러자 아난 존자가 '독사다, 독사다!'라고 외치며 길을 지나쳤다.

그때 그 옆을 지나치던 사람이 뱀을 구경하기 위해 부처님과 아난 존자가 방금 지나친 자리에 가보았다. 그런데 그곳에는 독사는 없고 번쩍번쩍 빛나는 황금이 있었다. 이 사람은 이게 웬 떡이냐! 싶어 황금을 집어 들고 집으로 급히 돌아왔다.

그 사람은 황금으로 새집도 사고 가재도구도 새로 넣고 으리으리하게 살게 되었다. 이에 시기심이 난 이웃 사람이 아무 일도 하지 않던 사람이 갑자기 부자가 되어 흥청망청 쓰는 모습이 도둑질했거나 강도질을 하지 않고서는 불가능한 일이라고 생각하여 이 사람을 관청에 고발하였다.

관가에서는 이실직고하라며 문초하고 고문까지 하며 사형 선고를 내렸다. 사형을 당하기 직전 아난 존자가 외치던 소리가 들려왔다. 그래서 자기도 모르게 "독사다, 독사다!"라고 외치며 사형을 당했다고 한다.

최영 장군은 부친 최원직 공이 돌아가시며 남긴 "황금 보기를 돌 같이 하라!"는 말씀을 가슴 깊이 새기고 평생 근면 검소한 생활을 하였다고 한다.

최영 장군은 오랜 기간 병권을 쥐고 나랏일을 하였지만 청렴결백하여 누추한 집에 쌀독이 자주 빌 정도였다고 한다.

최영 장군은 대신들이 재물을 축적하는 것을 보면 매우 못마땅하게 여겼으며 또한 살찐 말을 타고 화려한 옷을 입은 대신들을 짐승만도 못하게 여겼다고 한다.

당시 최고 권력자인 이인임의 면전에서 "나라는 어려움이 많은데 명색이 수상이신 공께서는 어찌 이를 걱정하지 않고 재산을 늘릴 일만 생각하십니까?"라고 쏘아붙일 정도였다.

나한님 이야기

불교 영험담 이야기이다.

조선 중기에 함경남도 북청 설봉산에 나한사라는 절이 있었다고 한다. 동짓날 연세가 많으신 비구니 스님께서 출타하셨다가 늦은 저녁에야 절에 돌아오셨다. 불씨가 꺼졌을 것을 염려하며 부엌으로 가보니 솜뭉치 불이 있었다. 그래서 추위를 면했다.

이튿날 아침 마을로 내려가신 노스님은 마을 주민들에게 어젯밤 절에 불씨를 주어 고맙다고 인사를 하였다. 그랬더니 마을 주민들은 한결같이 어젯밤에 동자승이 내려와 불씨를 얻어 갔으며 또 동자승에게 팥죽을 주었다고 하였다.

동자승이 절에 없는데 어찌 된 일인지 의아해하며 절에 돌아온 노비구니 스님이 16나한상을 보니 그중에 어려 보이는 나한님 입에 동지팥죽이 묻어 있었다고 한다.

나한님은 "일체의 번뇌를 끊고 깨달음을 얻어 중생의 공양에 응할 만한 자격을 지닌 불교의 성자"이다. 나한은 범어 아라한(Arhat)의 줄인 말이다.

　소승불교에서는 수행자가 오를 수 있는 가장 높은 자리에 있는 자이며, 대승불교에서는 최고의 깨달음을 얻은 성자로서 석가모니 부처님으로부터 불법을 지키고 대중을 구제하라는 임무를 받은 자를 말한다. 16나한, 500나한, 1,200나한의 명칭이 있다. 나한님은 인간의 소원을 성취시켜 준다고 여겨져 신앙의 대상이 되었다.

　중국의 당송시대에 유행했던 나한 신앙이 삼국시대 후기부터 소개되었다. 고려에는 국가적인 행사로 '나한제'가 행해졌다고 한다. 조선에는 복을 주는 복전의 의미로 신앙되어져 서민들과 친숙한 존재로 여겨졌다.

　한라산을 꺼꾸로 읽으면 나한산이 된다. 제주도 영실 동굴에 항상 500나한이 상주한다고 그렇게 이름을 불렀다.

　제주도의 옛 이름인 탐라국은 불경에 나오는 나한님이 사시는 탐몰라국에서 이름을 따와 탐라국이라고 불렀던 것이다.

　운문사 사리암, 서울 수유리 삼성암, 해인사 희랑대, 영천 거조암 등이 나반(나한)존자 기도로 이름이 나 있다.

그대들의 나이와 얼굴이 어떠하든가?
— 월산 큰 스님 —

- 나이가 10살이 넘어서도 똥오줌을 못 가리면 이는 바보 천치이다.
- 나이가 20살이 넘어서도 천하 일을 다 아는 척 하면 이는 철부지이다.
- 나이가 30살이 넘어서도 뜻을 세우지 못한 사람은 얼간이다.
- 나이가 40살이 넘어서도 남을 용서하지 못하는 사람은 끝내 어른이 못 된다.
- 나이가 50살이 넘어서도 더 올라갈 데가 있다고 생각하는 사람은 도둑이다.
- 나이가 60살이 넘어서도 더 구할 것이 있는 사람은 추잡한 인간이다.
- 나이가 70살이 넘어서도 남을 가르친다고 법상에 오르는 사람은 병들고, 정신이 나간 노인일 뿐이다.

수십 년 전의 스님 가르침이니 오늘날 나이로 5~10년을 플러스하면 될 것이다.

월산 큰 스님(1913~1997)은 함경남도 신흥군 출신이다.

은사이신 금오 스님이 입적하실 때

"홀연히 본래사를 깨달으니, 부처와 조사가 어디에 있느뇨? 뱃속에 하늘과 땅을 간직하고 몸을 건져 사자후를 한다. 세우지 않고 버리지 않고 쉬지 않는다"라는 게송을 바쳐 금오 스님으로부터 법을 이은 전법 제자로 인가를 받는다.

해방 직후 은사 금오 스님을 도와 불교 정화 운동에도 앞장섰다. 1974년 "앞 절에서는 돈을 구하고, 뒷 선원에서는 도를 구한다"라고 선언하면서 관광 사찰이었던 경주 불국사에 선원을 개설하여 선불교의 새로운 도량으로 변모시켰다.

자신의 평소 가풍은 "하루 세 끼 밥 먹고 잠오면 잠자는 것"이라고 밝히는 등, 역대 선지식들처럼 생활 속에서 평상심시도를 실천하는 삶으로 일관했다.

조주 스님과 보덕 화상의 일화

남천 스님으로부터 법을 받은 조주 스님(778~897)은 80여 세가 되도록 각처를 떠돌아다니며 행각을 하셨다. 그리고 조주현 관음원에 자리를 잡고 40여 년을 제접하다가 120세에 입적하였다고 한다.

조주 스님은 스님들과 불자들을 맞이하면서 다음과 같이 말씀하셨다.

"나는 마을의 일반 서민, 백성이 오면 버선을 벗고 절 문 밖으로 뛰어나가 일주문에서 맞는다.

나라의 재상이 오고, 부자가 오고, 권력이 높은 사람이 오면 방 안에 앉아서 맞이한다."

절집 일주문 안에 들어오면 모두가 부처가 될 사람들이요, 만인이 불성을 갖추었다는 불교의 근본 가르침을 잘 보여준다고 하겠다.

고구려의 보덕 화상은 열반경 가르침의 대가였다. 원효대사도 보덕 화상을 찾아가서 열반경을 배웠다고 한다.

스님의 명성을 듣고 많은 사람들이 찾아왔다. 그때마다 스님께서는 제자들에게 이르기를

"내 고향에서 손님이 오셨으니 잘 대접해서 보내라!"

제자들은 스님의 말씀대로 잘 대접하여 보냈다. 그런데 스님이 손님을 늘 고향 사람이라고 하길래 어느 날 손님에게 고향을 물어보니 스님의 고향과 다르다고 대답했다.

한 제자가 스님에게 가서 여쭈었다.

"스님, 이후부터는 고향 사람인지 아닌지를 똑똑히 분간하여 말씀해 주십시오. 그래야만 진짜 고향 손님께 잘 대접할 수 있지 않겠습니까?"

스님은 한마디로 대답했다.

"너희들이 모르는 소리이다. 우리 인생은 근원적으로 하나의 생명에서 나온 것이 같고, 깨달음을 얻어서 영원한 생명의 빛으로 돌아가는 것이 같은데 어찌 모든 이웃이 고향 사람이 아니겠느냐?

그리고 출가한 사람은 찾아오는 사람을 차별하여 대접해서는 아니 된다. 우리가 자기 부모 형제를 버리고 떠난 것은 이웃을 부모 형제로 평등하게 섬기기 위한 것이다. 이 절에 찾아오는 모든 사람들에게 빈부귀천을 가리지 말고 스승으로 받드는 마음을 연습하도록 하여라."

진짜 알맹이가 든 염불 한마디

"김선달의 무전여행"이라는 책에 나오는 이야기이다.

어떤 불자가 잠을 잘 때를 제외하고는 늘 "나무아미타불"을 외우며 시간을 보내었다.

이 사람이 저승에 갔을 때 염라대왕이 물었다.

"너 평생에 남달리 한 것이 무엇이냐?"

"별것 없사옵고, 그저 일생 동안 염불을 하였습니다."

"그래"

저승 서기가 부지런히 달려가 찬합 하나를 가져왔다. 그리고 뚜껑을 열어보니 보얀 가루가 소복하게 담겨 있었다.

"아! 그놈 염불 한번 열심히 했구나. 그런데 어디 보자."

염라대왕이 찬합에 있던 가루를 훅 부니까 수북하던 가루가 비누 거품처럼 사라지고 보이지 않는다.

"에잉, 염불을 입으로 건성으로 했구먼

그런데 여기 봐라. 건더기가 딱 하나 있네. 이건 진짜인데, 너 언제 염불했는지 짚이는 데가 있느냐?"

"한번은 산에 밤을 주우러 가서 정신없이 줍는데 주위 공기가 좀 이상한 것 같아서 고개를 들어보니 큰 호랑이 한 마리가 입을 벌리고 금방이라도 덮칠 것 같았습니다. 그래서 털석 주저앉으며 '나무아미타불' 했사온데, 아마 그때 알맹이가 들었던 모양입니다."

"으흠 그럴테지."

은애

오늘날 우리 주변에는 패륜 기사가 넘쳐나고 있다.

부모 홀대, 노인 학대, 어린 자식 학대, 자식을 가르쳐 주는 선생님이나 밤길을 태워주는 택시 기사, 버스 기사를 폭행하는 등등……

이렇게 된 원인은 사랑을 받을 줄만 알고, 은혜를 베풀줄 모르는 부도덕심 때문이다.

태백산에 사시는 고우 스님은 '사랑스러운 사람으로만 살 것이 아니라, 그 사랑 앞에 은혜 은자를 하나 더 집어넣어 은애로서 살아가라'고 하는 가르침을 어느 날 말씀하셨다. 좋은 법문이 아닐까 한다.

장사를 하는 사람들은 고객을 자기 집을 찾아준 손님으로만 보지 말고 자기 처자식, 부모, 형제 가족들을 살려주는 은혜로운 은인으로 알아라는 것입니다.

그러면 찾아준 사람들에게 더 친절하고 더 나은 서비스를 제공하고, 더 좋은 물건과 음식을 접대하게 되면 좋은 가게로 소문이 날 것입니다. 그러면 많은 손님들이 찾아오게 되고 더 많은 돈을 벌게 되는 것은 자명한 이치일 것입니다.

남녀 간의 일도 "오직 나만을 사랑해야 한다. 너는 내거야!" 라는 마음을 가지면 탐착심, 애착심이 일어납니다.

만일 그렇지 못하면 증오, 시기, 질투, 분노, 저주, 이럴 수가, 배반심 등등 부정적인 생각이 끊임없이 솟구쳐 수시로 갈등을 일으

킵니다.

그대는 나의 부족한 삶을 잘 이끌어주는 동반자, 나를 먹여 살리고 키워주는 이, 사랑스럽고 은애로운 이로 인식하여야 합니다.

사랑스러운 이가 나를 살려주고, 옆에서 버팀목이 되어 지지해 주고 격려해 주는 사람으로 비추어지면 부정적인 감정을 잠재울 수 있고 은애로운 사람으로 감사하는 마음을 가질 것이다.

소속된 회사에서 월급만큼만 일하는 것이 아니라 나와 내 가족을 먹여 살려주는 은혜로운 직장이니 월급보다 3~4배 이상의 일을 한다면, 그 사람은 회사의 총애를 받아 구조조정을 해도 절대로 해고되지 않을 것이다.

결혼하는 남녀가 "결혼해서 상대방의 덕을 보겠다"라는 마음을 가지면 그것은 장사치의 마음이니 그렇게 살아서는 안 된다고 하는 가르침이 있다.

덕 보는 이가 아닌 부족한 나를 위로해 주고, 살려 주고 버팀목이 되어주는 은애로운 이로 살아간다면 삶 속에서 부딪치는 수많은 부부간의 어려움을 극복할 수 있다고 믿는다.

나의 가정, 직장, 학교, 사회, 국가 등을 통하여 당신과 상대방이 서로 사랑하고 수많은 은혜와 도움을 주고받으면, 몰염치하고, 부도덕한 사회현상들이 사라질 수 있을 것이다.

부처님 제자들은 왜 출가했을까?

코살라국의 국왕은 부처님의 제자인 출가 사문을 다음과 같이 평판하였다.

"부처님의 제자들은 즐겁고 의기양양하며 희열에 넘칩니다. 또한 영적인 삶을 즐기고, 고요하고, 평화로운 마음은 마치 가젤(영양의 일종. 성질이 매우 온순하다고 함)과 같습니다."

이길주 박사는 264명의 초기 부처님 승단 비구들이 출가한 동기를 분석하였다.

부처님 당시 출가 사문들의 출가 동기

1. 부처님을 통한 직접적인 영향
   숲, 강가, 도심지 등에서 부처님을 만나 설법을 듣고 출가함 (52.3%)
2. 부처님의 위신력과 타심통, 천안통 등 신통력을 보고 (22.5%)
3. 타 종교에서 개종함.
   타 종교를 신앙하다가 부처님 지혜, 논리, 가르침, 신통력 등에 감화되어 (12.1%)
4. 친구 따라서 (6.1%)
5. 가족의 권유
   아버지나 어머니의 직접적인 권유(3%)
6. 아버지, 어머니, 형, 동생, 사촌 형제 등 근친자의 출가 영향을 받아서 (4.5%)
7. 출가 동기 불분명 (5.3%)
8. 기타 동기 (9.5%)

조용한 곳에서 생활하고 싶어서, 자식들에게 경멸당해서, 생활이 어려워서, 국가의 의무를 지키지 못하여, 아버지가 반역죄로 투

옥되자 무서워서, 기타 등

백년 동안의 악행, 한 순간의 염불 공덕
― 좋은 행위를 한 복덕과 나쁜 행위를 한 죄악 중 어느 쪽이 더 큰 것인가? ―

밀린다경에 나오는 나가세나 존자와 메난드로스 대왕의 대담 이야기이다.

(메난드로스 대왕) "존자 나가세나시여, 당신은 비록 백년 동안 악행을 저질렀어도 임종할 때 한 번만 부처님을 염하면 누구나 천상계나 좋은 세계에 태어나리라고 말씀하지만 나는 그말을 믿지 않습니다."

(나가세나 존자) "대왕이시여 작은 돌이라도 배에 싣지 않는다면 물 위에 뜰 수 있겠습니까? 바위가 백 수레 분이 있다 해도 이것을 배에 실으면 물 위에 뜨겠습니까?"

(메난드로스 대왕) "존자여, 물론 물에 뜰 것입니다."

(나가세나 존자) "부처님의 대자대비 가피와 위신력은 배의 역할과 같아 아무리 큰 돌(죄악)이 많다 해도 한순간에 배에 싣고 좋은 세계로 건네줄 수 있습니다."

(메난드로스 대왕) "존자 나가세나여, 좋은 행위를 한 복덕과 나쁜 행위를 한 죄악은 어느 쪽이 더 크겠습니까?"

(나가세나 존자) "대왕이시여, 복덕이 더 큽니다. 죄악 쪽은 이에 비해 아주 작습니다."

대왕이시여, 죄를 범한 사람은 "나는 나쁜 짓을 했다"라고 생각하여 뉘우칩니다. 그러므로 악은 더 이상 자라나지 않습니다.

대왕이시여, 이에 반해 복덕을 지은 이는 후회하지 않습니다. 후회하지 않는 사람은 기쁨이 생깁니다. 기쁨이 있는 사람은 몸이 편안합니다. 몸이 편안한 사람은 행복합니다. 행복한 사람은 마음이 편합니다. 이래서 복덕은 자꾸 자랍니다.

대왕이시여, 손발을 잘린 죄인도 부처님에게 한 줌의 연꽃을 바친 것만으로 91겁 동안 지옥에 떨어지는 일이 없다고 합니다.

대왕이시여, 그래서 저는 "복덕은 크고 이에 비해 죄악은 극히 작다"라고 말씀드린 것입니다.

"주나 봐라, 주나 봐라. 절대 안 준다."

불교 설화집에 나오는 이야기이다.

어느 누구에게도 콩알 하나 주는 법이 없는 놀부가 집에서 잠을 자고 있었다.

어느 날 스님이 목탁을 두드리며 [반야심경]을 독경했다. 그러자 놀부가 자다가 그 소리를 듣고 "주나 봐라. 주나 봐라. 절대로 안 준다"고 했다.

스님이 그 말을 듣고는 [반야심경]을 마친 다음 "가나 봐라, 가나 봐라, 절대 안 간다"고 했다.

두 사람이 말씨름하는 가운데 스님은 시간이 갈수록 마음이 안정되었지만, 놀부는 점점 겁이 나고 불안해지기 시작하였다.

놀부는 벌떡 일어나

"시주는 얼마든지 할 테이니 제발 가 달라"고 사정을 하며 항복하였다고 한다.

스님이야 잃을 게 없다. 주어도 좋고, 안 주어도 딴 집으로 가면 그만이다. 그렇지만 놀부 입장에선 잃을 게 많다. 자기 집 마당에서 일이 벌어지니 시간이 갈수록 이웃과 주변에 소란을 끼치게 되고, 절에서 온 스님에게도 저렇게 모질게 구니 저 집안이 어떻게 잘 될까? 진짜 대단한 구두쇠네! 등등 나쁜 소리만 계속 터져 나올 게 분명하니 놀부는 불안할 수밖에 없었을 것이다.

소나 비구니 일화

법구경 제115 게송은 소나 비구니를 위하여 부처님께서 설하셨다.

소나 비구니는 출가 전 즉 세속에서는 열 네 명이나 되는 많은 자녀를 두었기에 "바후뿟띠까"라고 불리었다.

그녀는 자식들에게 전 재산을 넘겨준 뒤 자식들로부터 박대를 받아 그 충격으로 출가하였다. 그녀는 늦게 출가했기 때문에 시간을 낭비할 수가 없어 아주 열심히 수행에 전념했다고 한다.

소나 비구니에게 설한 부처님의 진리 게송은 다음과 같다.

"성스러운 부처님의 가르침을 모르고
 백년을 사는 것보다는,

단 하루라도 부처님의 위없는 성스러운
가르침을 알고 사는 것이 훨씬 낫다."

선체로 염불하며 극락왕생한 노보살님

염불 수행은 밝은 등불처럼 어두운 주위와 자신을 밝히고, 누구나 쉽고 바르게 따라 익힐 수가 있어 요즘과 같이 복잡하고 번뇌와 욕망이 뒤끓는 시대에 적합한 수행법일 수 있다.

염불하기는 쉬워도 언제 어디서나 잊어버리지 않는 염불삼매에 들기는 어렵다. 오매불망 잊어버리지 않고 염불하면 어느 때 어느 곳에서든 진실한 경계가 열린다.

다음은 중국의 노보살님이 오매불망의 경지에서 선체로 입적 왕생한 염불 수행 이야기이다.

2017년 5월 1일 오전 3시 중국 절강성 임안 동천 목산 소명사 염불당에서 일어난 팔순 노보살님의 실화이다.

노보살님은 그전에도 5년 동안 부지런히 염불 수행을 하여 생전에 두 번이나 극락세계의 아미타불을 친견했다고 한다.

오전 3시 무렵 노보살님은 서방정토 삼성(아미타불, 대세지보살, 관세음보살)이 오셨다. "나는 선체로 극락왕생해야 한다"라고 말하고는 15분 정도 계속 염불을 외우면서 오전 4시쯤 염불당으로 가서 선체로 입적하셨다.

정성을 다한 염불은 "임종을 미리 알며 생사를 자유자재함이 어렵지 않음"을 노보살님의 일화에서 알 수 있다.

나무아미타불 열 번 부른 공덕

중국 정토종의 선지식들은 생각과 소리가 하나가 됨(염성시일念聲是一)을 꿰뚫어 보아 염불 수행을 제창했다. 그리고 고성염불 즉 큰 소리로 염불하는 것이 공덕이 큼을 강조했다.

고성염불을 하면 잠이 사라지고, 수행 중 장애나 마가 나타나지 않고, 지옥, 아귀, 축생의 고통을 쉬게 한다. 또 마음이 산란하지 않고 집중되며, 모든 부처님이 기뻐하고, 삼매가 앞에 나타나 서방극락에 왕생한다고 한다.

어느 노스님이 법상에 올라 "나무아미타불" 6자 염불 공덕이 수승함을 이야기하였는데 한 청년이 노스님의 법문을 듣고 여쭈었다.

"나는 "나무아미타불" 10번만 부르면 살아 생전 지은 모든 업장을 소멸시키고 바로 극락왕생한다는 것을 못 믿겠다. 10번 부른다고 그게 무슨 위력이 있단 말인가?"

"먼 헛소리!" 하느냐며 스님이 혼을 내자 청년은

"성심성의껏 질문했는데 헛소리라고 비웃으면 어떻게 합니까?"

노스님이 대답하시기를

"헛소리 한마디에도 당신은 펄펄 뛰는데 나무아미타불 6글자에 왜 위력이 없겠는가?"

대자연의 풍광을 보면서

〈탈무드〉에 "당신의 인생이 권태롭고 의미감을 상실하고 무료해진다고 여겨질 때는 일상의 모든 것을 놓아버리고 들판, 산과 계곡, 바다를 찾아 경관을 구경하다 보면 당신의 마음속에 인생의 새로운 삶의 욕구와 의욕이 샘솟아 난다"라고 하였다.

도시에서 서로 부대끼며 살다 보면 삶의 의미가 퇴색되고, 권태로워지며, 삶의 의미를 상실한 채 하루하루를 살아가게 된다.

대자연의 광활한 풍광과 끊임없는 만물 현상의 움직임 가운데에서 자연의 아름다움을 즐기다 보면 인생의 참된 의미와 삶의 보람을 터득해 나갈 수 있다.

일본의 어떤 스님은 다음과 같이 토로하고 있다.

〈우리들은 마음 깊은 곳에서 자연의 외침을 알아들을 수 있는 수신장치가 없으면 듣지 못한다.

작은 개구리 한 마리가 실버들 가지에 뛰어 붙는 것을 보면서 어느 서예가는 "인생은 노력하는 것이다. 바로 그거지 그래 그거야!"하고서는 느낀 바가 있어 열심히 노력 정진하여 서예 대가가 되었다고 한다.〉

중국 천태산의 숨은 도인 3인三隱
— 한산 · 습득 —

당나라 천태 지의 대사의 국청사에는 풍간 · 한산 · 습득 세 분의 은둔 기인 스님이 계셨다. 〈한산시〉에는 세 분의 시가 지금까지 내려오고 있다.

한산은 국청사에서 5리 가량 떨어진 한암굴에 있었으므로 사람들이 한산寒山이라 불렀고, 습득拾得은 풍간 스님이 버려진 갓난 아이를 주워다 길렀다하여 습득이라 불렀다. 습득은 국청사 부엌에서 허드렛 일을 하는 사람으로 대중들로부터 늘 천대를 받았다.

한산 역시 절 부엌에서 습득이 주는 찌꺼기를 얻어 먹으며 상식 밖의 기행을 일삼아 대중들로부터 미치광이로 여겼다.

풍간 스님은 수십 년 전부터 국청사에 살고 있었는데 그의 출신이나 내력을 아는 사람은 아무도 없었다. 다만 때때로 호랑이를 타고 출입하는 것을 본 사람이 있어 예사 스님이 아니라고 생각할 뿐이었다.

한산과 습득이 대중들로부터 조롱감이 될 때마다 스님이 이를 알고는 대중들을 꾸짖고 말려 주었다.

한산과 습득은 만날 때마다 순진무구한 어린아이들처럼 항상 웃고 떠들며 춤추고 노래하며 즐거워했다.

어느 날 국청사에서 수계식을 봉행할 때 수백 명의 대중들이 법당에서 법문을 듣고 있음에도 한산과 습득은 마구 떠들며 법당 앞을 지나다녔다.

결국 참지 못한 한 스님이 "이 미친 놈들아! 그만 떠들어라"라며 이들을 가로막자 한산은 "법당에 들어갈 종자가 따로 있느냐?"라고 물었고, 습득은 "설법을 들을 종자인들 따로 있을라구!"하면서 그를 조롱했다. 이에 그 스님은 "계를 설하는데 조용하지 못하느냐!"라고 나무라자 두 사람은 박장대소 끝에 한산이 "마음이 청정하면 계가 온전하고, 마음이 어두우면 곧 파계로세"라고 일갈했다.

습득은 "가세, 가세, 성내지 않는 것이 곧 지계인 줄 모르는 사람이야!"라는 말을 남기고는 덩실덩실 춤추고 노래하며 사라졌다.

무착 보살의 자비 수행관

기원 4세기 때 무착 보살은 대승불교의 유식학을 일으킨 수행자였다. 무착 보살은 동생 세친과 함께 용수보살의 공(空)사상에 대응하는 유식 불교를 일으킨 큰 사상가이었다.

수행 초기에 원을 세워 미륵보살을 친견하고 가르침을 전수 받기를 원하였다.

6년 동안 산속에서 열심히 고행, 정진하였지만 별 소득도 없었고 미륵보살도 친견하지 못했다.

수행을 포기하고 내려오는 도중에 비단 천을 갖고 큰 철을 닦고 있는 사람을 보고 무착 스님이 무엇을 하느냐고 물었더니 "집에 바늘이 없어서 이 철덩이로 바늘을 만들려고 한다"고 하였다.

무착 스님은 "세상 사람들은 이런 황당한 일도 열심히 노력하고 있는데 나는 수행을 그만두어서는 안 되겠다"며 다시 산으로 들어

갔다.

스님은 3년 동안 수행을 하였지만 미륵보살을 친견하지 못했다. 그래서 다시 산을 내려왔다. 얼마 가지 않아서 길을 돌아서니 큰 돌덩이가 하늘을 찌를 듯 서있는데 그 암벽 아래에서 어떤 사람이 깃털 하나를 가지고 물을 묻혀 돌을 쓸고 있었다. 이상하게 생각하여 무엇하냐고 물었더니

"이 암벽은 우리집에 들어오는 햇빛을 막고 있으니 햇빛 막는 돌을 없애려고 한다"라고 하였다.

무착 스님은 그 사람의 끝없는 불퇴전의 마음에 감동되어서 다시 산속으로 들어가 3년을 수행하였다.

다시 3년의 수행 시간이 지났건만 미륵보살을 친견하지 못하자 실망이 너무 커 수행처를 영원히 떠나기로 마음먹고 하산하였다.

그리고 길에서 앞의 두 발만 있고 하반신은 썩어가는(하반신에 구더기가 많았다) 상처 입은 개를 보고 "대비심(불쌍히 여기는 마음)"이 생겨 자기 허벅지의 살을 베어 굶어 죽어가는 개를 먹이고, 손으로 구더기를 집으면 구더기를 상하게 할까 염려되어 땅에 엎드려 구더기를 핥아 다른 곳으로 옮겨주려고 하였다. 혀가 땅에 닿고 그가 눈을 떴을 때 개는 사라져 보이지 않았다.

그러자 미륵보살이 나타나 환한 자비의 광채를 비추고 있었다.

"미륵보살이시여, 어찌 전에는 시현하지 않았습니까?"

"나는 줄곧 너와 함께 있었다. 단지 너의 업장 때문에 나를 보지 못했을 뿐이다. 길가의 개를 통해 진심 어린 자비심이 발동되니, 모든 업장은 소멸되고 나를 친견 할 수 있었다. 만일 이 말을 못 믿

겠으면 나를 너의 어깨에 올려 놓고 거리에 나가서 물어보라. 남들의 눈에 무엇으로 보이는가를!"

무착 스님은 미륵보살을 어깨에 올려 시장을 한바퀴 돌면서 처음 만난 사람에게 어깨 위를 물어보니 아무것도 없다고 하였다. 많은 사람들에게 물어보아도 한결같이 어깨 위에는 아무것도 없다고 하였다.

그래서 지나가다 업장이 엷어 보이는 노부인에게 물으니 "한 마리 죽어가는 개가 어깨에 걸쳐 있다"라고 하였다.

무착 스님은 자비의 힘이 광대무변하고 청정함을 깨우쳤다.

그 뒤로 미륵보살은 무착 스님을 도솔천으로 데려가서 대승불교 유식학을 가르쳐 주었다고 한다.

자신의 운세가 열리는 법

- 마음으로부터 정성을 다해 부처님을 경배하며
- 양심에 꺼리는 일을 절대로 하지 않고,
- 음식을 절제하고 조절, 조식하고,
- 입을 신중히 하여 말을 삼가고,
- 언젠가 만족할 시기가 온다는 것을 알고 비관하지 않는다.
- 스스로 행실을 조심하고,
- 매일 먹는 음식을 탐하지 말며,
- 노여움을 억제하라.

그러면 운이 열릴 것이다 (경봉 스님 말씀)

사람은 분에 넘치는 생활을 해서는 안 된다. 분수에 맞게 살아가면 큰 불행을 만나더라도 용기를 갖고 헤쳐 나가 잘 살 수 있다.

사람은 왜 빨리 늙는가? 마음의 병이 있으면 가슴이 답답하고 머리가 아플 것이다. 이 병 때문에 늙음을 재촉하는 것이다.

오! 운세가 열리도록, 늙지 말기를 수리수리 사바하!

반기문 전 유엔 사무총장의 멘토 - 어머니 신현숙 여사

반기문 전 유엔 사무총장의 어머니 신현숙 여사는 90살이 넘은 고령임에도 매일 108배 기도를 올렸다. 그리고 자기 할머니에게 배운 가르침을 어린 자식들에게 철저히 가르쳐 반기문 총장과 같은 훌륭한 인물을 키워냈다.

- 못에 함부로 돌 던지지 마라!
- 나뭇잎 하나 주지 않는 것 꺾지 말라!
- 길에선 종이 조각 하나도 자기 것 아니면 가져오지 말라!

위대한 인물 뒤에는 가르침을 주시는 훌륭한 멘토(인생 삶을 충고한 인물)가 있다고 한다.

외무부 장관을 거쳐서 세계의 대통령인 유엔 사무총장까지 거치신 반기문 총장님 뒤엔 어머니라는 훌륭한 멘토가 있었음을 알 수 있다.

반기문 총장님은 불자이면서도 불자의 표시를 전혀 내지 않고 겸손하시며 환하고 밝게 웃으시며 다른 사람들을 맞아주시는 훌륭한 인품을 지니신 지도자이시다.

곤란한 질문에 솔직함과 용기 감출 것 없는 진실로서 대답하시는 달라이라마

달라이라마와 함께 '용서'라는 책을 쓴 홍콩 출신 작가 '빅터 챈'이 달라이라마 성하에게 곤란한 질문을 한 적이 있다.

"당신도 성욕이 생깁니까?"

달라이라마는 웃으며 대답했다.

"물론 내게도 성욕이 생길 때가 있습니다."

"그럴 때 당신은 어떻게 합니까?"

달라이라마의 대답은 명료하다.

"나는 달라이라마다! 나는 달라이라마다! 나는 달라이라마다! 그러면 어느 틈엔가 사라지고 맙니다."

솔직함은 용기에서 나온다. 진실하면 감출 것이 없다. 그것은 자신뿐만 아니라 그를 만나는 사람들에게도 그렇게 살아가라는 강력한 메시지를 전한다.

현인이나 성자는 어둡고 더러운 것은 내치고, 밝고 깨끗함만을 취하려는 것이 아니라 둘 다를 포용하면서도 둘 다에게 물들지 않는 자신의 참모습이 있다는 것을 현실에서 보여준다. 그러기에 어떤 나쁜 상황에서도 평정심을 잃지 않고 자비하신 모습을 보여주시는 것이다.

사람들은 위대한 성자에게서 과실을 찾으려 하지만, 하찮은 자에게는 그렇게 하지 않는다. 사람들은 보석의 결함을 찾으려고 하지만, 타다 남은 장작더미를 누가 살펴보겠는가? (선설보장경)

부처님의 공양법 속에 숨어 있는 베품·기부문화

부처님께서는 대중들과 공양을 할 때 보시받은 음식물의 3분의 1은 병든 환자를 위해서, 또 3분의 1은 밖에 일 보러 나간 대중을 위해서, 3분의 1은 자신을 위해서 공양하셨다고 한다.

부처님은 이처럼 작은 사소한 것에서부터 나누는 삶을 몸소 실천하셨다.

유대인들은 돈을 벌면 3분의 1은 좋은 일에 사용할 수 있도록 기부하고, 3분의 1은 저축하며, 3분의 1은 생활비로 사용한다고 한다. 부처님의 공양법과 비슷한 삶을 살고 있다.

티베트 불자들은 저승세계까지 가져갈 수 있는 재산을 모으는 것이야말로 진정한 재산을 모으는 것이라고 한다.

저승까지 가져갈 수 있는 재산은 베풂이나 기부, 공덕 행과 기도, 염불, 독경, 참회, 사경, 공양, 참선 등의 수행 공덕일 것이다.

여보게 저승 갈 때 뭘 갖고 가지?라는 어느 스님의 책 제목이 생각난다.

오늘날 우리 사회에서도 재산의 3분의 1은 후손에게 남기고, 3분의 1은 어려운 처지에 있는 가까운 사람을 위해 남기고, 3분의 1은 사회, 학교, 종교, 복지시설 등 불특정 다수를 위해 재산을 기부하는 사람이 늘고 있다. 좋은 사회 풍토라고 하겠다.

바라지(뒷바라지)하는 이들

바라지는 범어를 음역한 것이다. 바라지는 절에서 제를 올릴 때 요령을 흔드는 법주 (재의식을 주관하는 이) 스님을 도와 목탁을 치면서 염불 구절 및 시가를 읊는 스님을 일컫는 말이다.

죽은 영혼의 극락왕생을 축원하는 49재 때에 바라지 스님은 법주 스님을 도와 목탁을 치고, 경전을 읊고, 향과 꽃과 차를 올린다. 바라지 스님이 이처럼 자잘하고 수고스러운 일들을 한다는 의미에서 '뒷바라지한다', '옥바라지한다' 등의 말이 생겼다.

주부가 남편, 자식, 시부모를 봉양하며 집안의 살림을 잘 꾸려나가는 것을 뒷바라지한다는 말로 의미가 변형되었다.

부처님 법을 공부하고 실행하는 것은 고통받는 미혹한 중생들을 뒷바라지하기 위해서이다. 중생들의 뒷바라지를 잘하시는 분이 부처님, 관세음, 문수, 보현, 지장보살이다.

부처님과 보살들은 세세생생 중생들의 하인이 되고, 종이 되어 뒷바라지를 책임지며, 그들의 행복과 소원성취, 고통 소멸, 안락과 평화를 심어주는 이가 되리라고 서원을 하셨다.

오늘날에는 부부가 맞벌이를 하지 않으면 가정을 꾸려가기가 힘이 든다. 여성들이 집안 일을 뒷바라지 하던 시대는 저물고 부부가 분담하여 가사를 처리한다.

오늘날에는 남자도 요리하고 장 보며, 아이들을 돌보고 가정을 뒷바라지하고 있다.

중국은 남자들의 4분의 3 이상이 부인보다 먼저 퇴근하여 장을 보고 요리를 한다. 여성들은 신문이나 TV를 보며 남편이 차린 밥상을 기다리고 있다. 가사의 뒷바라지는 이제 남성 몫이 되었다.

세상에서 가장 힘들고 어려운 길을 가야 하는 종교

☆ 당신의 원수가 당신의 스승이요 가장 받들 사람 ☆

불교의 근본 자세는 "나를 가장 많이 해치는 이를 많이 받든다"

는 것입니다.

이것을 지침과 표준으로 삼아 생활하고 행동해야 부처님의 제자라 할 수 있고, 법당에 앉을 자격이 있다고 생각합니다.

이것이 부처님의 근본 사상이고, 불교의 근본입니다. (성철스님)

"당신의 원수가 당신의 스승입니다. 당신의 자비심이 당신의 행복입니다.

용서는 단지 자기에게 상처를 준 사람을 받아들이는 것만이 아니라 그것은 그를 향한 미움과 원망의 마음에서 자신을 놓아주는 일입니다. 그러므로 용서는 자기 자신에게 베푸는 가장 큰 베품이며 사랑입니다." (티베트 달라이라마)

"베푼 은혜 천지보다 깊어도, 그걸 배반하고 깊은 원수 맺는다."
부처님은 그 원수를 가장 큰 은혜로 본다.
"원수는 부처님을 해롭게 해도 부처님은 원수를 섬기기만 한다.
상대는 부처님 허물만 보는데, 부처님은 그를 은혜로 갚는다."
(150 찬불송. 마질라제타 존자)

종교가 깊고 거룩하며 성스럽고 세상을 초월하는 이유는 현실적으로 불가능한 일을 가능하게 하고 상상하기 어려운 일마저 뛰어넘기 때문일 것이다.

법화경에 부처님을 시해하려고 했던 데바닷타도 내세엔 반드시 성불하여 거룩한 부처가 된다고 했다. 또 불교를 믿는 놈들은 죽으나 사나 '나무아미타불'만 읊조린다고 비방하고 욕을 해도 욕설을 하면서 '나무아미타불'을 염송한 공덕으로 반드시 내세에 성불하여 부처님이 될 것이라고 한다.

원수를 사랑하고 받든다는 것은 보통 일이 아니다. 불교의 비폭력 운동의 출발점과 간디의 비폭력 정신이 여기에서 탄생했다. 어렵고 힘들지만, 높은 이상과 가치를 향해 다가서야만 발전되고 업그레이드된 보살의 세계와 부처님의 세계에 입문할 수 있다. 그것이 하품하생의 낮은 삶에서 상품상생의 높은 삶으로 나아가는 길인 것이다.

어떠한 인연으로도 불법을 스쳐간 그 인연은 소중하다.

고주망태가 된 바라문이 횡설수설하며 삭발하고 승려가 될 것을 부처님께 요구했다. 제자들은 술 먹고 미친 헛소리를 하는 자를 승려로 만들면 안 된다고 적극적으로 반대했지만 부처님은 바라문을 승려로 만들었다.

다음날 술에서 깬 바라문은 "아니, 내가 왜 이 모양으로 삭발하고 승복을 입고 있단 말인가? 미쳤나?"라며 절 문을 박차고 나가버렸다.

"부처님, 보십시오. 저 양반 정신 차리고 나더니 미쳤나 하면서 박차고 나가버리지 않습니까?"고 제자들이 말하였다.

그러나 부처님께서는 "저 술 취한 바라문은 과거 생에서는 세세생생 그러한 마음을 발한 적도 없는데, 이 인연 공덕으로 (술에 취한 상태로 승려가 될 것을 요구함) 다음 생애에는 7세가 지나 불교 수행자가 되어 깨달음의 경지인 아라한과를 얻을 것이다"라고 말씀하셨다. (잡비유인연경)

불교에서는 서로 모르는 사람이 한번 스쳐 지나 다시 못 볼 인연일지라도 500 겁 전생 인연이 있어야 만날 수 있다고 한다.

술에 취해 제정신이 아닌 상태로 부처님을 만나 승려가 되었지만, 술을 깨고 나 "왜 내가 깎았지!"라며 후회하고 세속으로 되돌아갈지라도 부처님은 그 인연을 지극히 소중히 여기신다.

이 영역은 우리 보통 사람들이 함부로 헤아릴 수 있는 것이 아니다. 어떤 동기이든 부처님을 만나기만 하면 참 좋은 인연이다.

부처님 10대 제자 중 밀행 제일 라훌라 존자 일화

부처님 10대 제자 중 밀행 제일(드러내지 않고 은밀하게 열심히 수행, 공덕을 짓는 이를 말함) 라훌라 존자가 부처님 법을 전도하기 위해 길을 떠났지만, 부처님의 가르침을 듣지도 않을뿐더러 오히려 불교를 비방하는 사람들 때문에 속이 몹시 상하여 돌아왔다.

부처님께서 전후 사정을 아시고 라훌라에게 다음과 같이 말씀하셨다.

"다시 그곳으로 가보도록 하라!"

"부처님! 다시는 그곳에 가지 않겠습니다. 저를 다른 마을로 보내 주십시오."

"다른 마을에서도 박해한다면 어떻게 하겠느냐?"

"또 다른 마을로 가지요."

"그 마을에서 또 박해한다면?"

라훌라 존자는 부처님께서 무엇을 말하려는지 이해하고 박해를 받은 마을로 발길을 돌려 포교를 하던 어느 날 외도들에 구타당해 온몸에 피를 흘리며 돌아왔다.

부처님이 다가서자, 그는 말했다.

"저는 결코 그들을 미워하거나 원망하지 않습니다."

그때 부처님께서는 라훌라를 부처님 제자 중 "밀행 제일"로 인정하게 되었다.

부처님의 아들인 라훌라 존자는 부처님 10대 제자 중 밀행 제일이다.

부처님. 태자 시절 야쇼다라 부인에게 아들이 태어나자 이름을 '라훌라'라고 불렀다. 라훌라는 장애물이라는 의미이다. 즉 부처님 출가의 길을 막는 장애물이 태어났다는 의미이다.

라훌라 존자는 부처님의 아들답게 10대 제자 중 밀행 제일이 되었다.

세상에는 "내 아버지가 대통령이고 장관인데, 내 아버지가 재벌이고, 경찰청장이며, 시장인데"라며 자만심을 과시하지만, 라훌라는 자만심을 부리지 않았다.

교단의 최고 지도자인 부처님의 아들로서 행동 하나하나를 조심하며 겸손하게 살았다.

라훌라가 어릴 적 교단에 처음 입문했을 때는 "내가 부처님 아들인데"라는 자만심으로 가득 찬 개구쟁이였으며 또한 말을 잘 안 들었을 뿐만 아니라 다른 사람에게도 피해도 주었다.

포악하고 거친 중생도 반드시 구제하리라.
— 지혜 제일 사리불 존자 일화 —

고대 인도 코살라국 슈라바스티 성에 범지라는 삿된 종교를 믿는 외도가 있었다. 재물도 많고 총명하나 삿된 소견에 빠져 인과응보인 선행과 악행의 과보를 믿지 않고 부정하였다.

사리불 존자가 도의 눈으로 보니 "장자는 전생에 큰 복을 지어 지금 부귀하게 살고 있으나 지금은 복을 까먹기만 하니 반드시 내세에는 삼악도에 떨어질 것이 분명하였다."

사리불 존자가 제도하던 범지는 밥을 먹던 중 사리불 존자에게 화를 내며 때리고는 손을 씻고 혼자 밥을 먹었다. 밥을 먹고 난 뒤 양치를 마치고 물을 한입 머금어 사리불 존자의 바루에 토하고는 "이것이나 가지고 가라. 베푸는 보시는 이것 뿐이다"고 하였다.

그러나 사리불 존자께서는 "너로 하여금 긴 밤 동안에 한량없는 복을 받게 하리라"고 축원을 하고 돌아왔다.

한편으로 부끄러우며 두려움을 느낀 장자는 사람을 보내어 사리불 존자를 찾아보라고 하였다.

돌아온 사리불 존자는 그 물로 진흙을 섞어 부처님께서 거니시는 곳에 바르고 다음과 같이 말씀을 드렸다.

"저 탐욕이 많은 사람에게서 한 모금의 물을 보시 받아 지금 부처님께서 거니시는 곳에 발랐나이다. 원컨대 부처님께서는 그 위로 거니시어 저 사람으로 하여금 긴 밤 동안에 한량없는 복을 받게 하여 주옵소서."

부처님은 곧 그 위로 거니시며 삼매에 드셨다.

장자 범지가 보낸 사람은 이런 사실을 장자에게 알렸다.

"부처님께서 왕위의 지위를 버리고 사문이 되어 바루를 가지고 다니면서 밥을 구하는 것은 탐욕이 있어서 그런 것이 아니고 중생을 제도하기 위해서입니다"고 본 사실을 장자에게 이야기해 주었다.

장자는 몹시 후회하며 집안의 남녀노소를 다 데리고 부처님께 나아가 사과하였다.

"몹시 어리석었나이다. 중한 죄를 용서하여 주옵소서."

부처님은 장자의 참회를 받으시고, 그를 위해 설법하셨다. 그는 모든 의심이 사라지고 번뇌와 욕망이 사라져 물러나지 않는 과위를 얻었다. (잡비유경)

사리불 존자는 10대 제자 중 첫 번째 상수 제자로 지혜 제일이라 불린다.

부처님보다 나이가 많았고, 부처님이 계시지 않을 때는 교단을 대표하여 이끌었다. 목련 존자와 더불어 부처님보다 먼저 입적하였다.

사리불 존자가 중생들을 교화하기 위해 전법을 다니던 중 이교도들에 당한 포악한 사건들을 우리 후대 승려들이나 재가 신도들은 반드시 기억하고 중생들에게 부처님의 가르침을 포교하는 본보기로 삼아야 할 것이다.

"한 중생도 버리지 않고 반드시 구제한다"라는 다짐은 법화경의 잃어버린 아들을 찾는 탕자의 비유, 삼계화택의 비유에 자세하게 설해져 있다.

이 정신은 부처님 재세시부터 꾸준히 이어온 모든 중생 구제의 대승적 정신임을 우리는 분명히 알아야겠다.

상인의 길, 구법인의 길

상인의 삶은 국경, 인종, 이념, 기후, 풍토, 인심, 전쟁 기타 등의 여건을 극복하고 앞으로 나아가 많은 돈을 버는 것이다.

마찬가지로 진리를 얻기 위한 인도 구법의 길에서도 나라와 국경, 전쟁, 기후, 풍토, 인심, 도둑, 강도, 질병 기타 등등의 여건을 극복하고 앞으로 나아가야만 한다.

상인과 구법 승려들은 실크로드 - 비단길 - 길을 선택하거나 무역선을 타고 동고동락하며 험하고 힘든 길을 함께 나아갔다.

7세기 후반 25년 동안 인도 구법의 길을 떠났던 의정 스님의 〈남해기귀법전〉에 나오는 구법 여행 일화이다.

수마트라 지역을 지나던 무역선이 그만 풍랑을 만나 침몰하게 되었다. 급히 일부 사람들만 작은 구조 선박으로 옮겨 탈 수 있었다. 마침 선박 주인이 독실한 불교 신도라서 배 안에 있던 노스님 한 분과 젊은 상좌 스님에게 "스님 배가 곧 침몰합니다. 다른 사람들보다 스님 두 분이 먼저 작은 배로 옮겨 타세요"라고 권유하였다.

그러자 그 노스님은 "중생을 버리고 자기 살길을 찾는 것이 구도자의 길이 아니라오. 차라리 중생을 먼저 구제하고 자신이 뒤에 구제되는 것이 보살의 길이요, 보리심을 발한 구도자의 길입니다. 우리 승려 둘은 상관없으니 한 사람이라도 다른 이를 먼저 태우시기를 바랍니다. 저희 두 사람은 배에 남겠습니다."

작은 배에 사람들이 옮겨 타고 떠났다. 노스님과 젊은 스님이 "나무아미타불 관세음보살" 염불을 하자 배가 바닷속으로 가라앉았다고 한다.

인도로 구법을 떠난 승려들이 바닷길에서 험난한 풍랑으로 목숨을 잃는 안타까운 모습을 엿볼 수 있다. 100여 명이나 인도로 떠났지만 살아 돌아온 이는 10여 명이 되지 않았다는 말이 실감 난다.

돈과 도를 위해서 떠난 상인과 인도 구법 승려의 길이 험난하고 거칠지만, 용기와 개척적인 의지로만 이룰 수 있는 길임을 알 수 있다.

불교의 궁극적 대의는 조씨 가문의 여인이니라
― 소산 광인 선사 일화 ―

소산 광인 선사에게
"불법의 근본은 무엇입니까?" "달마가 동쪽으로 온 까닭은 무엇입니까?" "개도 불성이 있다고 하는데 왜 '무'라고 하며 없다고 했습니까?" "마음도 아니요. 물건도 아니요 나도 아닌 '이' 도리가 무엇입니까?"라고 물으면 나무로 깎은 뱀을 들어 보이고는 "이것이 바로 조씨 가문의 여인이니라!"라는 말만 하였다.

여기에는 다음과 같은 사연이 있다.

조씨 성을 가진 사람이 항해 중 풍파를 만나 바다에 빠져 죽었다. 동행했던 한 사람이 겨우 살아 돌아와 조씨 부인을 찾아가 "당신 남편이 물에 빠져 죽었다"라고 소식을 전하였다.

애통해하는 부인은 남편이 빠져 죽은 곳까지 데려다 달라고 하였다. 그래서 함께 배를 타고 남편이 풍랑으로 빠진 곳에 도착하니, 그 여인은 바다에 풍덩 뛰어들어 흔적도 없이 사라지는 것이었다. 사흘 뒤 남편의 시신을 껴안은 조씨 부인의 시신이 파도에 떠밀려

왔다. 그 망망대해 어디에서 죽은 남편을 찾아 껴안고 나왔는지 참으로 불가사의한 일이었다.

누구든지 불법의 궁극적 대의를 물으면 공연히 나무뱀을 들고 "이것이 조씨 가문의 여인이니라"라고 한 것이 아니라, 조씨 아낙이 바다에 뛰어들어, 어떻게 자기 남편의 시신을 껴안고 바닷가에 떠밀려 왔는지 불가사의한 그 도리를 일컫는 것이다. 시신이 돌아온 그 뜻은 불법의 궁극적 대의를 찾는 이치와 연결되어 있다는 의미이다.

소산 스님은 항상 그렇게 설법하였는데 그 후 자수 선사라는 분이 소산 스님의 물음에 다음과 같이 말씀하셨다.

헤어지는 모습은 꽃이 웃는 것만 같지 못하고,
이별의 정은 무심한 대나무와 같을 수 없어라.
사람들에게 공연히 조씨 가문의 여인을 말해서
서로 생각하여 병만 점점 깊게 하는구나. (조당집)

불교 참선법인 화두선에는 1,700여 가지 공안(관청의 공문서와 같이 확실히 깨침을 증명해 주는 도리를 말함)이 있다.

위의 소산 스님 일화도 그 한 가지다. 불교 공부와 수행을 최소한 10년 이상 닦은 상근기가 아니면 접근하기 어렵고 헤아리기 어려운 도리이다. 불교 공부가 어렵다고 포기하거나 퇴굴할 것이 아니라 차근차근 한 단계씩 밟아가며 궁극적으로는 마주치고 뚫어가야 할 단계임을 헤아릴 것이다.

소산 광인 선사는 당나라 말기 오대 시대에 중국 조동종 종파에 소속된 스님이었다. 처음엔 본주 원망과 증오 선사를 따라 출가했지만, 인연이 맞지 않아 스승과 헤어지고 동도에 가서 향엄 지한 스님을 참배하고 강서에서는 동산 양계 스님을 뵈어 법을 이었다.

무주 소산에 소산사를 건립하고 동산 종풍을 크게 일으켰다. 또한 몸이 왜소하여 볼품이 없었기 때문에 왜사숙, 왜사리라고 불리었다. 그렇지만 말재주가 뛰어나 막힘이 없어 다른 사람에게 말할 기회를 잘 주지 않았다고 한다.

조씨 여인이니라! 하는 소산 스님의 외침에 수행이 무르익어 "예 이것입니다"라고 대답할 수행 경지가 올 날을 기대해 본다.

복을 불러오는 배불뚝이 포대 화상
― 입적 후 미륵불로 추앙받음 ―

'오대 후량 시기(서기 907~923)인 당나라 말엽에 절강성 영파 봉화현의 악릉사에 자그마한 키에 아랫배가 불룩한 계차라는 스님이 살았다.

계차 스님은 뚱뚱한 몸집에 얼굴은 항상 웃는 모습이었으며 배는 풍선처럼 늘어져 괴상한 모습이었다. 또한 지팡이 끝에는 커다란 자루 한 개를 둘러메고 다녔기에 사람들은 포대 화상이라고 불렀다.

장난감, 과자, 엿 등을 자루에 가득히 넣어 마을 아이들에게 나누어 주었다. 또한 포대 화상은 사람들이 주는 것은 무엇이든 가리지 않고 먹었으며, 땅을 방바닥으로 삼고, 구름을 이불 삼아 어느 곳에서든지 누워 코를 골며 잠을 잤다. 그리고 허물없이 이 마을 저 마을 다니면서 세속 사람들과 어울려 길을 가르치고 이끌었다고 한다.

또한 종적이 묘연했는데 한겨울 눈이 내리는 날 짚신을 꿰고 다니는가 하면, 맑은 날에는 도리어 나막신을 신고 다녔다. 맑은 날 나막신을 신고 다니면 그다음 날은 반드시 비가 와서 사람들은 일기예보를 보는 것 같이 신기하였다.

그는 눈밭에서 잠을 잤으며, 눈이 녹아도 몸은 물에 젖지 않았다고 한다.

스님의 예언은 영험하여 모두 맞았다고 한다.

악릉사에서 대웅전을 수리하는 데 목재가 필요하여 포대 화상에게 시주받아 오라고 시켰다.

복건성으로 간 포대 화상은 어느 우물가에 이르러 우물 속에서 나무토막을 끊임없이 집어내어 악릉사 대웅전을 수리했다고 한다.

미륵불과 포대 화상은 어떤 관계일까?

포대 화상은 916년 악릉사 동편 회랑 곁 바윗돌 위에 앉아 아래와 같이 게송을 한 수 외우고 단정히 앉아 입적하였다.

"미륵은 참된 미륵이니
그 분신이 천백억으로 바뀌도다.

시시때때로 사람들에게 보여주나
그때 사람들은 스스로 알아보지 못하도다."

그런데 이 게송이 한 명에게서 백 명, 백 명에서 천 명으로 아주 빠르게 전파되었다. 그리고 포대 화상이 입적한 이후에도, 누군가 다른 지방에서 수많은 포대 화상의 분신을 목격하였다고 한다. 그래서 사람들이 그를 미륵의 화신으로 인정하였다. 천주 보전현 현령 왕인후도 포대 화상을 직접 보았으며 이에 대한 기록도 남겨 놓았다.

이후 사람들은 포대 화상을 근거로 미륵불상으로 빚어서 공양을 올렸다.

"나에게 한 자루의 포대가 있으니
 온 허공에 걸림이 없도다.
 열어서 펼치면 온 우주에 두루 하고
 오무리면 관세음보살이도다"라는 게송도 남겼다.

그 후 중국 사찰에서는 미륵 부처님의 화신으로 포대 화상 상을 모신다. (중국 사찰 역대기)

포대 화상 상에 공덕 받는 법 (중국의 오래된 관행 풍습)

1. 손가락으로 포대 화상 배꼽을 만진다.
   마음속 모든 고민 번뇌가 사라지고 건강, 장수, 부귀의 복이 생긴다.
2. 포대 화상 이마를 문지른다.
   지혜와 자비가 생겨나며 자기보다 못나고 비루한 사람을 함부로 대하지 않아 내세에 부귀공명을 누리게 된다.
3. 포대 화상의 염주나 자루를 만진다.
   재물 운이 따라 돈이 많이 생겨 다른 사람에게 베풀 수 있는 사람이 된다.

　포대 화상 상을 친견할 때에 3배를 올리고 배꼽. 이마, 염주, 포대를 만지고 문질러 큰 복 받기를 바란다.

딸랑딸랑 ~노니 염불

　옛날 어느 고을에 시간만 나면 뒷산 암자에 올라 치성으로 기도를 올리는 부인이 있었습니다.
　그러나 남편은 고주망태로 술을 마시고 노름을 즐기며 무의미한 삶을 살았다. 부인이 함께 절에 가자고 권청을 해도 "절은 여자들이나 가는 곳인데 내가 왜 가?"라며 미동도 하지 않았다.
　부처님의 말씀은 인과 도리가 분명하여 콩 심은 데 콩 나고 팥 심은 데 팥 난다고 하였는데 좋은 공덕과 선행을 짓지 않고는 다음 생에 인간 몸 받기가 어렵다.

남편의 내생이 걱정된 아내는 꾀를 내어 남편에게 부탁하였다.
"여보, 부탁이 하나 있어요. 저를 따라 절에 같이 가자고는 하지 않지만, 문지방에 방울을 하나 달아 놓을 테니, 문 바깥을 들락날락 할 때 딸랑딸랑 소리가 나거든 무조건 '나무아미타불'이라고 염불이나 좀 하세요. 노는 것보다 염불 공덕도 크답니다."

남편은 문을 드나들면서 딸랑딸랑 소리만 나면 못 이기는 채 '나무아미타불'을 외쳤다.

세월이 흘러 죽음을 맞아 염라대왕에게 끌려간 남편은 옥에 갇힌 채 업의 심판을 기다리고 있었다.

저승사자 간수가 창 윗부분에 방울을 단 철창으로 맨땅을 두드리며 감옥 앞을 지나가는데 딸랑딸랑하는 소리가 울렸다. 남편은 딸랑하는 소리에 무심코 나무아미타불을 읊조렸다.

저승사자 간수는 깜짝 놀라 급히 염라대왕에게 고하였다.

"어느 감옥 방을 지나는데 극락세계에서 듣는 나무아미타불 소리가 들렸습니다. 극락세계 가실 분이 이곳으로 잘못 온 것 같으니 어찌하면 좋겠습니까?"

염라대왕도 깜짝 놀라서

"큰일이구나. 이러다간 잘못 재판했다고 부처님께 야단맞겠구나! 빨리 찾아내어 극락으로 인도하여라!"

저승사자는 감옥에 가서 고함을 쳤다.

"조금 전 나무아미타불을 읊조린 놈은 빨리 나와라! 안 나오면 큰 벌을 주겠다."

이 소리를 들은 남편은

"큰일이구나. 딸랑거리는 소리에 무심코 나무아미타불 했더니 큰 벌을 내리려고 하는구나!" 라고 생각하며 모른 채 있었다.

몇 번이나 다그쳐도 꼼짝하지 않기에 저승사자는 염라대왕에게 고하였다.

"누구도 자기가 그랬다고 고하지 않습니다. 어쩌면 좋겠습니까?"

그러자 염라대왕은

"이것 큰일이네. 극락 갈 사람을 잘못 잡아 왔으니 보통 일이 아니네? 할 수 없다. 그 감옥에 갇힌 모든 사람을 다 같이 극락으로 보낼 수밖에!"

그리하여 나무아미타불 읊조린 남편 덕에 감옥에 갇힌 다른 이들도 함께 극락왕생 했다고 한다. (기도 영험록)

월하 큰 스님 법문집에 나오는 영험록이다. 〈노니 염불〉의 이치가 만만치 않음을 헤아릴 수 있다. 시간 날 때마다 자나 깨나 〈노니 염불〉해야 하겠다.

천방지축 승려의 개척불교
좌우충돌과 솔바람 법문

2쇄 발행 _ 2025년 11월 28일

저　자 _ 보리 증악
발행인 _ 장 의 동
발행처 _ 도서출판 중문
　　　　　대구광역시 중구 봉산문화길 70
　　　　　전화 _ (053) 424-9977
　　　　　E-mail _ jmpress@hanmail.net

ISBN _ 978-89-8080-663-8 03220

정가 _ 15,000원